माखनलाल चतुर्वेदी
रचनावली

वाणी प्रकाशन

6

माखनलाल चतुर्वेदी रचनावली

सम्पादक :

श्रीकान्त जोशी

परामर्श :

स० ही० वात्स्यायन 'अज्ञेय'
धर्मवीर भारती
शिवमंगल सिंह सुमन
जगदीश गुप्त

वाणी प्रकाशन

4695, 21-ए, दरियागंज, नयी दिल्ली 110 002

फ़ोन : +91 11 23273167 फ़ैक्स : +91 11 23275710

शाखाएँ

अशोक राजपथ, पटना 800 004, बिहार

कॉफ़ी हाउस कैम्पस, महात्मा गांधी मार्ग, इलाहाबाद 211 001, उत्तर प्रदेश

महात्मा गांधी अन्तरराष्ट्रीय हिन्दी विश्वविद्यालय, वर्धा 442 001, महाराष्ट्र

सुल्तानिया रोड, मोतिया पार्क, भोपाल 462 001, मध्य प्रदेश

www.vaniprakashan.com
marketing@vaniprakashan.in
sales@vaniprakashan.in

MAKHANLAL CHATURVEDI RACHANAWALI-6
Edited by Shrikant Joshi

ISBN : 978-93-5000-849-2
Rachanawali

प्रथम संस्करण 1995
द्वितीय संस्करण 2003
आवृत्ति 2011

मूल्य : सम्पूर्ण सेट (दस खण्डों में) : ₹ 9000

सिटी प्रेस, दिल्ली-110 095 में मुद्रित

वाणी प्रकाशन का लोगो मक़बूल फ़िदा हुसेन की कूची से

प्राक्कथन

काव्य : प्रथम खण्ड : पं० माखनलाल चतुर्वेदी के साहित्यिक जीवन के विकास में उनके प्रारंभिक जीवन की विशेष भूमिका रही है। अपनी बूआ के सरस वैष्णव गीतों से प्रेरणा लेकर उन्होंने कुछ शरारती रचनाएँ कीं। इन्हीं रचनाओं में एक दिन एक गीत फूट उठा—

श्याम सुन्दर मन बस गयो रे।

बूआ से प्रेरणा मिली और इस तरह के गीत रचे जाने लगे, इन गीतों की बुनावट में विंध्याचल, सतपुड़ा, और नर्मदा की छाया में फैले हुए होशंगाबाद, बम्बई, सिवनी, हरदा, छिदगाँव और मसनगाँव आदि तक के सम्पूर्ण भू-भाग के प्रकृति-सौन्दर्य का अपना हिस्सा रहा है[1]। प्रकृति से माखनलालजी के बेहद प्रगाढ़ सम्बन्धों की जानकारी बहुत कम लोगों को है। प्रकृति से बढ़ कर वैष्णव कौन हो सकता है, उसका अपना कितना कुछ है, उसका अपना क्या है। जिस धरती से वह जन्म लेती है उसी पर सम्पूर्णतः न्यौछावर भी हो जाती है (गोविन्द, तुम्हारी ही तो वस्तु है और तुम्हें ही समर्पित है)। माखनलालजी के समर्पण को, उनके बलिदानवाद को प्रकृति की इसी पृष्ठभूमि पर रख कर परखा जा सकता है।

चतुर्वेदी के परिवार में गरीबी बहुत थी, स्वाभिमान भी गरीबी के टक्कर का था अतः एक बेहद कठिन जिन्दगी माखनलालजी को जीनी पड़ी। वे चाहकर भी अधिक न पढ़ सके और मात्र 16-17 की वय में अध्यापक बन गये। भादों गाँव की अध्यापकी एवजी में मिली थी। इस गाँव की नदी (गंजाल) के तटों पर हमारे कवि ने वसन्त का स्वागत वसन्तमय होकर किया—

अति मदमाते दोऊ कूल नदिया के बहैं,
फूले-फूले वृक्षण की लोनी घटा छाई है।
धन्य गंजाल, दोऊ पाल हैं निहाल,
आज तेरे घर प्यारे ऋतुराज की अवाई है। [1904-05]

और इसी वर्ष (1905) में माखनलालजी को नार्मल ट्रेनिंग लेने के लिए जबलपुर जाना पड़ा। जबलपुर प्रवास में वे कुछ बंगाली क्रान्तिकारियों के सम्पर्क में आये। इन लोगों के सान्निध्य में उन्होंने भारत की पराधीनता का वास्तविक

---

1. इस तरह जंगल, नदी, पहाड़, चढ़ाव-उतार, बोगदे के लड़ाई-झगड़े, ये मेरे जीवन के बहुत नजदीक रहे हैं और एक आधी जिंदगी का मेरा इनका सम्बन्ध तथा प्रभाव दूसरी आधी जिन्दगी में न तो टूट पाया, न कम हो पाया। (मा० ला० च०)

साक्षात्कार किया। इनकी पिस्तौल, गीता और आनन्द मठ (वन्दे मातरम्) वाली ज़िन्दगी ने उन्हें अभिभूत कर दिया। विशेष बात यह थी कि ये सभी आस्तिक थे और वैष्णव थे। भारत को स्वतंत्र और खुशहाल देखना इनका सबसे बड़ा लक्ष्य था। इनके नेता देवस्कर नामक महाराष्ट्रीयन व्यक्ति थे। माखनलालजी ने इन के दल में दीक्षा प्राप्त कर ली। एक प्रचण्ड विद्रोह की चेतना उनमें सदा-सदा के लिए जागृत हो गईं। वैष्णवत्व (गीत) प्रकृति और विद्रोह और स्वाधीनता के लिए अशेष समर्पण, इन सूत्रों ने एक नये माखनलालजी को जन्म दिया। माखनलालजी के प्रारम्भ के काव्य को समझने के लिए इन सूत्रों को समन्वयात्मक अवबोध आवश्यक है। यही नहीं, उनके समस्त साहित्य को समझने लिए भी इसी की जरूरत है।

गीता के 'यदायदा हि धर्मस्य' को इस कवि के किशोर मन ने बहुत गंभीरता से ग्रहण किया। भारत की पराधीनता से बढ़ कर ग्लानि की कौन सी अवस्था हो सकती है अतः इस देश के अभ्युत्थान के लिए किसी कृष्ण का अवतरण होना ही चाहिए, किसी राम को आना चाहिए—

मातृ-भू कौशल्या की गोद आज हरी, हरि-हरी हो उठे
'कष्ट में लेता हूँ अवतार' तुम्हारी बात खरी हो उठे
नगारों से नगरों में नाथ मुबारकबादी सी सुन पड़े
कँटीली जंजीरें कट जायँ ज़रा आजादी सी सुन पड़े

[रामनवमी, माता 1906]

स्वतंत्रता के लक्ष्य के साथ अभिन्न होते ही माखलालजी के भक्ति-गीत और प्रकृति-गीत इस उदात्त लक्ष्य के अनुकूल रूपान्तरित हो गये। 1912 ही में इस कवि को स्पष्ट हो उठा—

उनके हृदय में त्राह है, अपने हृदय में आह है
कुछ भी करें तो शेष बस यह बेड़ियों की राह है।

अब बेड़ियों की राह की तरफ जीवन-यात्रा शुरू हो गई थी। लोकमान्य तिलक और महात्मा गांधी में माखनलालजी को गीता की वाणी फलीभूत होती दिखाई पड़ी। लोकमान्य की मृत्यु पर वे चीख उठे—

क्यों आर्य देश के तिलक चले
क्यों कमजोरों के जोर चले
तुम तो सहसा उस ओर चले
यह भारत माँ किस ओर चले
... ...

दुखियों के जीवन लौट पड़ो
मेरे घन-गर्जन लौट पड़ो

जसुदा के मोहन लौट पड़ो
सित कालीमर्दन लौट पड़ो। [हिमकिरीटिनी 1920]

1921 में माखनलाल चतुर्वेदी स्वयं जेल में थे। उन पर देशद्रोह का आरोप लगाया गया था, क्योंकि 1920 में रतौना कसाईखाने की ब्रिटिश शासन की योजन को वे अपने तेजस्वी पत्र-कर्मवीर के जरिये ध्वस्त कर चुके थे। शासन ने अन्यायपूर्वक उसी का बदला लिया था। कानपुर से प्रताप में इस अन्याय के विरोध में स्वयं गणेशशंकर विद्यार्थी ने अग्रलेख लिखा और 'यंग इडिया' में गांधीजी ने अपनी टिप्पणी की, मध्यप्रदेश में तो भूचाल-सा ही आ गया, पर माखनलाल ने अत्यन्त तटस्थ सौम्य भाव से अपनी तेजस्विता को इन शाश्वत स्वरों में अभिव्यंजना दी—

मुझे तोड़ लेना वनमाली उस पथ पर देना तुम फेंक
मातृ-भूमि पर शीश चढ़ाने जिस पथ जावें वीर अनेक। [1922]

माखनलाल चतुर्वेदी ने अपनी 'विद्रोही' कविता में जिस विद्रोह को शब्द दिये हैं वह एक उदात्त समर्पित अवस्था का तेजस्वी आकलन ही है। इसमें वृक्ष ही विद्रोही है। भूमि से वह जन्म लेता है और उसकी आकर्षण शक्ति के विरुद्ध ऊपर उठता है और जब उसमें फूल और फल आते हैं तब वह उन्हें भूमि पर ही न्यौछावर कर देता है। वह अपना मस्तक कभी नहीं झुकाता। समस्त चुनौतियों को झेलता हुआ वह अडिग रहता है।

फल फेंकेंगे, कभी फूल भी फेंकेंगे हम भू पर
विद्रोही पर अपनामस्तक किये रहेंगे ऊपर। [हिमकिरीटिनी]

माखनलालजी का मस्तक भी कभी झुका नहीं। जिसने उनके काव्य का आस्वादन किया वह भी उनके साथ हो गया, वह भी फाँसी के तख्ते पर हँसते-हँसते झूल गया। भगतसिंह और चन्द्रशेखर आजाद अथवा काकोरी केस के बन्दियों में माखनलालजी की 'पुष्प की अभिलाषा' जैसी रचनाओं की लोकप्रियता अकारण न थी।

किन्तु यही सब न था। स्वतंत्रता के समानान्तर जो शोषण-चक्र इस देश में चल रहा था उसका भी माखनलालजी ने पूरी ताकत से विरोध किया। भूख और फाकेमस्ती की जिन्दगी इस कवि ने भी बितायी थी। बचपन तो गहरे आर्थिक संकटों की ज्वाला में दग्ध होता ही रहा था। कृषकों की जिन्दगी से इस कवि ने गहरा तादात्म्य अनुभव किया था। 'कृष्णार्जुन युद्ध' नाटक (1916) में रूस की क्रान्ति के भी काफी पहले, शोषण हीन समाज का चित्र प्रस्तुत कर उसने सबको आश्चर्यचकित कर दिया था। कवि के लिए स्वतंत्रता का विषय अर्थ था ताकि वे पराधीनोत्तर नेतृत्व से यह कह सकें—

तोड़ अमीरों के मनसूबे गिन न दिनों की घड़ियाँ
बुला रही हैं तुझे देश की कोटि-कोटि झोपड़ियाँ

[युगचरण/15 अगस्त 47/47]

भारत के स्वतन्त्र होने पर भी उनकी यह आवाज मंद नहीं की जा सकी। आज़ादी के पहले श्रमिकों और कृषकों की जिन्दगी ने उन्हें दहला रखा था। यह दहलाहट दर्जनों रचनाओं में है; गद्य में है, पद्य में है किन्तु 'क्रन्दन' शीर्षक कविता में यह पाठक की जमीन ही हिला देती है। वह क्या कहे जब किसी खेतिहर की आवाज में सुनता है—

खा रहे हो अन्न ?
मरनासन्न मेरी हड्डियों का स्वाद कैसा लग रहा है ?
... ...
चूसते हो फल ?
सँभालो, रक्त मेरा भर रहा है सब फलों में
और वह भी झर रहा है
जो झरा करता अभागेदृग जलों में
कन्दन मत खोदो
हैं गड़े बच्चे उन्हीं के पास भगवन
वायु का स्वर है, सिसकियाँ हैं हमारी
और क्रन्दन !

[युगचरण/1940/56]

स्वतन्त्रता का शुभागमन इसलिए हुआ था कि ऐसे प्रश्नों के उत्तर दिये जा सकें। इस खण्ड की कविताएँ 'श्याम सुन्दर मन बस गयो रे' (1906) से लेकर 1956 के मध्य की हैं। देश की स्वतन्त्रता नौ वर्ष के लगभग की हो चुकी है, देश आगे बढ़ता हुआ दिखाई दे रहा है पर वे लोग पीछे फेंक दिये गये हैं जिनके त्याग और तप पर देश ने स्वतन्त्रता हासिल की थी। मुनाफाखोरों, पद-लोलुपों और प्रवंचकों ने देश के त्यागियों और मनीषियों को पीछे फेंक दिया है। सब चुप हैं। सब तरफ सन्नाटा है पर माखनलाल की बूढ़ी आवाज बूढ़ी नहीं है। वह चीत्कार कर रही है—

तुम बलात्कार सायुज्य राग के मेरे,
तुम अरे मुनाफाखोर त्याग के मेरे।
ब्रिटिशों के युग में तुमने स्वर्ण समेटा,
अब बापू की यादों अमरत्व लपेटा।
गांधी युग की कुरबानी दुनियां देखे,
कुछ हुआ नहीं हो भले तुम्हारे लेखे। [1956-57]

अनुक्रमणिका

कविता-1

श्याम लोचन मन बस गयो रे

श्याम लोचन मन बस गयो रे

मधुर बैन कर सैन नैन सों छीन लीन मन चैन फेन सों
कछु न सुहावत सुधिन रैन सों जब हरि हँस गयो रे
श्याम लोचन मन बस गयो रे

अति कारे प्यारे अनियारे कजरारे नहिं जात निहारे
उरग समान दो अलक सँभारे सो मेरो हिय डस गयो रे
श्याम लोचन मन बस गयो रे

नागर नट-मन घट-तट आयो झटपट घूँघट-पट सरकायो
मैं तन मन की सुरत भुलानी मानो प्रान निकसि गयो रे
श्याम लोचन मन बस गयो रे

कल न परत मोहे आठो जाम सखि कछु न सुहावत धन ओ धाम सखि
रुठयो 'माखन' चोर श्याम सखि हम पर बस गयो रे
श्याम लोचन मन बस गयो रे

[1904 के आस-पास]

लघुछंद

रस की बरस के लघुछंद !

हम तुम्हारे गामबासी तुम हमारे विघ्ननासी
भौंह से अँखियाँ उदासी सौंह से सुधि-धार प्यासी
आ गयी अँगड़ाइयों-सी लौट अपने द्वन्द !
रस की बरस के लघुछंद !

जो जसोदा ने निबाहा जिसे राधा ने सराहा
छू जहाँ, जिसका सलोनी बाँसुरी ने गीत गाया
नृत्य करते, नेह झरते, प्रलय निधि नँद-नंद !
रस की बरस के लघुछद !

[1904, धूम्र-वलय]

मदुबंद

रस की बरस के मधुबंद
आनन्द-कंद सों मिलि रचत कोमल छंद !

नेह की आवर्तिका बनि
नर्तिका रसलीन
श्याम दौरत, दौरि छोरत, बंद लखि भुजबंद !
रस की बरस के मधुबंद !

हाँ कहत मुख, ना कहत अँखियाँ
कि छवि अति मौन,
कौन साँचौ, कौन झूठौ, करे निर्णय कौन ?

ज्योति विपुल महान-से ये अल्प के फरफंद ।
घनश्याम श्याम पूरन-ब्रह्म आनँद-कंद !
रस की बरस के मधुबंद !

[1904, धूम्र-वलय]

हे भाई !

रे भाई मदमाते भाई !

मानवता की द्रुपद-सुता का चीर खींच मुसकाते भाई,
सबल विलोक, चरण-चुम्बन रत, निर्बल देख दबाते भाई ।
रे भाई, मदमाते भाई !

कर दैवीय सरलता का वध सुन्दर कफन उढ़ाते भाई,
दीवाले के दिन देखे भी दीवाली चमकाते भाई ।
हे भाई, मदमाते भाई !

वधिक-सदन में हरी घास पर रह-रह चित्त डुलाते भाई,
दो पैरों से, चतुष्पदों का हिंसक-दल शरमाते भाई !
हे भाई, मदमाते भाई !

लिये बगल में छुरी, हाथ में माला को सटकाते भाई
बुद्ध देव की मूरत बनने जी में बने कालिका माई !
हे भाई, मदमाते भाई !

मातृ-भूमि के कृत्रिम टुकड़े कर उन पर बल खाते भाई,
उज्जयिनी तज ग्रीनिच पूजो कल्पित जोश दिखाते भाई
हे भाई, मदमाते भाई !

बातों में बह्मत्व बताते कृति कालिमा बढ़ाते भाई !
सर्वेश्वर के शुद्ध रूप को पैरों से ठुकराते भाई !
हे भाई, मदमाते भाई !

जो जीवन थे प्रेम-प्रतीक्षक, जीता उन्हें जलाते भाई,
नयन दया की बाट जोहते, उनमें शूल चुभाते भाई !
हे भाई, मदमाते भाई !

त्रिभुवन में बच्चे जो सोये उन पर वज्र गिराते भाई
जिस जीवन की दर न कहीं है उसकी ठसक दिखाते भाई !
हे भाई, मदमाते भाई !

अपना-अपना का यह सपना जाता है, ले राम दुहाई !
जिन्हें कुचल डाला है, उनके चरण पकड़ तरजा हे भाई !
हे भाई, मदमाते भाई !

भाषा, देश, भाव, भूषण के दूषण हो सुख पाते भाई,
धर्म-कर्म के जन्म-पत्र में मृत्यु लकीर बनाते भाई !
हे भाई, मदमाते भाई !

ढोंग साधुता का दिखलाते हृदय जलन, ऊपर मुसकाते
कपट-कुठार, चलाते जाते खाते जाते राम दुहाई !
है भाई, मदमाते भाई !

[1904, माता]

रामनवमी

पधारो, दशों दिशा में नाथ हुआ आर्यों का रथ-पथ बंद,
पधारो, रघुकुल की वह शान—जिलावो—दिखलाकर स्वच्छन्द;

पधारो, एक बार फिर सुनें धनुष की वह अद्भुत टंकार,
पधारो मेघनाद दब जाय हो पड़े जहाँ कठिन हुंकार

एक भी मित्र नहीं हे देव ! पधारो साथ मिले सौमित्र
भरत हो तो होवें शत्रुघ्न करो यह भारत भूमि पवित्र;

नृत्य कर नवधांगण में आज कृत्य में बीती यों नवरात,
देव कुछ घड़ियों की है देर आज नवमी का दिव्य प्रभात।

मातृभू कौशल्या की गोद आज हरि, हरी-हरी हो उठे,
'कष्ट में लेता हूँ अवतार' तुम्हारी बात खरी हो उठे;

नगारों से नगरों में नाथ मुबारकबादी सी सुन पड़े,
कँटीली जंजीरें कट जायँ जरा आजादी सी सुन पड़े;

अहा ! ये भीलों के अधिराज सजाकर स्वागत के शुभ साज —
खड़े हैं, तजो स्वर्ग का राज—पधारो इस वन में महाराज,

जंगलों की छानो अब खाक लखो ऋषि-वृन्द-अस्थि के ढेर,
करो हे रघुवंशी ! यह टेक पलटते लगे न पल की देर।

"नाथ ! हैं मीठे जूठे बेर" विमलनी भिलनी लेकर खड़ी,
जकड़ दें रतनाकर फिर आज बानरों की यह सेना अड़ी,

लगा वह सागर पार अशोक शोक ! भारत लक्ष्मी जा पड़ी,
देश ने छोड़े हैं निज स्वत्व विश्व कर रहा दुखों की झड़ी।

आज वे आये ! आये आज करोड़ों आँखें ऊपर गड़ीं,
जरा फट पड़ने दो नभ नाथ ! कहो आया ! आ पहुँची घड़ी !!

[1906, माता]

भारत के भावी विद्वान्

आज कई वीरों के रहते हुआ न उन्नत हिन्दुस्तान
बना सका कोई गुण, विद्या-बल में उसे न गौरव गान
तो भी धीरज धरो, डरो मत, मेरे आशाकारी प्राण;
देखो कुछ कर दिखलावेंगे भारत के भावी विद्वान् !

जिनको 'बाल' समझकर माता दूध पिलाती सुधा समान;
जिनको 'पाल' हुई है जगती-तल में वहआनन्द-निधान !
जिनको 'लाल' 'लाल' कह उसने भुला दिया सुख-दुख का ध्यान
जानो उन्हें राष्ट्र की सम्पद् भारत के भावी विद्वान्।[1]

---

1. बाल, पाल, लाल—राष्ट्रीय जागरण के तीन नाम—लोकमान्य 'बाल' गंगाधर तिलक, विपिनचन्द्र 'पाल' ग्रौर 'लाला' लाजपतराय।

है किस दुख से दुखी? विचारो, उनका हरो शीघ्र संताप;
क्यों दुर्बल हैं, क्यों रोते हैं, क्यों भूले हैं मधुरालाप?
माताओ समझाओ उनको देकर तन, मन, जीवन-दान,
देखो दुखी न होने पावें भारत के भावी विद्वान्।

आर्य-कीर्ति के स्तंभ, सौख्य के सेतु, महत्ता के अवतार,
कठिन समय में, आशा के बस एक मात्र सच्चे आधार;
यही तुम्हारे कष्ट हरेंगे यही बनेंगे शक्ति-निधान;
पिता ! प्राण दे पालो, ये हैं भारत के भावी विद्वान्।

आओ इनकी शिक्षा के हित उथल-पुथल कर दें संसार,
इन्हें बनावें कला-कुशल—नय-निपुण, वीर, धीमान, उदार;
डरें न, प्रण पर मरें, करें—कर्त्तव्य, बनावें दृढ़ संतान;
भारतीय हैं वही, बनावें भारत के भावी विद्वान्।

अब तो पिता निकम्मे होकर शिक्षा का कर सकें न यत्न,
राज्य, देश, कोई न परखता भारत वसुमति के ये रत्न,
क्यों कर वह उन्नत होवेगा खोवेगा अपना अज्ञान;
कई करोड़ मूर्ख हैं हा ! जिस भारत के भावी विद्वान् !

अन्न नहीं है, फीस नहीं है, पुस्तक है न सहायक हाय !
जी में आता है पढ़-लिख लें पर इसका है नहीं उपाय
कोई हमें पढ़ाओ भाई, हुए हमारे व्याकुल प्राण;
हा ! हा !! यों रोते फिरते हैं भारत के भावी विद्वान्।

बूट चाहिए, सूट चाहिए, कालर हैट और नेक्टाय
केन चाहिए, चेन चाहिए—घड़ी सहित, फिर डेली चाय
देखो इन पर लिखा न होवे कहीं "मेडइन् हिन्दुस्तान !"
क्योंकि हमीं तो हैं इस बूढ़े भारत के भावी विद्वान् !

शुभ्र वस्त्र है, बुद्धि शस्त्र है, पढ़ते हैं, बन में निःशंक,
बढ़ा रही है बल वैभव को प्यारी मातृभूमि की अंक,
ब्रह्मचर्य रख, सरस्वती पर दान करेंगे तन, मन, प्राण;
ये हैं निःसन्देह हमारे भारत के भावी विद्वान् !

किनको होगा जन्मभूमि के कष्टों का पूरा अनुमान?
भाषा, भाव, भेष, भोजन में भारतीयता का अभिमान !
कौन हमारा दुःख हरेंगे हमें करेंगे गौरववान?
यह सुन, सच्चे हृदय कहेंगे भारत के भावी विद्वान्।

शिल्प गया, वाणिज्य गया, शुभ शिक्षा का है मान नहीं,
कृषि भी डूबी, हुए दरिद्री पर इसका कुछ ज्ञान नहीं,
हाय ! आज हम भोग रहे हैं झिड़की, घृणा और अपमान,
कैसे ये दुख दूर करेंगे भारत के भावी विद्वान्।

प्रलय-कारिणी युवक-शक्ति की क्या सुन पाये बात नहीं ?
भीष्म-प्रतिज्ञा, लव-कुश-कौशल पार्थ-पुत्र-बल ज्ञात नहीं ?
भूलो मत, लिख लो निःसंशय इसे हृदय में पक्की मान;
भारत का सब दुःख हरेंगे भारत के भावी विद्वान्।

सूरज सावधान हो जाओ, मातृभूमि ! तुम धर लो धीर,
पश्चिम ! तू भी शीघ्र सँभल ले, नीति बदल बन जा गम्भीर,
कर्मक्षेत्र में आते हैं अब करने को जननी का त्राण;
कई करोड़ दुखों से व्याकुल भारत के भावी विद्वान्।

[1907, माता]

दुख भोगी

ऐ प्यारे, दुख भोगी प्यारे ! अन्धकार की अन्धकता में
कमी हुई, भागे वे तारे ! आशा की ऊषा में ठहरो,
ध्येय-भानु-भगवान पधारे, ऐ प्यारे, दुख भोगी प्यारे !

कैदीपन को मुकुट सँवारे धारा[1] की बैजन्ती डारे,
विपद-चँवर डोलत मस्तक पर परत पहार-पुहुप सुख कारे।
ऐ प्यारे, दुख भोगी प्यारे !

लिये हथौड़ी कलम, मधुर अक्षर, गिट्टी पर लिखत सँवार
स्रवत रुधिर के रुचि विराम, ये फटे अंग हस्ताक्षर प्यारे।
ऐ प्यारे दुख भोगी प्यारे !

मातृभूमि के पृष्ठ पत्र पर प्रतिदिन पाराग्राफ सँभारे
लिखत पुण्य को विजय, पाप को मृत्यु-दंड न्यायेश हमारे !
ऐ प्यारे, दुख भोगी प्यारे !

प्रबल परिस्थिति की पृथिवी में सुख-वासना खाद सम डारे,
सींचि-सींचि अँसुवन जल-धारा निःश्वासन के पवन प्रचारे !
ऐ प्यारे, दुख भोगी प्यारे !

---

1. Section

जीवन-बीज लगात संक तजि उठत भाग्य-अंकुर रतनारे
विहरत, हँसत, फँसत, दै तारी बिपद-विहंग उड़त बेचारे।
ऐ प्यारे, दुख भोगी प्यारे !

फूले फूल लाल घावन के, कीर्ति सुगंध प्राण दातारे !
फल्यौ शौर्यफल, मिल्यौ महाबल, काँपत नभ, डोलत शशि-तारे
ऐ प्यारे, दुख भोगी प्यारे !

दीन हीन उठ बैठे जग के. टूट पड़े अघ के गढ़ सारे,
पुण्य बैजयन्ती फहराई, जय जय भारतवर्ष हमारे !
ऐ प्यारे, दुख भोगी प्यारे !

[1908, माता]
(लाला लाजपतराय और सरदार अजित सिंह के देश निकाले पर)

हे प्रशान्त ! तूफान हिय में

हे प्रशान्त ! तूफान हिय में कैसे कहूँ समा जा ?
भुजग-शयन ! पर विषधर मन में, प्यारे लेट लगा जा !
पद्मनाभ ! तू गूँज उठा जा मेरे नाभि-कमल से,
तू दानव को मानव करता रे मुरेश ! निज बल से।
प्यारे विश्वाधार ! विश्व से बाहर तुझे ढकेला,
गगन-सदृश तुझ में न समाया, क्या मैं दीन अकेला ?

हे घनश्याम ! धधकते हीतल को शीतल कर दानी,
हरियाला होकर दिखला दूँ तेरी कीमत जानी !
हे शुभांग ! सब चर्म-मोह-तज, यहाँ जरा जो आओ,
तो अपनी स्वरूप-महिमा के सच्चे बन्दी पाओ।
लक्ष्मीकान्त ! जगज्जननी के कैसे होंगे स्वामी,
उसके अपराधी पुत्रों से समझो जो बदनामी।

श्यामल जल पर तैर रहे हो, श्याम गगन शिर धारा,
शस्य श्यामला से उपजा है, श्याम स्वरूप तुम्हारा।
कालों मे मत रूठो प्यारे सोचो प्रकट नतीजा,
जिससे जन्म लिया है वह था काला ही था बीजा
मुझ से कह छल-छन्द—बने जो शान दिखाने वाले
मैं तो समझूँगा बाहर क्या भीतर भी हो काले !

पोथी-पत्रे आँख-मिचौनी बन्द किये हूँ देता,
अजी योगियों को है अगम्य मैं भले समय पर चेता !
वह भावों का गणित मुझे प्रतिपल विश्वास दिलाता
जो योगी को है अगम्य वह पापी को मिल जाता !
बढ़िये, नहीं द्रवित हो पड़िये दीजे पात्र-हृदय भर,
सार्थक होवे नाम तुम्हारा करुणालय भव-भय हर।

मेरे मन की जान न पाये बने न मेरे हामी,
घट-घट अन्तर्यामी कैसे ? तीन लोक के स्वामी !
भाव-चिन्धियों में ममता का डाल मसाला ताजा
चिक्कण हृदय-पत्र प्रस्तुत हैं अपना चित्र बना जा,
नवधा की, नौ कोने वाली, जिस पर फ्रेम लगा दूँ
चन्दन, अक्षत भूल प्राण का जिस पर फूल चढ़ा दूँ।

[1908, हिमतरंगिनी]
('शान्ताकारं' प्रार्थना से प्रभावित)

अपना आप हिसाब लगाया

अपना आप हिसाब लगाया पाया महा दीन से दीन
डेसिमल पर दस शून्य जमाकर लिक्खे जहाँ तीन पर तीन !

इतना भी हूँ क्या ? मेरा मन हो पाया निःशंक नहीं
पर मेरे इस महाद्वीप का इससे छोटा अंक नहीं !

भावों के धन, दाँवों के ऋण बलिदानों में गुणित बना
और विकारों से भाजित कर शुद्ध रूप प्यारे अपना !

[1908, हिमतरंगिनी]

गुनों की पहुँच के पर के कुओं में

गुनों की पहुँच के पर के कुओं में
मैं डूबा हुआ हूँ जुड़ी बाजुओं में,

जरा तैरता हूँ तो डूबों हुओं में
अरे डूबने दे मुझे आँसुओं में !

रे नक्काश, कर लेने दे, अपने जी की
मिटाऊँ, ला तसवीर मैं आईने की।

[1910, हिमतंरगिनी]

दुर्गम हृदयारण्य

दुर्गम हृदयारण्य, दण्डकारण्य घूम जा आजा
मति-भिल्ली के भाव-बेर हों जूठे भोग लगा जा!

मार पाँच बटमार, साँवले रह तू पंचवटी में
छिने प्राण-प्रतिमा तेरी भी, काली पर्ण-कुटी में।

अपने जी की जलन बुझाऊँ अपना-सा कर पाऊँ
"वैदेही सुकुमारि कितै गई" तेरे स्वर में गाऊँ

[1911, हिमतरंगिनी]

देश में ऐसे बालक हों

विश्व में सब बहिनों के लाल रहे स्वातन्त्य हिंडोले झूल,
स्वर्ग से वे देखो सानंद चढ़ाये जाते उनपर फूल;
अभागिन हूँ मैं ही भगवान, उड़ाई जाती मुझ पर धूल
गिराये जाते मुझ पर वज्र, गड़ाये जाते मुझको शूल

दोष-दुख-दुर्जन-घालक और विश्व-रथ के संचालक हों,
दुखी हूँ, दो, हे दीनानाथ! देश में ऐसे बालक हों!

कसक क्यों रहे कर्म में कभी क्रूरतर होना हो तो होयँ,
ठसक क्यों रहे धर्म में नित्य साधना सेवा जग में बोयँ,
देवताओं में हो निष्काम मानवों के मन के हो श्याम;
दानवों का दल देखे अड़ा वहाँ हो रण-कर्कश श्रीराम।

भीरुता भागे झट भय खाय, कार्य से काँपे सब संसार,
मोद से कहें, 'सुनो जी विश्व! राष्ट्र की वीणा की झंकार।'

शक्ति हो, हो न कभी हे देव! दुर्बलों के दलने की चाह,
ध्यान हो, कर देगी संहार सृष्टि का, यह दुखियों की आह,
नीचतम नीति न हो स्वीकार, कपट की रहे न मारामार,
रहें यों बोदे कायर नहीं सहें जो, ठोकर अत्याचार!

हृदय-मंडल पर लेता रहे सदा स्वातन्त्र्य-समुद्र तरंग;
प्राण तक दे देने की नित्य चित्त में उठती रहे उमंग।

करें कुछ बिजली का संचार—नसों में भूतकाल के चित्र,
न बिगड़े वर्तमान का हाय—कर्ममय सुन्दर रूप विचित्र,
बने क्यों कोई बूढ़ा सिंह[1]—भविष्यत् का अब ठीकेदार,
बनावें युवक आप भवितव्य सँभालें भारत का सब भार;

समय के सन्देशे के वेद, सुनाई पड़ें, बढ़ावें रोष;
सजावें कोष, हटावें दोष, मिटावें तोप, जगावें जोश।
'श्रेष्ठतमता' का होवे नाश दमकता हो समानता तत्व,
देश के अंग न मारे जायँ प्राप्त हो पूरा-पूरा स्वत्व;
करेगा क्या सूखा स्वाध्याय तपस्या के हों तीखे भाव,
न हो कुछ दाँव, न हो दुर्भाव, रहे 'सब कुछ' देने का चाव।

शीश पर वह देखो दुर्दैव—साधकर खड़ा तीक्ष्णतर बाण,
अरे चल, साधेंगे कर्त्तव्य, तुझे लेना हो ले ले प्राण।

सुनावें यों बिजली के वाक्य—शीश भूपालों के झुक जायँ,
सृष्टि कट मरने से बच जाय शस्त्र चांडालों के रुक जायँ;
पाप के पंडे पावें दंड दंभ से दुनिया भर डर जाय,
भगीरथ मन की विनती मान स्फूर्ति की गंगा कुछ कर जाय।

प्रेम के पालक हों या न हों, प्राणों के पूरे पालक हों,
भारती ने यों रोकर कहा—देश में ऐसे बालक हों।

[1912, माता]

प्रेम-बन्धन

हाँ वे हमारे साथ हैं, पकड़े जकड़ कर हाथ हैं,
हम दीन-हीन अनाथ हैं, वे आप अपने नाथ हैं।
हम बन्धु ऐसे पा रहे, 'भागो' पुकार डरा रहे,
हम धीरता से जा रहे, वे हैं हमें ले जा रहे।

1. सर सत्येन्द्र प्रसन्नसिंह के द्वारा—जो पीछे 'लार्डसिंह' हुए—भारत को राजभक्ति का उपदेश देने पर।

उनके हृदय में चाह है अपने हृदय में आह है,
कुछ भी करें तो शेष बस वह बेड़ियों की राह है।

[छिदगाँव, गंजाल नदी के किनारे : 1912, युगचरण]

मृदङ्ग

कसी तनी जकड़ी-सी देखी, लगा मृदङ्ग बजाने मैं।
जीवित जोश जगाने में, ये रूठे हृदय मनाने में,
तान छेड़ देता था—क्षण में होता था लाखों का मोल,
पता नहीं था,—बाहर बजती है—भीतर है भारी पोल।

धीरे धीरे देखा-भाला, एक एक गुन टूट गये,
थोथों पर कुरबान हुए !—हा भाग हमारे फूट गये।

[1912, युगचरण]

(एक बहुत बड़ा आशा-घट फूट जाने पर)

दृढ़व्रत

बज्र बरसाने दे उन्हें तू खड़ा देखा कर,
फूल बिखराने दे लुभाते हैं लुभाने दे।
गालियाँ सुनाने दे तू आरती उतारने दे,
दण्ड आजमाने दे या चन्दन चढ़ाने दे।

होवे बनवास कारावास, नर्कवास
पद चूमे अमरत्व उसे पड़ा रह जाने दे,
साँवली सी सूरत को माधुरी मी मूरत को
प्राण बलि जाने दे तू आँखों में न जाने दे !

[1913, माता]

निःशस्त्र सेनानी

'सुजन, ये कौन खड़े हैं?' बन्धु ! नाम ही है इनका बेनाम,
'कौनसा करते हैं ये काम ?' काम ही है बस इनका काम।

'बहन-भाई,' हाँ कल ही सुना, अहिंसा, आत्मिक बल का नाम,
'पिता !' सुनते हैं श्री विश्वेश, 'जननि ?' श्री प्रकृति सुकृति सुखधाम।

हिलोरें लेता भीषण सिन्धु पोत पर नाविक है तैयार
घूमती जाती है पतवार, काटती जाती पारावार।

'पुत्र-पुत्री हैं ?' जीवित जोश, और सब कुछ सहने की शक्ति;
'सिद्धि'-पद-पद्मों में स्वातन्त्र्य-सुधा-धारा बहने की शक्ति।

'हानि ?' यह गिनो हानि या लाभ, नहीं भाती कहने की शक्ति,
'प्राप्ति ?'—जगतीतल की अमरत्व, खड़े जीवित रहने की शक्ति।

विश्व चक्कर खाता है और सूर्य करने जाता विश्राम,
मचाता भावों का भू-कम्प, उठाता बाँहें, करता काम।

'देह ?'—प्रिय यहाँ कहाँ परवाह टँगे शूली पर चर्मक्षेत्र,
'गेह ?'—छोटा-सा हो तो कहूँ विश्व का प्यारा धर्मक्षेत्र !

शोक ?'—वह दुखियों की आवाज कँपा देती है मर्मक्षेत्र,
'हर्ष भी पाते हैं ये कभी ?'—तभी जब पाते कर्मक्षेत्र।

फिसलते काल-करों से शस्त्र, कराली कर लेती मुँह बन्द;
पधारे ये प्यारे पद-पद्म, सलोनी वायु हुई स्वच्छन्द !

'क्लेश ?'—वह निष्कर्मों का साथ कभी पहुँचा देता है क्लेश;
लेश भी कभी न की परवाह जानते इसे स्वयम् सर्वेश।

'देश ?'—यह प्रियतम भारत देश, सदा पशु-बल से जो बेहाल,
'वेश ?'—यदि वृन्दावन में रहे कहाँ जावे प्यारा गोपाल !

द्रौपदी भारत माँ का चीर, बढ़ाने दौड़े यह महाराज,
मान लें, तो पहनाने लगूँ, मोर-पंखों का प्यारा ताज !

उधर वे दुःशासन के बन्धु, युद्ध-भिक्षा की झोली हाथ;
इधर ये धर्म-बन्धु, नय-सिन्धु, शस्त्र लो, कहते हैं—'दो साथ।'

लपकती हैं लाखों तलवार, मचा डालेंगी हाहाकार,
मारने-मरने की मनुहार, खड़े हैं बलि-पशु सब तैयार।

किन्तु क्या कहता है आकाश ? हृदय ! हुलसो सुन यह गुंजार,
'पलट जाये चाहे संसार, न लूँगा इन हाथों हथियार।'

जाति ?'—वह मजदूरों की जाति, 'मार्ग ?' यह काँटों वाला सत्य;
रंग ?'—श्रम करते जो रह जाय, देख लो दुनिया भर के भृत्य।

'कला ?'—दुखियों की सुनकर तान, नृत्य का रंग-स्थल हो धूल;
'टेक ?'—अन्यायों का प्रतिकार, चढ़ाकर अपना जीवन-फूल।

'क्रान्तिकर होंगे इनके भाव ?' विश्व में इसे जानता कौन ?
'कौनसी कठिनाई है ?'—यही, बोलते हैं ये भाषा मौन !

'प्यार ?'—उन हथकड़ियों से और कृष्ण के जन्म-स्थल से प्यार !
'हार ?'—कन्धों पर चुभती हुई अनोखी जंजीरें हैं हार !

'भार ?'—कुछ नहीं रहा अब शेष, अखिल जगतीतल का उद्धार !
'द्वार ?' उस बड़े भवन का द्वार, विश्व की परम मुक्ति का द्वार !

पूज्यतम कर्म-भूमि स्वच्छन्द, मची है डट पड़ने की धूम;
दहलता नभ मंडल ब्रह्मांड, मुक्ति के फट पड़ने की धूम !

[1913, हिमतरंगिनी]
(महात्मा गांधी के दक्षिण अफ्रीका संग्राम पर)

मेरा उपास्य

'लो आया,' उस दिन जब मैंने सन्ध्या-वन्दन बन्द किया,
क्षीण किया, सर्वस्व, कार्य के उज्ज्वल क्रम को मन्द किया।

द्वार बन्द होने ही को थे, वायु-वेग बलशाली था,
पापी हृदय कहाँ ? रसना में रटने को बनमाली था,

अर्द्धरात्रि, विद्युत-प्रकाश, घन गर्जन करता घिर आया,
लो जो बीते, सहूँ, कहूँ क्या, कौन कहेगा, 'लो आया।'

'लो आया,' छप्पर टूटा है, वातायन दीवारें हैं,
पल-पल में विह्वल होता हूँ, कैसी निर्दय मारें हैं।

मैं गिर गया, कहा, क्या तू भी भूल गया ममता माया;
सुनता था दुखिया पाता है, तू कहता है, 'लो आया'।

'लो आया,' हा ! वज्र-वृष्टि है निर्बल ! सह ले किसी प्रकार,
मेरी दीन पुकार, धन्य है उचित तुम्हारी निर्दय ! मार।

आराधना, प्रार्थना, पूजा, प्रेमांजली, विलाप, कलाप;
'तेरा हूँ,' 'तेरे चरणों में हूँ,' पर कहाँ पसीजे आप !

सहता गया, जिगर के टुकड़ों का बल, पाया हाँ, पाया;
आशा थी, वह अब कहता है, अब कहता है, 'लो आया।

'लो आया,' हा हन्त ! त्यागकर दुखिया ने हुंकार किया;
सब सहन, जीवित रहने के लिए हृदय तैयार किया।

साथ दिया प्यारे अंगों ने, लो कुछ शीश उठा पाया,
जलते ही पर शीतल बूंदें ! बिजली ने पथ चमकाया !

पर यह क्या ? झोंकों पर झोंके, उहँ ! बस बढ़ कुछ झुंझलाया;
थर्राया, अकुलाया, ही सब कुछ दिखला लो, 'लो आया।'

हाथ-पाँव हिल पड़े, हुआ, हाँ सन्ध्या-वन्दन बन्द हुआ,
ईंट पत्थर रचता हूँ, स्वाधीन हुआ ! स्वच्छन्द हुआ !

टूटी-फूटी, कुटी, पधारें ! नहीं, यहाँ मेरे आवें,
मेरी, मेरी, मेरी, कह, प्यारे चरणों से चमकावें !

दीन, दुखी, दुर्बल, सबलों का विजयी दल कुछ कर पाया;
नभ फट पड़ा, उजेला छाया, गूँज उठा लो, 'लो आया।'

[1913, हिमतरंगिनी]

नीति-निवेदन (क्षात्र के प्रति)

बुधवर-प्रबोधाश्रम, अनोखे कुल-कमल-वन-भानु,
सद्हृदय-पंकज-अलि, निराशा-विपिन-दहन-कृशानु।

श्री भारती के द्वार के गुण-शील चौकीदार,
निज पूर्वजों की कीर्ति, आशा, शान्ति के आधार॥

कुविचार-अरि-नाशन-प्रयत्नक श्रेष्ठ भावी भीम,
उत्साह-सागर के प्रबल पैराक शोभा-सीम।

हे श्रेष्ठता-सोपान-गामी छात्र-वृन्द उदार,
क्या सुन सकोगे अल्प मेरे सामयिक उद्गार।

'जो देश जब जब हैं हुए जग में प्रशंसा-पात्र,
तब तब वहाँ पैदा हुए हैं योग्य अद्भुत छात्र।'

यों सोच कर, अब है तुम्हारी ओर सबका ध्यान,
देखो, सम्हलकर कार्य करना, हो सजग सज्ञान॥

बन कर अविद्या-समर के गुण-शौर्य-शाली वीर,
बन कर कला-कौशल्य-कोष-कुबेर, अति मतिधीर।

बन कर स्व-गो-पति ब्रह्मचारी भीष्म-सम निःस्वार्थ,
विस्मित करो संसार को कर नाम निज चरितार्थ।

श्रीभारती-पद हंस के हो विमल-मानस ताल,
इस दीन भारत में बनो तुम 'भारतीय' विशाल।

बन भरत-कुल-भूषण-मुकुट-मणि, देश के आदर्श,
सत्कवि, सुलेखक, विज्ञ, विज्ञानी बनो सहर्ष ॥

'उत्साह, ऐक्य, उदारता, अनुभव, पवित्र विचार,
सन्तोष, शील, सदाचरण, श्रम विनयमय व्यवहार।

वात्सल्यता, सौजन्यता, सुस्नेह, करुणा, भक्ति,
ध्रुव धीरता, गम्भीरता, वर वीरता, वाग्-शक्ति ॥

मन-सरलता, प्रण-अटलता, सद्भाव, शुचिता, नीति,
करुणाधिपति विश्वेश के पद-पद्म में दृढ़ प्रीति'।

हों इन गुणों से पूर्ण जो देवोपमान यथेष्ट,
मानो उन्हें, प्रिय ! पूज्य, अनुकरणीय, मानव श्रेष्ठ ॥

सुविनम्रता, निष्कपटता, गुण-ग्राह्यता, विश्वास,
अति पूज्य बुद्धि सुशीलता, वर विज्ञता की आश।

अनुमति-प्रपालन-हर्ष, श्रद्धा, भक्ति, सत्य विवेक,
उत्साह, मृदु भाषण, नियामकता, गुणों की टेक।

इन शुभ गुणों से पूर्ण हो जिस छात्र का हृद्धाम,
संसार के विद्वद्वरों का है वही विश्राम।

होता रहेगा वह सुधी-उपदेश से परितृप्त,
होने न पावेगा कभी वह ताप से परितृप्त ॥

प्रिय ! गर्व के कोई कभी मत फटकना तू पास,
होता रहा है विज्ञता का सदा इससे नाश।

फिर, भूलकर भी हो न जाना तुच्छ यश के दास,
देता रहेगा सर्वदा यह एक अवगुण त्रास।

शुभ समय, पात्रापात्र, देश-विचार के अनुसार,
अति अगम, दुर्गम सरल-गम थल में करो निस्तार।

आडम्बरीय विचार तज कर बन दृढ़व्रत धीर,
'विद्या विनय से सोहती है,' यह न भूलो धीर।

भारत-पयोनिधि-सौख्य-वीचि-प्रचार के हित आज,
उद्योग के आकाश-मंडल के बनो द्विजराज।

सत्कीर्ति-कुमुद प्रफुल्लकर, अपयश-कमलकर बन्द,
आशा-सदौषधि-गुण-सुधा-वर्षा करो सानन्द॥

यह रत्न-गर्भा भूमि देखो हो रही है रंक,
प्रिय सोच लो, तुम द्रुत मिटा दो यह महान् कलंक।

निज प्रभा दिखला जगत् को कहो 'हम हैं रत्न',
यों धैर्य दो इस आर्य माता को, करो फिर यत्न।

है शोचनीया मातृ-भाषा की दशा अत्यन्त,
वह उच्चभावैश्वर्य-हीना कर रही—'हा हन्त'।

क्या श्रेष्ठ-पदवी-प्राप्त मेरे छात्र सुत भी आज,
मुझ गुण-विहीना की रखेंगे, माँ समझकर, लाज।

निज देश-सर-नेता कमल-आशा-कली है बन्द,
जिससे महा दुख-पूर्ण हैं उन्नति-विचार-मलिन्द।

विद्वान् छात्र-समूह-रवि यदि हो उदय इसका,
तो खिल उठे पंकज अभी, फिर हो मनोहरता।

—'नवनीत'

[1913-14, प्रभा]

प्रेम

है कौन सा वह तत्त्व, जो सारे भुवन में व्याप्त है,
ब्रह्माण्ड पूरा भी नहीं जिसके लिए पर्याप्त है?

है कौन सी वह शक्ति, क्यों जी ! कौन सा वह भेद है?
बस, ध्यान ही जिसका मिटाता आपका सब शोक है,

वह प्रेम है, वह प्रेम है, वह प्रेम है, वह प्रेम है।
है अचल जिसकी मूर्ति, हाँ-हाँ, अटल जिसका नेम है॥

बिछुड़े हुओं का हृदय कैसे एक रहता है, अहो !
वे कौन से आधार के बल कष्ट सहते हैं, कहो?

क्या क्लेश ? कैसा दुःख ? सब को धैर्य से वे सह रहे,
है डूबने का भय न कुछ, आनन्द में वे बह रहे। वह प्रेम···

क्या हेतु, जो मकरन्द पर हैं भ्रमर मोहित हो रहे ?
क्यों भूल अपने को रहे, क्यों सभी सुधि-बुधि खो रहे ?

किस ज्योति पर निश्शंक हृदय पतंग लालायित हुए ?
जाते शिखा की ओर, यों निज नाश हित प्रस्तुत हुए ? वह प्रेम···

आकाश में, जल में, हवा में, विपिन में, क्या बाग में,
घर में, हृदय में, गाँव में, तरु में तथैव तड़ाग में,

है कौन सी वह शक्ति, जो है एक सी रहती सदा,
जो है जुदा करके मिलाती, मिलाकर करती जुदा ? वह प्रेम है··

चैतन्य को जड़ कर दिया, जड़ को किया चैतन्य है,
बस प्रेम की अद्‌भुत, अलौकिक उस प्रभा को धन्य है,

क्यों, कौन सा है वह नियम, जिससे कि चालित है मही ?
वह तो वही है, जो सदा ही दीखता है सब कहीं। वह प्रेम है···

यह देखिए, घन घोर कैसा शोर आज मचा रहा।
सब प्राणियों के मत्त-मनोमयूर अहा ! नचा रहा॥

ये बूँद हैं, या क्या ! कि जो यह है यहाँ बरसा रहा ?
सारी मही को क्यों भला इस भाँति है हरषा रहा ? वह प्रेम है···

यह वायु चलती वेग से, ये देखिए तरुवर झुके,
हैं आप अपनी पत्तियों में हर्ष से जाते लुके।

क्यों शोर करती है नदी, हो भीत पारावार से !
वह जा रही उस ओर क्यों ? एकान्त सारी धार से। वह प्रेम है···

यह देखिए, अरविन्द से शिशुवृन्द कैसे सो रहे,
हैं नेत्र माता के इन्हें लख तृप्त कैसे हो रहे।

क्यों खेलना, सोना, रुदन करना, विहँसना आदि सब,
देता अपरिमित हर्ष उसको, देखती वह इन्हें जब ? यह प्रेम है···

है वायु से यह बेल हिलती, बेल से फल हिल रहे,
हैं इन फलों के साथ हिलते, फूल कैसे खिल रहे।

सब एक होकर नाचते हैं पक्षियों के गान [पर।
कैसा प्रमोद मना रहे संसार सुख मय मानकर॥ यह प्रेम है···

उस दूरवर्ती खेल में वे गाय कैसी चर रहीं,
ये बछड़ियाँ हैं कूद-कूद कलोल कैसी कर रहीं।

इस नीम के नीचे पड़ा, यह ग्वालिया है गा रहा।
कैसा यहाँ अपनी अनोखी मधुर तान सुना रहा॥

गाते हुए हल जोतते, संतोष-सुख से जो सने,
वे खेतिहर हैं, आप अपने खेत के राजा बने।

हैं दीन, तो भी क्या हुआ, सौजन्य श्री-सम्पन्न हैं।
भूखे रहें खुद आप, पर देते सबों को अन्न हैं!

रण-भूमि को तो देखिए, ये वीर कैसे डट रहे,
कर आत्म-त्याग, स्वदेश के हित, खेत बनकर कट रहे।

इनका पराक्रम, शौर्य अनुकरणीय होगा लोक में,
आह्लादकारी हर्ष में, हाँ, धैर्य दायी शोक में।

इस प्रेम के ही हाथ से गरदन हजारों कट गईं,
हाँ, छातियाँ आघात के ही बिन, हजारों फट गईं।

है कौन पा सकता भला, इस प्रेम-नद का पार है?
है कौन वह जो रत्न खोजे, विकट इसकी धार है?

यह व्याप्त है सब में, अजी यह सभी का आधार है।
पाठक महोदय! अधिक क्या, यह स्वर्ग-सुख का द्वार है,
जगदीशमय है प्रेम निश्चय, प्रेममय संसार है॥

इस दीन भारत में कहीं जो प्रेम का संचार हो,
तो फिर भला क्या पूछना, सब भाँति बेड़ा पार हो।

है मोह-रात्रि यहाँ कहीं जो प्रेम का दीपक जले,
तो कृष्णजी की दिव्य छवि वह देखने को फिर मिले॥

अज्ञान-कंस विनष्ट हो जब ज्ञान-रूप रमेश से,
तब प्रेम से बँध जाय हम पीझा छुटे इस क्लेश से,

है पूर्व में यह दीखतीं टुक देखना कैसी प्रभा?
हाँ-हाँ प्रभा ही है विनिद्रित जग उठी दिनकर सभा॥

[1913, प्रभा]

विजयदशमी और प्रवासी भारतीय वीर वृन्द

ऐ धीरो वीर वर्यो, शुभ रण मद से मत्त ही केसरी-सा,
दौड़ो-दौड़ो अगाड़ी, झपट झट चढ़ो शत्रुओं के गढ़ों पै।

तोड़ो-तोड़ो अभी जा, दपटकर सभी गर्व पापी खलों के,
डंका स्वातन्त्र्य का हो, रणित अवनि की दूर हो भीति शंका···1···

लंका-जेता हमारे, रघुकुल रवि के वंश जो शूरवीरो
आशंका हार की ला, हृदय पर नहीं धारना भीरुता को।
मायाधारी, विधर्म्मी, असुर अधमरे शान्ति के शत्रु सारे,
अन्यायी हिंसकों को, कब विजय मिली विश्व में सोच देखो···2···

न्यायी का धर्म्म रूपी कवच, अमरता वीर को है दिलाता।
निन्दा, लज्जा, व्यथाएँ, भय, अवनति है, पाप, अन्याय पाते।
जीतेंगे युद्ध बाधा दल हम अपना पक्ष सद्धर्म्म का है।
पूरा-पूरा यशस्वी, जगत पति हमें युद्ध भू में करेंगे···3··

आर्यों की धर्म्मनिष्ठा, शुचि रण-पटुता, पूर्वजों की प्रतिष्ठा।
रक्खो, प्यारे, हमारे, समर कुशल ऐ क्षत्रियो स्वाभिमानी।
हिन्दू हिन्दी हिला दें इस भव रिपु के मान का खम्भ ऊँचा,
गूँजे आकाश वीरो समुद विजय के गान से हिन्दुओं के···4···

बोलो, बोलो, बहा के अमृत हृदय में दर्प से वीरता से:
"आर्यों में हैं अनोखे रण निपुण बली बाँकुरे शत्रुहन्ता···
"आर्यों के शौर्य द्वारा, निज रिपुगण से इन्द्र ने मुक्ति पायी।
"शान्ति स्वाधीनता के हित रुधिर सदा आर्य भू है बहाती"···5···

आई प्यारी, हमारी, सुविजय दशमी हर्ष का हेतु न्यारा।
लौटेंगे आज जा के, रिपु रण गण पै जीत का पीट डंका···
देखो पाश्चात्य देशो, भरत बसुमती शक्ति स्वातन्त्र्य पूजा।
गाओ आनन्द पाओ, विमल विजय का केतु ऊँचा उड़ाओ···6···

—**'एक भारतीय प्रजा'**

[1913-14, प्रभा]

हिन्दुओं का रणगीत, मंजु माधवी वृत्त

1. आकाश गूँजे रण वाद्य नाद से, सोत्साह वीरत्व प्रवाह हो पड़े···
उड़े ध्वजा अंकित आर्य नीति से, 'सद्धर्म, स्वातन्त्र्य, स्वदेश सेवा'···

2. हलै मही, दिग्गजवृन्द डोलें, ससैन्य हिन्दू हम युद्ध को चलें···
उड़े ध्वजा आर्य सुनीति अंकिता : 'सद्धर्म, स्वातन्त्र्य, स्वदेश सेवा'···

3. स्वाधीनता भारत की अखण्ड हो हिन्दुत्व का गौरव विश्वव्याप्त हो···
सगर्व धारें हम युद्ध मन्त्र ये, 'सद्धर्म, स्वातन्त्र्य, स्वदेश सेवा'···

4. घमण्ड पापी रिपुवृन्द का दलें, छली बली का हम गर्व तोड़ दें···
सुना उन्हें दें शुभ शान्ति शिक्षा, 'सद्धर्म, स्वातन्त्र्य, स्वदेश सेवा'···

5. अन्याय हिंसा व्यभिचार पाप को, हिन्दे कभी देख नहीं सकेंगे···
स्वप्राण देंगे कह बन्धु त्राण में, 'सद्धर्म, स्वातन्त्र्य, स्वदेश सेवा'···

6. वीरत्व, बन्धुत्व, गुरुत्व तत्त्व के, महत्त्व के सत्व प्रभुत्व उच्चता···
हमें करेंगे विजयी त्रिलोक में, 'सद्धर्म, स्वातन्त्र्य, स्वदेश सेवा'···

7. कभी हमारी इस जन्मभूमि को, भूलें न भाई हम स्वप्न में भी···
हो आर्य्य भू गौरव की शिरोमणि, 'सद्धर्म, स्वातन्त्र्य, स्वदेश सेवा'···

8. स्वबन्धुओं को, निज जन्मभूमि को, आँखें दिखावै वह कौन नीच है ··
जाते, उसे, यों हम रौंद डालें, 'सद्धर्म, स्वातन्त्र्य, स्वदेश सेवा'···

9. स्वभूप की या निज रूप वेश की, कहीं जरा भी अवमानना हो···
तो हिन्दुओ, दौड़ पड़ो पुकारते : 'सद्धर्म, स्वातन्त्र्य, स्वदेश सेवा'··

10. स्वजाति को या निज मित्र देश को, पीड़ा कहीं दे यदि शत्रु पातकी···
हुंकार आर्य्यो, कर खड्ग खींच लो, 'सद्धर्म, स्वातन्त्र्य, स्वदेश सेवा'···

11. त्रैलोक्य में कीट पंतग पुंज भी, न कष्ट पावै पड़ क्रूर हाथ में···
वीरो, सुना दो शुभ आर्य गान यों : 'सद्धर्म, स्वातन्त्र्य, स्वदेश सेवा··

12. संसार में हो न अनीति लेश मी, स्वतन्त्र सारे नर नारि हों सुखी···
गावें मिला कंठ, सुआर्य गान यों : 'सद्धर्म, स्वातन्त्र्य, स्वदेश सेवा'···

13. मनुष्य सारे सम हैं, न भेद है, न दुर्बलों को हम दास-सा लखें··
मनुष्यता दे उनको सिखा दें : 'सद्धर्म, स्वातन्त्र्य, स्वदेश, सेवा'···

14. विगर्हणा हो न मनुष्य जाति की, प्राणी न कोई भय कष्ट में पड़े···
गाओ अनोखा रण गान हिन्दुओ : 'सद्धर्म, स्वातन्त्र्य, स्वदेश सेवा'···

15. जै राम जै कृष्ण प्रताप वीरता, जै न्याय की, जै शुभ सत्य की सदा···
जैगान गावैं हम शान्ति शक्ति की : 'सद्धर्म, स्वातन्त्र्य, स्वदेश सेवा'···

—एक भारतीय प्रजा

[1913-14, प्रभा]

हृदय

वीर-सा, गम्भीर-सा यह है खड़ा, धीर होकर यों अड़ा मैदान में,
देखता हूँ मैं जिसे तन-दान में, जन-दान में, सानंद जीवन-दान में।

हट रहा है दंभ आदर-प्यार से,
बढ़ रहा जो आप अपनों के लिए,
डट रहा है जो प्रहारों के लिए,
विश्व की भरपूर मारों के लिए।

देवताओं को यहाँ पर बलि करो दानवों का छोड़ दो सब दुःख भय;
"कौन है ?" यह है महान मनुष्यता और, है संसार का सच्चा हृदय।

क्यों पड़ीं परतंत्रता की बेड़ियाँ ?
दासता की हाय हथकड़ियाँ पड़ीं,
न्याय के 'मुँह बन्द'[1], फाँसी के लिए—
कंठ पर जंजीर की लड़ियाँ पड़ीं।

दास्य-भावों के हलाहल से हरे ! भर रहा प्यारा हमारा देश क्यों ?
यह पिशाची उच्च-शिक्षा-सर्पिणी कर रही वर-वीरता निःशेष क्यों ?

वह सुनो आकाश-वाणी हो रही—
"नाश पाता जायगा तब तक विजय"—
वीर ?— ना', धार्मिक ? 'नहीं' सत्कवि ? 'नहीं'—
"देश में पैदा न हों जब तक 'हृदय'।"

देश में बलवान भी भरपूर हैं और पुस्तक-कीट भी थोड़े नहीं,
हैं अमित धार्मिक ढले टकसाल के पर किसी ने भी हृदय जोड़े नहीं।

ठोकरें खातीं मनों की शक्तियाँ
'राम-मूर्ति' बने खुशामद कर रहे,
पूजते हैं,—देवता द्रवते नहीं,
दीन-दब्बू बन करोड़ों मर रहे।

'हे हरे ! रक्षा करो'—यह मत कहो चाहते हो इस दशा पर जो विजय,
तो उठो, ढूँढ़ो, छुपा होगा वहीं राष्ट्र का बलि, देश का ऊँचा 'हृदय'।

फूल से कोमल, छबीला रत्न से, वज्र से दृढ़, शुचि-सुगंधी यज्ञ से,
अग्नि से जाज्वल्य, हिम से शीत भी, सूर्य से देदीप्यमान, मनोज्ञ से।

1. सेडीशंस मीटिंग्ज एक्ट (राजद्रोही सभा-कानून)

वायु से पतला, पहाड़ों से बड़ा, भूमि से बढ़कर क्षमा की मूर्ति है;
कर्म का अवतार-रूप-शरीर जो—श्वास क्या, संसार की वह स्फूर्ति है;

मन महोदधि है, वचन पीयूष है
परम निर्दय है, बड़ा भारी सदय;
कौन है ? है देश का जीवन यही,—
और है वह, जो कहाता है 'हृदय'।

सृष्टि पर अति कष्ट जब होते रहे, विश्व में फैली भयानक भ्रान्तियाँ
दण्ड, अत्याचार, बढ़ते ही गये, कट गये लाखों, मिटीं विश्रान्तियाँ,

गद्दियाँ टूटीं, असुर मारे गये,
किस तरह ? होकर करोड़ों क्रान्तियाँ,
तब कहीं है पा सकी मातामही
मृदुल-जीवन में मनोहर शान्तियाँ।

बज उठीं संसार भर की तालियाँ गालियाँ पलटीं, हुई ध्वनि, जयति-जय,
पर हुआ यह कब ? जहाँ दीखा कभी विश्व का प्यारा कहीं कोई 'हृदय'।

[1914, समर्पण]

(प्रताप के विजयदशमी विशेषांक में—उन दिनों जब गांधीजी
अपना दक्षिण अफ्रीका का सत्याग्रह-संग्राम चला रहे थे।)

चेतावनी

(1)

अँगुली दिखा दिखा लो, या घिना लो, डर बता लो, डर नहीं,
बातें बना लो, सब छिना लो, क्या कहें ? उत्तर नहीं।
पर विश्व के विश्वस्त पथ को भाइयो ! भूलो नहीं,
उन कल्पनाओं में वृथा,—मानो जरा,—फूलो नहीं।
देखो कहीं ऐसा न हो, सूर्यास्त हो क्षणमात्र में,
दीखे न वह तेजस्विता, फिर इस तुम्हारे गात्र में।

(2)

जिसको दिखाया आपने संसार में सोता हुआ,
कर्त्तव्य-पथ में दीनता-संयुत पड़ा रोता हुआ।
बोता हुआ तम-वल्लरी, अपने उदय-उद्यान में,
खोता हुआ, सिद्धान्तमय सर्वस्व को अज्ञान में।

वह जागकर यह कह न बैठे—"मैं बड़ा मतिधीर हूँ,—
मैं वीर हूँ, मैं वीर हूँ, मैं वीर हूँ, मैं वीर हूँ!"

(3)

ये जाति-जीवन-मार्ग-बन्धन तोड़ दो, मानो कहा,
ये आर्य-अपयश-भाण्ड सारे फोड़ दो, मानो कहा।
इन तीक्ष्णतर आक्षेप-तीरों का चलाना छोड़ दो,
बहके हुओं का मुख—अजी अब भी समय है, मोड़ दो।

"दैवोऽपि दुर्बल घातक:"—ऐसा न हो, प्रतिकूल हो,
जिसको समझते ठीक हो, ऐसा न हो, वह भूल हो।

(4)

जातीयता का भाव देखो, है यहाँ जगने लगा,
प्रान्तीयता का पाप इनको छोड़कर भगने लगा।
"टूटे हुए वे प्रेम बन्धन" प्रेम से जुड़ने लगे,
भूले हुए सीधे पथों की ओर भी मुड़ने लगे।

हों नेत्र तो देखो, न देना दोष तुम पीछे हमें,
प्रेमी हमारे हो, इसी से हम चिताते हैं तुम्हें।

(5)

है दीन भारत को जगाने आ चुकी अब भारती,
बढ़कर किया ही चाहते हैं कार्य विद्यार्थी व्रती।
ये ब्रह्मचारी धीर-धारी, आत्म-त्यागी देख लो,
ये वीर-नेता, शीघ्र-चेता, गुण-विजेता देख लो।

अवरुद्ध उन्नति-मार्ग मिलकर शीघ्र अपना खोल दो,
होकर हमारे साथ "भारतवर्ष की जय!" बोल दो।

[1914, युगचरण]
(प्रताप के विशेषांक में)

दृढ़ व्रत

बज्र बरसाने दे उन्हें, तू खड़ा देखा कर,
फूल बिखराने दे, लुभाते हैं लुभाने दे।
गालियाँ सुनाने दे तू, आरती उतारने दे,
दण्ड आजमाने दे, या चन्दन चढ़ाने दे।

होवे वनवास, कारावास, नर्कवास,
पद चूमे अमरत्व उसे पड़ा रह जाने दे।
साँवली-सी सूरत को, माधुरी-सी मूरत को,
प्राण बलि जाने दे, तू आँखों से न जाने दे।

[विलासपुर जेल : 1921, युगचरण]

मत बहक

ऐ शाह ! यों भटको नहीं बहके फकीरों के लिए
होता समर मैदान विरले युद्ध-वीरों के लिए

यह मातृ-मंदिर है नहीं पागल शरीरों के लिए
मचलो नहीं इन तुच्छतर नीरस लकीरों के लिए !

धक्का लगा देना, कहीं जो सामने आने लगूँ
मत ढूँढ़ना चुप हो रहूँ जब या कि मिट जाने लगूँ।

[1914, माता]

मार डालना किन्तु क्षेत्र में

मार डालना किन्तु क्षेत्र में जरा खड़ा रह लेने दो,
अपनी बीती इन चरणों में थोड़ी-सी कह लेने दो;

कुटिल कटाक्ष, कुसुम सम होंगे यह प्रहार गौरव होगा
पद-पद्मों से दूर, स्वर्ग भी जीवन का रौरव होगा।

प्यारे इतना-सा कह दो कुछ करने को तैयार रहूँ,
जिस दिन रूठ पड़ो सूली पर चढ़ने को तैयार रहूँ।

[1914, हिमतरंगिनी]
(एक पत्र में)

महलों पर कुटियों को वारो

महलों पर कुटियों को वारो पकवानों पर दूध-दही,
राज-पथों पर कुंजें वारो मंचों पर गोलोक मही।

सरदारों पर ग्वाल, और नागरियों पर ब्रज बालायें
हीर-हार पर वार लाड़ले वनमाली वन-मालायें
छीनूँगी निधि नहीं किसी सौभागिनी, पुण्य-प्रमोदा की
लाल वारना नहीं कहीं तू गोद गरीब यशोदा की

[1914, हिमतरंगिनी]

भाई, छोड़ो नहीं, मुझे

भाई, छोड़ो नहीं, मुझे खुलकर रोने दो
यह पत्थर का हृदय आँसुओं से धोने दो
रहो प्रेम से तुम्हीं मौज से मंजु महल में,
मुझे दुखों की इसी झोंपड़ी में सोने दो।

कुछ भी मेरा हृदय न तुमसे कह पायेगा,
किन्तु फटेगा; फटे बिना क्यों रह पायेगा;
सिसक - सिसक सानंद आज होगी श्री - पूजा,
बहे कुटिल यह सुख दुःख क्यों बह पायेगा।

वारूँ सौ - सौ श्वाँस एक प्यारी उसाँस पर,
हारूँ, अपने प्राण, दैव तेरे विलास पर,
चलो, सखे तुम चलो तुम्हारा कार्य चलाओ
लगे दुखों की झड़ी आज अपने निराश पर!

हरि खोया है ? नहीं, हृदय का धन खोया है,
और, न जाने वहीं दुरात्मा मन खोया है
किन्तु आज तक नहीं हाय इस तन को खोया,
अरे बचा क्या शेष, पूर्ण जीवन खोया है।

पूजा के ये पुष्प—गिरे जाते हैं नीचे,
यह आँसू का स्रोत आज किसके पद सींचे,
दिखलाती, क्षण मात्र न आती, प्यारी प्रतिमा
यह दुखिया किस भाँति उसे भूतल पर खींचे !

[दिसम्बर 1914, हिमतरंगिनी]
(पत्नी के स्वर्गवास दिवस पर)

उड़ने दे घनश्याम गगन में

बिन हरियाली के माली पर
बिना राग फैली लाली पर
बिना वृक्ष ऊगी डाली पर
फूली नहीं समाती तन में
उड़ने दे घनश्याम गगन में।
स्मृति-पंखें फैला-फैला कर
सुख-दुख के झोंके खा-खाकर
ले अवसर उड़ान अकुलाकर
हुई मस्त दिलदार लगन में
उड़ने दे घनश्याम गगन में !
चमक रहीं कलियाँ चुन लूंगी
कलानाथ अपना कर लूंगी
एक बार 'पी कहाँ' कहूँगी
देखूँगी अपने नैनन में
उड़ने दे घनश्याम गगन में !
नाचूँ जरा सनेह नदी में
मिलूँ महासागर के जी में
पागलनी के पागलपन ले—
तुझे गूँथ दूँ कृष्णार्पण में
उड़ने दे घनश्याम गगन में !

['आवना'-तट की पौर्णिमा : 1914, हिमतरंगिनी]

कवि का आवाहन

स्वागत आवो आवो भाई, आओ राष्ट्र जगाओ भाई,

व्याकुल रह रह दिवस बिताये, दर्शन भाव समायो।
आओ हृदय बिछे हैं सादर, इन पर चरण जमाओ॥

राष्ट्र-प्रेम की ध्वजा उठाओ, माता को समझाओ।
पुष्प पुंज की भाँति शीश, सब चरणों बीच चढ़ाओ॥

अंग-भंग हैं अति कुढंग हैं, सुरति बिसर जनि जाओ।
फटे रक्त रंजित चरणन को, आँसू सींच धुलाओ॥

हिम पर्वत से गूँज उठाओ, सागर तक पहुँचाओ।
सब प्रान्तीय भेद अब तोड़ो, भारत एक बनाओ।

राष्ट्रदेवि करुणामय स्वामिनि, माता कहि गुण गाओ।
भारत बन्धु राष्ट्रभाषा को, मिलकर शीश चढ़ाओ ॥[1]

[5 नवम्बर 1916]

सन्तोष

आत्मदेव ! यह विषम दमन, यह कष्ट सहन, स्वागत सौ बार,
इनसे बढ़कर नहीं, मुझे—वे जय-जय ध्वनि, फूलों के हार।

अपराधी हैं !—होने दो, उसका बदला अपराध नहीं,
उस पर पोत चलेंगे कैसे हो जो सिन्धु अगाध नहीं।

विनती कर, इन सब जीवों का मानवता पर प्रेम बढ़े,
चक्रपाणि, तेरे चरणों का, इन पर प्यारा रंग चढ़े।

[1916, युगचरण]

जीवित जोश

"शक्ति का लुटता है सर्वस्व"—न होंगे हम उसके बटमार,
"भक्ति का उठता है वर्चस्व"—न होगा भारत माँ के द्वार,

"व्यक्तियों के सिंहासन हिले" हिलाते नहीं हमारे हाथ,
"त्यक्ति के सूत्र स्वयं मिट चले" हमारा त्याग प्राण के साथ !

आप से आप, बिना सन्ताप बिना छल-पाप, हटेंगे दोष,
चरमता चंचलता की न हो हृदय, तुम में हो जीवित जोश !

अनय का अनुपम 'कुंज-विहार' छोड़ने लगे 'शुक्ल श्रीकृष्ण',
विनय, धन, जीवन के उपहार सुदामा देत नहीं सतृष्ण,

नहीं सब दूर रहे अक्रूर—जरासंधों से उलझा काम,
बनेंगे विवश, विश्व के लिए वीर 'रण-छोड़' पलट कर नाम

---

1. जबलपुर के अखिल भारतीय हिन्दी साहित्य सम्मेलन के सप्तम अधिवेशन में पठित।

न होगा इसका कारण कर्म भूमि से पुण्य भूमि का रोष,
परमपरितोष-पूर्ण, निर्दोष करेगा जागृति जीवित जोश।

"इधर ये छूट रहे हैं बाण" हृदय है आदर से उस ओर,
"बचाओ ! यों न मिटाओ त्राण" हाय है त्राण, नरक की डोर,

"अकेले क्यों देते हो प्राण !" बनेंगे ऐसे कई करोड़,
बीच बोने ही की है देर, उपज में तो होती है होड़।

देश का प्यारा पावस काल भरे भावों के सीकर-कोष,
सींच वनमाली ! मानस-खेत जोर से ऊगे जीवित जोश।

हिन्दमाता की 'दोनों[1] आँख' 'नाक' को रखकर बीचोंबीच,
अश्रु की उज्ज्वल धारा छोड़ प्रेम का पौधा देवें सींच,

मुहम्मद पर सब कुछ कुर्बान मौत के हों तो हों मेहमान,
कृष्ण की सुन मुरली की तान, चलो हों सब मिलकर बलिदान।

करेंगे क्या, यह वे जड़ जीव ? जिन्हें जननी जायों पर रोष !
तपस्वी रख सकते हैं टेक मिला कर सादर जीवित जोश।

"पधारो !" अकुला कर कह उठे, 'तनिक है देर", हाय तू देर !
विजय के उज्ज्वल भर कर भाव विश्व-मंडल को डालो घेर,

"पापियों पर भी न हो प्रहार चढ़ा दो अपने शुद्ध शरीर
हृदय, भाषण, कृति सब कुछ एक टेक में पक्के, सच्चे वीर !"

'आह' के बदले निकले 'वाह' ! मुझे हो आने में सन्तोष,
रचो बलिदानों के सोपान लिखा हो, जिन पर 'जीवित जोश' !

देश के वंदनीय वसुदेव कष्ट में लें न किसी की ओट
देवकी मातायें हों साथ पदों पर जाऊँगा मैं लोट !

जहाँ तुम मेरे हित तैयार, सहोगे कर्कश कारागार !
वहाँ बस मेरा होगा धाम गर्भ का प्रियतर कारागार !

वर्ष टल गये, महीने शेष ! साधना साधो रक्खो होश,
उन्हीं हृदयों में लूँगा जन्म जहाँ हो निर्मल 'जीवित जोश' !

[1916, माता]
(गांधीजी के देश में आगमन के पश्चात्)

1. हिन्दू-मुसलमान

आदेश

वीर देश के बच्चे हो तुम घबड़ाने का काम नहीं,
सूखी पुस्तक और परीक्षाएँ शिक्षा का नाम नहीं;

ऐसी निर्बल घटनाओं से दूषित क्यों मर्मस्थल हो,
क्योंकर हम अकुलायें, जब तक सम्मुख श्री कर्मस्थल हो।

तो बस बढ़ो, निराशा छोड़ो, गति में आगे आना है;
पुनः प्राण के प्रण की उज्ज्वल कृति में आगे आना है।

[1916, माता]

तीरंदाजी

सीता—

ठहरो, ठहरो तो,
पास आती हूँ,
सुनना ! तुमको
मैं क्या सुनाती हूँ !

(कान में—)

मेरे हाथों से, अगर दोष न हो,
तीर मुझको जरा चलाने दो !

राम—

दोष ? हाँ दोष यही होगा, ले,
अबला कह पायेगा न कोई तुझे
तू न होती तो जीतता कैसे,
दोष यह देवेगा संसार मुझे !

[1916, माता]

राम नवमी

त्रेता से अब तक तेरी मैं करता रहा पुकार,
बन बैठी चीत्कार, विश्व में वह मेरी हुंकार !

आँखों में है रौद्र हृदय में वीर, कंठ में करुणा,
घटनाओं की आग, सुखाती आशाओं का झरना।

टूट चुकी तर्जनी और इस वीणा के सब तार!
क्या नवमीं फिर भी खाली जावेगी रे इस बार?

नहीं चाहिए बने यहाँ—आ, तू राजा का छौना,
दीनबन्धु है, तो हाजिर है दीन कुटी का कोना!

कहाँ देश में हैं वशिष्ठ जो तुझको ज्ञान बतायें?
किये गये निःशस्त्र, किसे कौशिक रण-कला सिखायें?

किन्तु केकयी-कलह मचा है राष्ट्र, नगर, घर-घर में,
'देश निकाले, को आजा तू, प्यारे किसी उदर में

कारागारों में चक्की पिस रही देवताओं से,
नष्ट हुआ गो-वंश, जा रहे जग-संहारक पोसे।

स्मृतियाँ ठुकराई जाती हैं, शिर झुकते कर विनती,
डाकू और लुटेरों में है पुरुषाओं की गिनती।

जंगल ही क्यों, नगर-ग्राम लख, निरे अस्थि के ढेर,
है बस तेरी टेर, बता—आने में कितनी देर?

'तरी पुरानी, चरण धुला ले' सुन केवट की तान,
धूलि-झाड़, ले गोद, जटायू करता अर्पित प्राण।

ऐ बालक सुतीक्ष्ण के मानस-मंदिर के महमान!
घड़ियाँ गिनी जा रही हैं ऐ भिलनी के भगवान!

हाय जोर दे दिया दौड़कर माया-मृग की ओर,
खो बैठा भारत-लक्ष्मी को सागर के उस छोर!

सैन्य बने, पर सिंधु लाँघते लग जाती है छूत!
सिन्धु पार वैकुण्ठ पड़े तो—त्याज्य, बनेंगे भूत!!

आवें युवा-प्राण देने, तो पोत लगे कब हाथ?
'पास-पोर्ट' हो, और कमाण्डर की आज्ञा हो साथ!

दशों दिशाओं में रथ जाते, वे दिन जाना भूल,
साँवलिया दुनिया न छुएगी तव चरणों की धूल!

देव, अयोध्या से दण्डक को यही मार्ग है आना,
व्यथित नर्मदा के तीरों की विरह-तान सुन जाना

हे जीवन के बिन्दु, साधना की सीपी की साध
विदलित, ताड़ित, अपमानित के ऐ मीठे अपराध!

आकर्षण के कल कपोल के ऐ साँवले डिठौने !
पागल हुई पुतलियों के हे विविध रूप धर छौने !

अरे पतित के रक्त-चिन्ह, ओ मीठी कसक हिये की !
जी की, जिसे जीभ मत—जाने, प्यारी भूल किये की !

जग का भान, कुचल पैरों से, रे मोहन - मुसकान,
आसाकेत-सिंधु कूजित ऐ महाप्राण की तान !

प्रीति-पुत्तली के प्रेरक ! ओ बाजीगर के तार,
निरस तार की रस बरसाविनि उन्मादिनि झंकार !

आ सबलों के शील, योगियों की पथ-भूली शान्ति
आ पिसतों के हृदय,—गरीबी की प्रलयंकर क्रान्ति !

आ पुकारती हुई सभा में दिग्वसना के चीर !
आ सब कुछ खोने वाले के, जीवन-साथी, धीर !

गोपालों के श्याम, अरे आ बदनामों के नाम !
अनगिन मस्तक झुक जायेंगे, आ प्यारे श्रीराम !

आर्य-कीर्ति का स्तम्भ अयोध्या में अब गड़ जाने दे,
राम-राज्य का झंडा, नभ से पुनः रगड़ जाने दे !

[1916, माता]

माधव दिवाने हाव-भाव

माधव दिवाने हाव-भाव पै बिकाने
अब कोई चहै बन्दै चहै निन्दै, काह परवाह

वौरन ते बातें जिन कीजो नित आय-आय
ज्ञान, ध्यान, खान, पान काहू की रही न चाह

भोगेन के ब्यूह, तुम्हें भोगिबो हराम भयो
दुख में उमाह, इहाँ चाहिए सदा ही आह

विपदा जो टूटै कोऊ सब सुख लूटै
एक माधव न छूटै तो कराह की सदा सराह !

[1916, हिमतंरगिनी]

(स्व० माधवराव सप्रेजी को राजनीति में रहने का वचन देने के पश्चात्)

जिस ओर देखूँ बस अड़ी हो तेरी सूरत सामने

जिस ओर देखूँ बस अड़ी हो तेरी सूरत सामने
जिस ओर जाऊँ रोक लेवे तेरी मूरत सामने

छुपने लगूँ तुझसे मुझे तुझ बिन ठिकाना है नहीं
मुझ से छुपे तू जिस जगह बस मैं पकड़ पाऊँ वहीं

मैं कहीं होऊँ न होऊँ तू मुझे लाखों में हो
मैं मिटूँ जिस रोज मनहर तू मेरी आँखों में हो

[1916, हिमतरंगिनी]

वीर-पूजा

पा प्यारा अमरत्व, अमर आनन्द अभय पा,
विश्व करे अभिमान, वीर्य-बल-पूर्ण, विजय पा;

जागृति जीवन-ज्योति जोर से हो, तू दमके,
परम कार्य का रूप बने वसुधा में चमके;

तू भुजा उठा दे हे जयी ! जग चक्कर खाने लगे;
दुखियों के हिय शीतल बनें, जगतीतल हुलसाने लगे।

तेरे कन्धों चढ़े, जगत-जीवन की आशा,
तेरे बल पर बढ़े जाति, जागृति, अभिलाषा,

कसी रहे कटि कर्म-महा-वारिधि तरने को,
गरुड़ छोड़, पद चलें, दुखी का दुख हरने को।

वह प्रेम-सूत्र में गुँथ रहा, दुखियों के मन का हार है;
वसुधा का बल-संचार ही, श्री चरणों का उपहार है।

आ, आहा ! यह दिव्य देश-दर्शन दिखला, आ !
उलट-पलट के विकट कर्म-कौशल सिखला, आ !

'जय हो'—यह हुंकार हृदय दहलाने वाली !
काँप उठी उस वन-प्रदेश की डाली-डाली !

ले, श्री मनुष्यता मत्त हो, विजयध्वनि आराधे खड़ी;
श्री प्रकृति प्रेम पगली बनी वीणा के स्वर साधे खड़ी।

आहा ! पन्द्रह कोटि हार ले, आये माली,
जगमग-जगमग हुईं कोटि-पन्द्रह ये थाली,

अर्घ्य-दान के लिए हिमालय आगे आये,
रत्नाकर ये खड़े, धुलें श्री चरण सुहाये।

यह हरा-हरा भावों भरा कर्मस्थल स्वीकार हो;
नवजीवन का संचार हो, क्यों ? कृति हो, हुंकार हो।

[सिवनी, श्री मेहताजी का बाग: 1916, हिमकिरीटिनी]

छोड़ो

छोड़ो भाई, जीवन मेरा रूठ न जाये छोड़ो तो,
तोड़ो, बाँधो नहीं, प्रतिष्ठा के ये बन्धन तोड़ो तो,

विस्मृत कर दो सखे, बावली आशा के घट फोड़ो तो,
गौरवमयी उपेक्षा के सुर—साधे बंधन जोड़ो तो।

राष्ट्र-मंच रण-रातों को दो विपद् भली, मैं भली यहाँ,
कुटी निवास, फकीरी बना नाथ साथ सा मोद कहाँ ?

[1916, माता]

सुनकर तुम्हारी चीज हूँ

सुनकर तुम्हारी चीज हूँ रण मच गया यह घोर
वे विमल छोटे से युगल ये भीमकाय कठोर

मैं घोर रव में खिंच पड़ा कितना भयंकर जोर ?
वे खींचते हैं, हाय ! ये जकड़े महान कठोर

हे देव ! तेरे दाँव ही निर्णय करेंगे आप
उस ओर तेरे पाँव हैं इस ओर मेरे पाप

[गंजाल नदी के किनारे : 1916]

गो-गण सँभाले नहीं जाते

गो-गण सँभाले नहीं जाते मतवाले नाथ
दुपहर आई बर-छाँह में बिठाओ नेक।

वासना-विहग बृज-वासियों के खेत चुगें
तालियाँ बजाओ आओ मिलके उड़ाओ नेक।

दम्भ-दानवों ने कर-कर कूट टोने यह
गोकुल उजाड़ा है गुपालजू बसाओ नेक

मन कालीमर्दन हो, मुदित गुवर्धन हो
दर्द भरे उर-मधुपुर में समाओ नेक

[गंजाल नदी के किनारे : 1916, हिमतरंगिनी]

सत्याग्रही

(1)

हाथ पाँव जोड़े, समझाया, रह रह उन्हें चिताया खूब,
'अंध-कूप में गिरूँ-गिराऊँ'—झुंझलाया, धमकाया खूब।
माना नहीं लगाया तन भी,—शक्तिवान हैं हटा दिया,
रहा रोकता, हृदयों में से, कितनों ही को कटा दिया।

अब भी शस्त्र रहित प्रस्तुत हूँ,—रोकूंगा—मारें—स्वच्छन्द।
मेरे रक्त, स्वेद, आँसु से—उन्हें, विश्व को हो आनन्द।

(2)

गर्जन-तर्जन में चंचलता, आत्म-विर्सजन में क्या रोप?
दोषी हैं, हाँ दोपी हैं वे,—फिर क्या उसका वदला दोप?
रखते हैं तलवार अकड़कर, करते हैं वे तीखे वार,
होंगी तोपें, तो भी दूंगा, वारों पर फूलों के हार।

होगा वही, करूँगा जो मैं,—पशुबल हो जगती भर का
जग के जड़ जीवों का भय?—भय यहाँ नहीं जगदीश्वर का।

[1971, युगचरण]

श्रेय बंधन

हाँ वे हमारे साथ हैं, पकड़े जकड़ कर हाथ हैं,
हम दीन हीन अनाथ हैं वे आप अपने नाथ हैं!

हम बंधु ऐसे पा रहे 'भागो' पुकार डरा रहे,
हम धीरता से जा रहे वे हैं हमें ले जा रहे

उनके हृदय में चाह है अपने हृदय में आह है
कुछ भी करें तो शेष बस यह बेड़ियों की राह है[1]।

[1917, माता]

आराधना

विश्व देव ! यह देख तुम्हारी दुर्गम चालें
किससे क्या क्या कहें ? कहाँ तक आँसू ढालें ?

जी होता है तुम्हें, सँभालें, देखें भालें ?
'सुनो, सुनो' क्या सुनें ? भुजाएं स्वयं उठा लें ?

लो सुनो सफलता आ रही किन्तु मृत्यु के साथ है;
बस उठो कर्म करने लगो जीत तुम्हारे हाथ है।

परम पुण्य का पुंज टूटने वाला ही है,
स्वत्व सुधा का भांड फूटने वाला ही है !

सुखद स्वर्ग के द्वार सदा को खुलते ही हैं !
हम-तुम विधि की वीर तुला पर तुलते ही हैं !!

बस सुनते ही सन्देश यह हम लोग साधने साधना
शिव के समेत करने लगे श्री शक्ति चरण आराधना !

[1917, माता]
(मान्टेग्यू के वक्तव्य पढ़कर)

---

1. बादशाह सलामत ने, 1917 में इस आशय की बात कही कि हमारे हाथ में भारत का भाग्य सुरक्षित है। हम उसे अपने पद पर ले जाने के लिए सहयोग कर रहे हैं उस पर।

बन्धन-सुख

आत्म-देव ! प्यारी हथकड़ियाँ और बेड़ियाँ दें परितोष
उतनी ही आदरणीय हैं, जितना वह जय-जय का घोष।

तू सेवक है, सेवाव्रत है, तेरा जरा कुसूर नहीं,
'शूली—वह ईसा की शोभा' वह विजयी दिन दूर नहीं।

'माता ! मेरे बधिकों का काली - मर्दन कल्याण करें,
किसी समय उनके हृदयों में, मानवता के भाव भरें !'

[1917, हिमकिरीटिनी]

(गणेशशंकर विद्यार्थी की प्रथम गिरफ्तारी पर)

हाय

मुझे ध्यान यह रहा तुम्हारा वीरों को अभिमान रहे,
बालकपन हो भले, चकित कर देने वाला ज्ञान रहे;

पढ़े-लिखे पशु न हो, गुणों की शान रहे, ईमान रहे,
मजदूरी पर मिटो, तुम्हारे काबू में भगवान् रहे।

तुम पर विजयी किन्तु हाय ! किन्तु दुनियाँ के सुख सामान रहे;
श्री हरि बल दें, तुम्हें कभी उस अपनेपन का ध्यान रहे।

[1918, युगचरण]

(एक पत्र में लिखकर कानपुर भेजा)

सन्तोष

आत्म देव ! यह विषय दमन यह कष्ट सहन, स्वागत सौ बार,
इनसे बढ़ बढ़ कर नहीं मुझे वे, जय-जय ध्वनि, फूलों के हार।

अपराधी हैं ! होने दो, उसका बदला अपराध नहीं;
उस पर पोत चलेंगे कैसे, हो जो सिंधु अगाध नहीं।

विनती कर इन सब जीवों का, मानवता पर प्रेम बढ़े,
चक्रपाणि तेरे चरणों का इन पर प्यारा रंग चढ़े !

[1918, माता]

(स्व० गणेशजी के जेल गमन पर)

चरण की ठोकर

तुम्हें दिवाली और दिवाला मेरे बाँटे
तुम्हें डालियाँ और मुझे मिलते हैं काँटे
नदन तेरे हाथ, नहीं है मरु भी मेरा
बँगले तुझे नसीब, जेल में मेरा डेरा

इतने पर भी कैद में
जो मैं इतराने लगूँ,
क्यों न भला श्री चरण की
मृदु ठोकर खाने लगूँ!

[1918, माता]

मोल-तोल

तुझे गोद में देख, देवता मैंने बहुत मनाये थे;
तुझे उछलता देख, लगे मत दोनों हाथ बढ़ाये थे।

तुझे फिसलता देख, दौड़ तेरे पद-कमल थँभाये थे,
तुझे खीझता देख, क्षमा कर, मीठे चपत लगाये थे।

अब तेरा अवतार बढ़ा बाजारों में करने व्यापार;
मोल-तोल में, हरि जाने कैसे होएगा बेड़ा पार?

[1918, माता]

राष्ट्रीय वीणा

यह गुंजार कहाँ से आई चौंक पड़ा, मैं बोल उठा,
कँपने लगा हृदय, हरि जाने मैं भय-विह्वल डोल उठा!

"फिर कुछ बजा", सोच कर मन में फिर मैं कुछ-कुछ जान गया;
"वीणा की झंकार हुई है", यही बात अनुमान गया!

"निष्ठुर बड़ा बजाने वाला" यों कह दौड़ा ध्वनि की ओर,
किन्तु मध्य में रुका, सुना—जब पकड़ो-मारो का कुछ शोर;

ज्यों-त्यों लड़ता-भिड़ता पहुँचा मैं प्यारी वीणा के पास
किन्तु मातु को पा उदास मन सूख गया, हो गया निराश;

झंझावात भयानक ही से बजते थे वे सारे तार,
मची हुई थी समय राज की उन तारों पर मारामार;
हाँ अवश्य अकुलाते थे वे निकल रही थी गहरी आह,
मैं भी बना वहाँ पर जाकर उस प्यारी वीणा का तार;

कसे हुए पीटे जाते हैं भारी शोर मचाते हैं,
हा ! हा !! हमें पीटने वाले ज़रा नहीं सकुचाते हैं;
पर हैं सबल, डरेंगे क्योंकर, है शरीर का दान किया।
इस प्रकार माँ की वीणा का दृढ़ होकर सम्मान किया ॥

मुझ पर पड़ी मार, कुछ कँपकर, मैंने ऐसी की गुंजार—
कैसे मौन बैठता ? कब तक ? पड़ने लगी मार पर मार !

अजी न था उपदेश, न था आदेश, न था उद्देश विधान
थी वह केवल पिटने वाले तारों के प्राणों की तान !

क्या ? "राष्ट्रीय मधुर वीणा में, टूटा-फूटा तार न हो,
काँपे, हिले, खिंचे, झुक जाये, किसी भाँति इन्कार न हो।"

विश्व देव ! सब गूँज उठे क्या अब भी बल संचार न हो ?
पड़े 'तार पर मार' कहो क्या – वीणा से झंकार न हो[1] ?

[1918, माता]

नव भारत

जय जय जीवन ज्योति के ज्वलित रूप आदर्श
जय श्री नटवर के परम क्रीड़ा-स्थल के हर्ष !
क्रीड़ा-स्थल के हर्ष ! दर्श पाये हरषाये
आये, आहा ! कर्म-क्षेत्र में आये आये
आया यह अमरत्व स्वत्व पाया, छूटा भय;
नया-नया कह रही गूँजने वाली जय-जय ।

जय जय जग-आधार विश्व-वनमाली ! जय जय,
नित नव रचना कुशल अरे ओ ख्याली जय जय

1. प्रताप में प्रकाशित कविताओं के संग्रह का सम्पादन लेखक को दिया गया, तब उसका नामकरण 'राष्ट्रीय वीणा' रखा गया । नामकरण स्वर्गीय गणेशशंकरजी विद्यार्थी ने किया था । संग्रह में इसी शीर्षक से यह तुकबंदी भी दी गयी थी ।—लेखक

नव बल, नव उत्साह नयापन छाया जय जय
नव जीवन हे देव पदों में पाया, जय जय;
हम नये नये लो हो गये नई नई पाई विजय
वीणाएँ गूँज मचा रहीं मानस में खेलो, जयति जय

विश्व फुलाकर स्वयं, फूलने वाले जय जय,
प्रेम-कुंज में भुला, भूलने वाले जय जय;
नाशक-दल में, शूल हूलने वाले जय जय,
हृदय-हिंडोले हिले झूलने वाले जय जय;
भारत माँ की गोदी नई, नई नई पाई विजय;
वीणायें गूँज मचा रहीं मानस में खेलो, जयति जय।

जय जय विश्व-स्वरूप, पार्थ के प्यारे जय जय,
"शस्त्र न लूँगा" वाह सारथी न्यारे जय जय;
जगमग भारत जगे नये कृतिकारी जय जय,
पूज्य प्रजापति-रूप, नये बनवारी जय जय !
जय आँखमिचौनी खेलते जगती के आवेग जय,
जय गुमराहों की राह—जय, उठतों के आवेश जय !

[1918, माता]
(बीमारी से उठकर)

जय गीते

जय गीते ! जय गीते ! जय सुख सुर-सरिते !
कर्म-तरंग-प्रचारिणी मंगलमय चरिते !

शोक-उदधि-मति डूबी मोह निशा तम में
धर्म, सुमर्म न जाना फाँसा मन भ्रम में।
स्वत्वों की स्मृति भूले स्थैर्य न जीवन में
अम्बे तू अवतारी ऐसे दुर्दिन में ॥

जय गीते ! जय गीते ! जय सुख-सरिते !

श्रीपति-भारत-हिमगिरि मुख की ध्वनि-धारा
श्रीकृष्ण द्वैपायन, भगीरथ द्वारा।
प्रकटी भू-मण्डल पर सुर मंडल करणी
मोह-निशाचर-मर्दिनि खल-दल-बल-हरिणी।

जय गीते ! जय गीतें ! जय सुख-सरिते !
जय अघ-ओघ-निकन्दिनि स्वधर्म संजीवनी
कार्य स्फूर्ति प्रदायिनि जय जग की जननी।
तुझ में रमण करे हाँ जो नर तेरा मनन करे,
कर्म करे विजयी हो विश्वोद्धार करे॥

जय गीते ! जय गीते ! जय सुख-सरिते !

ज्ञानी हो तो भी क्या ? शुभ कर्मी होना,
अकर्मण्यता के वश व्यर्थ न वय खोना।
वृत जनता-संग्रह का ज्ञानी पूर्ण करे,
देवी ! कर्म-रहस्य सदा यो बोध करे।

जय गीते ! जीते गीते ! जय सुख-सरिते !
कर्म-तरंग-प्रचारिणि मंगलमय चरिते[1] !!

[1918, माता]

तरंग-पाश

वैभव की पनिहारिन आई द्वारे अमृत पिलाने,
रूठी, दुखित गई, देव तुम थे मुझ पर दीवाने;
आज शूल की वीर-सेज पर सोचा, काटें रातें,
वह आई आशा की डोरी लेकर, करने घातें;
बँध मत जाना मेरे जीवन, बलि हो झाँकी झाँकूँ,
चले, चूर कर मनसूबे अब किन चरणों को ताकूँ ?

'आ इस ओर' सुनाई पड़ती कानों में कुछ हेला,
'आ इस ओर' कि काटूँ तेरा गौरव रूप झमेला,
'आ इस ओर' भटक बैठा हूँ किसने फेंका ढेला,
आ इस ओर' लगा रक्खा है ममताओं ने मेला
उठती तान अधूरी टूटी ठिठक गया वह जोर,
भृगुधर, व्रजधर मुरलि, लकुटिधर गिरिधर 'आ इस ओर !'

अब फेंक कर मिट्टी में—वे हँसे, और मैं चौंका,
उठा परशु, मृदु-फलद-द्रुमों के सिर काटे तब रोका,

---

1. स्वर्गीय पूज्य-चरण सप्रेजी के आग्रह से, लोकमान्य की 'गीता रहस्य' की कथा के लिए भेजी गई पंक्तियाँ।

फूलों को उन्मत्त तोड़ कर फेंक चले वन-पथ में,
चिढ़ा कि कारण पूछूँ, तब तक बैठ चुके थे रथ में,
टूटा स्वप्न स्वतंत्र बनाऊँ जाऊँ देश जगाऊँ
वे बोले, "इस नष्ट बाग से—सबक सीख कर आना।"

आमंत्रण है उसे कि जिसके नेत्र न मोती ढालें,
आमंत्रण है, हार हृदय पर जिसके छाले डालें,
आमंत्रण है पैर न फिसला—पावें, कल करतालें,
आमंत्रण है, हृदय-दान हो हिले नहीं करवालें!
हो चुपचाप कि भूतकाल—होने तक दैव न जाने;
प्रेम-पंथ के पथिक, दौड़ यह तेरा आमंत्रण है!

[1918, माता]

उठ अब, ऐ मेरे महाप्राण

उठ अब, ऐ मेरे महाप्राण !
आत्म-कलह पर विश्व-सतह पर
कूजित हो तेरा वेद गान !
उठ अब ऐ मेरे महाप्राण !

जीवन ज्वालामय करते हो लेकर कर में करवाल
करते हों आत्मार्पण से भू के मस्तक को लाल!
किन्तु तर्जनी तेरी हो उनके मस्तक तैयार
पथ-दर्शक अमरत्व और हो नभ-विदलिनी पुकार;
बीन लिये, उठ सुजान, गोद लिये खींच कान
परम शक्ति तू महान्! काँप उठे तार-तार
तार-तार उठे ज्वार खुले मुंजु मुक्ति द्वार!

शान्ति पहर पर क्रान्ति लहर पर
उठ बन जागृति की अमर तान
उठ अव ऐ मेरे महाप्राण

[1918, हिमतरंगिनी]

अटल

हटा न सकता हृदय-देश से तुझे मूर्खतापूर्ण प्रबोध,
हटा न सकता पगडण्डी से उन हिंसक पशुओं का क्रोध,
होगा कठिन विरोध करूँगा मैं निश्चय-निष्क्रिय-प्रतिरोध
तोड़ पहाड़ों को लाऊँगा उस टूटी कुटिया का बोध।

चूकेंगे आगे आने पर सारे दाँव विधाता के,
धोऊँगा पद-कंज आँसुओं से मैं जीवन-दाता के।

[प्रताप प्रेस, कानपुर : 1919, समर्पण]

व्याकुल

फिसल जाऊँगा ललचा रहे तुम्हारी आज्ञा है 'मत हटो'
लिए वे दण्ड भेद कस रहे और तुम कहते हो 'मर मिटो।'

कालिमाओं के जीवन-प्राण विवश करते मुझको भगवान,
जहाँ खुल पड़ती जरा जबान बनाते काँटों वाला स्थान;

पाप से मिलती हो तो देव ! नहीं है देशभक्ति की चाह;
कहो, व्याकुल हूँ, कैसे बढ़ूँ बताओ परम मुक्ति की राह।

[1919, माता]

(राजनीति से ऊबकर, लिखकर स्वर्गीय भाई गणेशजी को भेजी—
'प्रभा,' कानपुर में छपी)

वरदान या अभिशाप ?

कौन पथ भूले, कि आये !
स्नेह मुझसे दूर रहकर
कौन से वरदान पाये ?

यह किरन-वेला मिलन-वेला बनी अभिशाप होकर,
और जागा जग, सुला अस्तित्व अपना पाप होकर;
छलक ही उट्ठे, विशाल ! न उर-सदन में तुम समाये।
उठ उसाँसों ने, सजन, अभिमानिनी बन गीत गाये,
फूल कब के सूख बीते, शूल थे मैंने बिछाये।

शूल के अमरत्व पर बलि फूल कर मैंने चढ़ाये,
तब न आये थे मनाये—कौन पथ भूले, कि आये?

[1919, हिमकिरीटिनी]

मध्य की घड़ियाँ

'आदि' भूली, गोद की गुड़िया रही, भूलना ही याद आता है मुझे,
'अन्त' में अन्तर हजारों मील का, मैं नहीं, वह देख पाता है मुझे।

किन्तु दोनों के स्मरण के बोझ से, 'जी' बचाकर, एक स्वर गुंजारती,
'मध्य की घड़ियाँ, मधुर संगीत हैं, हूँ उन्हीं पर मस्त लहरें वारती।

'कौनसी हैं मस्त घड़ियाँ, चाह की? हृदय की पगडंडियों की, राह की?'
'दाह की ऐसी, कनक कुन्दन बनें, मान की, मनुहार की, हैं आह की!'

भिन्नता की भीत, सहसा फाँदकर, नैन प्रायः जूझते लेखे गये,
बिन सुने हँसते, चले चलते हुए, बिना बोले बूझते देखे गये।

नित्य ही बेचैन कारागार था, रोज कैदी बन्द कर लाये गये,
कामिनी कहने लगी, 'दिन चाह का', भामिनी बोली 'हमारे ब्याह का!'

किन्तु यह दिन ब्याह का, यह गालियाँ, जानती हैं सिर्फ 'झाँसीवालियाँ!'
या कि फिर मंसूर-सा दूल्हा मिले, मधुर यौवन-फूल शूली पर खिले!

रो रही क्यों बालिके कलिके! बता? 'नेक हँस पाऊँ, अरी आली कहाँ?
तोड़ प्यारे के चरण पर डाल दे, है कहाँ? प्यारा हृदय-माली कहाँ?'

[जबलपुर सेंट्रल जेल : 1919, हिमकिरीटिनी]

पूजा-पुष्प

(1)

रोने दो, लुट गया आज मैंने अपना जीवन खोया,
माता ने, मनुहार-दुलारा प्यारा मनमोहन खोया।
उजड़ गयीं ये कुंजें, दहली भूमि, लताएँ मुरझाईं,
आई, विषम वियोग व्यथा के दुर्दिन की आँधी आई
बाल सखाओं के हृदयों ने, प्राणों का पोषण छोड़ा
वंशी की ध्वनि रुकी, कान्ह ने प्यारा वृन्दावन छोड़ा।

(2)

एक ओर वह डूब रहा है मेरा ही प्यारा भाई,
धर्म, नीति, पुरुषत्व, प्रेम ने भी हा-हा ! डुबकी खाई,"
'अब डूबे, अब डूबे' कह कर, गिरा उठा कर नचा रही
क्रूर नर्मदा की लहरें, प्रलय-काल थीं मचा रही।
कूद पड़ा— "यह कभी न होगा, मैं मर्दन कर दूँगा मान,
ये सब जीते रहें, किये देता हूँ मैं अपना बलिदान।"

(3)

भाई ! यों मत नाता तोड़ो, मानो, मानो, मानो बात
कर्णधार, है बीच धार में छोड़ न जर्जर तरणी तात !
भँवर कठोर, जोर है भारी, हैं उसमें व्याकुल बेहाल,
तुझे देखकर वे जीते हैं, दौड़, दौड़ आ दौड़ सँभाल !
चुप रह लेंगे, सब सह लेंगे, तुझ पर कोई चोट न हो,
हम दुनिया की ओट रहेंगे, तू आँखों की ओट न हो !

(4)

विश्वासों की विमल क्यारियाँ, भावों के पौधे प्यारे,
आशा की लहलही लताएँ, परम प्रीति उलझन धारे।
कल-कोमल-कलाप के पल्लव, मनसूबों के ये फल-फूल,
देश-भक्ति की हरियाली, ये साहस की कुँजें सुख-मूल।
जीवन की यह कर्म-वाटिका, कूजित तव तानों वाली,
सूख न जावे, इसे छोड़ मत, हे मनमोहन वनमाली !

(5)

मृदुल मृदंग बजाने वाला, तम्बूरे का झनकारी,
प्रेम-प्रपंची से पंचम की प्राण-सुधा वर्षाकारी !
मंजुल मंजीरों वाला, यह इकतारे का तार लिये,
मस्त हुई थी माता, कर में विजयी दिन का हार लिये,
तेरी तानों पर सबने ही, अपने प्राण भुला डाले,
हाय न ऐसे समय त्याग तू, इन सबको वंशीवाले।

(6)

देखा, देखा, देखा—पर तू नहीं दिखाई देता वीर,
वीतराग हो होकर, कैसे तेरे बिना रहें हे धीर,
शंकारहित हृदय दुनिया को तजा कौन शंका आई !
कष्टों के संहारक ! तुझको कौन कष्ट था दुखदाई !

रमने वाले रोम-रोम में अपनों के जीवन के राम,
कर्मवीर ! आओ, सिखलाओ, वही विशाल कर्म निष्काम

(7)

देवों का स्वागत स्वीकारा—क्या हम सब कर सके नहीं
वीर ! तुम्हारी पुण्य-भावनाओं को शिर धर सके नहीं !
शंकर रूप ! कहो, क्या हम दुखियों का दुख हर सके नहीं,
कर्मवीर ! अपनी कृति से हम तेरा मन भर सके नहीं,
रह-रह कर रोते ही छोड़े, लौटो, ऐसा करो न वीर !
हम सबके हित नहीं, देश के हेतु लौट आओ हे वीर ।।

(8)

देश अजातशत्रु ! हम तुझ पर निज सर्वस्व चढ़ा देंगे,
वीर-पार्थ ! रुक जा तेरा श्रीकृष्ण सारथी ला देंगे,
शंकित होंगे नहीं, युद्ध में अपनी जान लगा देंगे,
करुणाघन ! तुझको पाने में पत्थर को पिघला देंगे,
रह जा, रह जा, रह जा भाई ! कह आकर अपना सन्देश
तुझको पाने को तप करता रहा, सदा यह पुण्य-प्रदेश ।

(9)

तोड़ी सभी रुकावट, मैंने, किया बाग हरियाला खूब,
लदे फूल, फल फले अनोखे, ऐसा पानी डाला खूब,
ललित लताएँ झूम रही थी, चूम रही थीं भूमि अहा
उस कोकिल की कलित काकली ! नित्य मचाता धूम अहा
पर हा ! वह उड़ चली, चला हे वनमाली ! दौड़ो लाओ
वह इस नन्दन का जीवन है, उसे यहाँ पहुँचा जाओ।

(10)

"मुझे देव-दुर्लभ लगते हैं, मित्रों के ये वाद-विशेष,
पुण्य-भूमि भारत माता है—सेवा मन्दिर मध्य-प्रदेश",
क्या ये सब अब त्याज हो गये ! या हो गई भयंकर भूल
या प्रतिनिधि बनकर पहुँचे हो, भारतमाता के अनुकूल,
या पहुँचे हो, जलियाँवाला के वीरों की सुध लाने,
या पहुँचे हो, जगदीश्वर को भारत की गति समझाने !

(11)

क्या होता है बन्धु स्वर्ग में भारत से बढ़कर अन्याय
क्या गोलों से मारे जाते हैं, उसमें भी जन-समुदाय,

इसीलिए क्या वहाँ सहोगे जाकर के शस्त्रों के वार,
'कर्मवीर' तुम वहाँ मचाओगे क्या जाकर कठिन पुकार
क्या देवों में भी समता का सच्चा भाव जगाओगे,
दिव्य देववाणी में भी क्या कर्मवीर प्रकटाओगे ?

(12)

या हो रहा स्वर्ग में नाटक, मिलता नहीं, 'वीर' का पात्र
हुंकारों से कम्पित कर दे जो जगती के मण्डल मात्र
या नारद को ज्वर आया है, वे न सँभालेंगे अब काम,
इसीलिए तुमको ढूँढ़ा है, माधव ने अपना अभिराम
या श्रीकृष्ण बनाकर तुमको,—दर्शक होंगे गोपीनाथ,
मुरली, लकुटी, कमरी देंगे, प्यारे आज तुम्हारे हाथ।

(13)

या बाजी लग रही, जुड़े हैं वीर खेल-मैदानों में
तुम्हें खड़ा करते हैं श्री हरि उन स्वर्गीय जवानों में
क्यों कोई नीच कह उठा—भारत के सुत वीर नहीं
इसीलिए श्री हरि धर पाये, तुम्हें बुलाते धीर नहीं !
तुमको पदक प्रदान करेंगे क्या हरि निज कर-कंजों से
चरण पड़ोगे, गले लगा लेंगे क्या हरि निज पंजों से।

(14)

बन्धु ! स्वर्ग की या उसके स्वामी की हमको चाह नहीं
तुम्हें चाहता हो प्राणों से, हमें जरा परवाह नहीं,
तुम भारत-माता की निधि हो, सुनते जरा पुकार नहीं !
बना रहे ईश्वर, पर तुम पर उसका कुछ अधिकार नहीं !
आ जाओ दर्शन दो प्यारे, विश्व दिखा दें सपना-सा,
तुम्हें खिझावें, तुम्हें रिझावें तुम्हें बनावें अपना-सा।

(15)

ब्रज की रज खाने को आओ, प्रेम-प्रवाह बहाने को,
छंगुनि-शिखा पर साहस का यह भारी शैल उठाने को
भक्ति भवानी के मतवालों को आदर्श दिखाने को।
क्षमता, समता, ममता, तीनों एक साथ सिखलाने को,
अमृत लो रघुनाथ तुम्हें वह आदर सहित पिला देंगे,
मेघनाथ वध की आशा से, पूछो तुम्हें जिला देंगे।

(16)

"धीरज ?" हाँ ! यह कभी न बोलो बोलो धीरज किसे रहे,
"गोदी में छोटी-सी बच्ची" क्या यह धीरज उसे रहे !
या जिसका दुनिया में दिखलाता सिरमौर नहीं,
जिसके लिए चरण रखने को जगती-तल में ठौर नहीं।
जिसके दाँत दूध के टूटे, जिसे न सुख-घटिका आई !
जिसके लिए नर्क हो जीवन, कैसे धीरज हो भाई ?

(17)

जिसने जीवन के दिन गिन-गिन, तुम पर ही अरमान किया
दुख-दारिद्र्य, उपेक्षा, झिड़की, नहीं किसी का ध्यान किया
परमेश्वर-सा मान, मनोमन्दिर में नित सम्मान किया,
हृदय चढ़ाया, सौख्य चढ़ाया, अपने को बलिदान किया !
देह कहाँ तक रह सकती है, जहाँ रही हो जान नहीं !
भक्त वहाँ कैसे जी पावें—जहाँ रहा भगवान् नहीं !

(18)

रोते रहें ! व्यथा का बढ़ता ही जाता है ज़ोर सखे !
तेरी उस कल्याण-कथा का नहीं मिलेगा छोर सखे !
जिस जगदीश्वर ने कर डाला यह अनीति-व्यापार सखे,
क्या तुम उसमें सोच रहे हो सच्चेपन से प्यार सखे !
प्यार रहे,—पर उस पर मेरा, कहो कहाँ विश्वास रहा,
जीवन दो, अपना दर्शन दो, "लो आ पहुँचा" कहो अहा ?

(19)

एकादशी फालगुनी काली,—क्रूर नर्मदा के जल में,
नाम कलंकित करने वाले, विंध्याचल के अंचल में
जो हीरा रिपु ऋषि रस हरि में, आहा ऊँचा खूब गया,
कई करोड़ों का जीवन धन दौड़ो, दौड़ो डूब गया।
'धीर धरें'—अब अधिक न मारो, व्याकुल हैं क्या धीर धरें
सन्मुख अबला विधवा बच्ची ! सरबस दें या धीर धरें।

(20)

"वीर ! हरोगे पीर हमारी" खाण्डव का अभिमान चला !
'पुण्य-प्रचारक होंगे यह पिछड़े प्रदेश का ध्यान चला,'
'मेरे दुख सब दूर हरोगे'—माता का अरमान चला,
'आज मिला आदर्श हमारा'—युवकों का यह भान चला,

भान चला, अरमान चला, वह ध्यान चला अभिमान चला
सबको व्याकुल छोड़ कहाँ हे वीरवरों की शान चला !

(21)

टपक-टपक कर ये पूजा के पुष्प गिर रहे नीचे वीर !
अहा ! अश्रु के स्रोत, किस तरह पद-पद्मों को सींचे वीर!
दिखलाती क्षण मात्र न आती, कबतक आँखें मीचे वीर !
मंजुल-मूर्ति तुम्हारी कैसे भूमण्डल पर खींचें वीर !
अमरों के अद्भुत सेनापति एक बार हुंकार करो,
भैया, इस भारत मैया की नैया, आओ पार करो !

[फरवरी, 1920,[1] वेणु लो, गूँजे धरा]

यदि

उनकी सौ-सौ मधु साँसों पर उच्छ्वास कहीं बन पाती मैं ?
सौ-सौ सपनों का सावन-भादों मास कहीं बन पाती मैं ?

फूलों की नत-तत पलकों में ओसों को आँसू बन सजनी,
स्वप्निल छबि सी छुप छाया में रजनी का तम उकसाती मैं।

केशर सनेह की बन भरती प्रातः की किरणों की भरती
चाँदी की रातों का लेखा सूरज को कुछ दे पाती मैं।

जब, हूक हूक उठती सी मैं सागर की लहरों पर छाती
तब उमड़ी चाहों की बेबस-सी कसकन कहला पाती मैं।

जब निशि के सूने पहरों का शत-शत तारे पहरा देते
जब क्षिति के हरित कपोलों पर ओसों के आँसू लाती मैं।

जब रूप निगोड़ा 'हिरदे' को सूली पर टँगवाता होता
तब गुन का गल फन्दा कसकर साजन के तम-रथ जाती मैं।

[1920, माता]

---

1. खण्डवा निवासी, स्मरणीय तरुण स्व० देवीशंकर जोशी की स्मृति में रचित यह शोक-सृष्टि उल्लेखनीय है। देवीशंकर माखनलालजी के सहयोगी थे, अत्यधिक प्रतिभाशाली और तेजस्वी व्यक्तित्व के स्वामी श्री देवीशंकर की मृत्यु जबलपुर में, नर्मदा नदी में, एक अन्य व्यक्ति को डूबने से बचाने के प्रयत्न में हो गई थी (15-2-1920)। इस घटना से माखनलालजी को गहरा सदमा पहुँचा था, हुतात्मा गणेशशंकर विद्यार्थी ने भी देवीशंकर पर, जो मात्र 20 वर्ष के नवयुवक थे एक विशेष लेख 'कर्मवीर' में लिखा था। —संपादक

तिलक

वज्रपात ! मर मिटे हाय हम ! रोने दो, संहार हुआ,
कसक कलेजे काढ़, दुखी हैं, बुरे समय पर वार हुआ।

नभ कम्पित हो उठा, करोड़ों में यह हाहाकार हुआ,
वही हाथ से गिरा, भँवर में जो मेरा पतवार हुआ।

मैं ही हूँ, मुझ इकलौती ने, अपना जीवन-धन खोया,
रोने दो, मुझ हतभागिन ने, अपना मन-मोहन खोया।

आधी रात, करोड़ों बन्धन अन्यायों से झुकी हुई,
पराधीनता के चरणों पर, आँसू ढाले रुकी हुई।

अकुलाते-अकुलाते मैंने एक लाल उपजाया था,
था पंचानन 'बाल' खलों का एक काल उपजाया था।

जिसने टूटे हुए देश के विमल प्रेम-बन्धन तोड़े।
कसे हुए मेरे अंगों के कुटिल काल-बन्धन तोड़े।

खड़ा हुआ निःशंक, शिवाजी पर बलि होना सिखलाया;
जहाँ सताया गया, वहाँ वह शीश उठा आगे आया।

बागी, दागी कहलाने पर, जरा न मन में मुरझाया,
अगणित कंसों ने सम्मुख सहसा श्रीकृष्ण खड़ा पाया।

जहाँ प्रचारा गया, वीर रण करने को तैयार रहा;
मातृ-भूमि के लिए, लड़ाका मरने को तैयार रहा।

"तू अपराधी है तूने क्यों गाये भारत के गीत वृथा,
तू ढोंगी बकता फिरता है क्यों तुच्छ देश की कीर्ति-कथा ?"

तुझसों का रहना ठीक नहीं, ले, देता हूँ काला पानी,
हे वृद्ध महर्षि, हिला न सकी कायर जज की कुत्सित वाणी।

तू सहसा निर्भय गरज उठा, "काला पानी सह जाऊँ मैं,
मेरे कष्टों से भारत-माँ के बन्धन टूटे पाऊँ मैं ?"

मैं 'मुँह बन्दी' का हार हिये, 'मत लिखो' कठिन कंकण धारे,
'भारत-रक्षा' के शूलों की पाँवों में बेड़ी झनकारे;

'हथियार न लो' की हथकड़ियाँ, 'रौलट' का हिय में घाव लिये,
डायर से अपने लाल कटा, कहती थी, आँचल लाल किये,

ये टूट पड़ेंगे, जरा केसरी, कम्पित, का हुंकार उठे,
हाँ, आन्दोलन के धन्वा को तू कर में ले टंकार उठे।

काश्मीर-कुमारी सुनते थे, "भारत मेरा अविभाज्य रहे"
"धन-वैभव की, सुख-साधन की धुन, जीवन में सब त्याज्य रहे।"

"बलि होने की परवाह नहीं, मैं हूँ, कष्टों का राज्य रहे,
मैं जीता, जीता, जीता हूँ, माता के हाथ स्वराज्य रहे।"

"दहला दूँ सात समुद्रों को, कहला लूँ हाँ, बल जान लिया,
लो अपना-अपना राज्य करो, अधिकार तुम्हारा मान लिया।"

"मैं बूढ़ा हूँ, दिन थोड़े हैं, चल बसने की बस बारी है
जब तक भारत स्वाधीन न हो, तब तक न मरूँ तैयारी हैं।"

"मजबूत कलेजों को लेकर इस न्याय दुर्ग पर चढ़ो, चलो,
माता के प्राण पुकार रहे, संगठन करो, बस चढ़ो, चलो।"

"वह धन लाओ, जीवन लाओ, आओ, लाओ दृढ़ डोर लगे,
प्यारा स्वराज्य कुछ दूर नहीं, बस तीस कोटि का जोर लगे।"

हाँ दूर नहीं—पर वज्र गिरा ! लाखों ममताएँ चूर—चले !
सदियों बन्धन में बँधी हुई माँ की आँखों के नूर चले !

क्या भारत का पथ भूल गये, या होकर यों मजबूर चले ?
भैया, नैया भँवरों में है बलवन्त अचानक दूर चले !

क्यों चल बसना स्वीकार हुआ, बोलो-बोलो किस ओर चले ?
ये तीस करोड़ किसे पावें, क्यों इन सबके शिरमौर चले ?

क्यों आर्य-देश के तिलक चले, क्यों कमजोरों के जोर चले ?
तुम तो सहसा उस ओर चले, यह भारत माँ किस ओर चले ?

तुम पर सब बलि-बलि जावेंगे, हे दानव-घालक लौट पड़ो,
भावों के फूल चढ़ावेंगे, हे भारत-पालक लौट पड़ो।

दुखियों के जीवन लौट पड़ो, मेरे घन-गर्जन लौट पड़ो !
जसुदा के मोहन लौट पड़ो, सित काली-मर्दन लौट पड़ो !

शुचि प्रेम-बीज, सब हृदयों में गाली खाते-खाते बोया,
सद्भावों से उसको सींचा, उसका भारी बोझा ढोया,

राष्ट्रीयपने को रखने में तूने अपनेपन को खोया;
गोपाल कृष्ण के जाने पर, तू आशुतोष सहसा रोया !

तेरी हुंकारों का फल था, अगणित वीरों ने प्राण दिया,
राष्ट्रीय शक्ति ने तुझ से ही अमृतसर में था त्राण लिया।

तुझको अब कष्ट नहीं देंगे, हाथों में झंडा ले लेंगे,
मंडाले के, क्या, शूली के, कष्टों को सादर झेलेंगे।

इंग्लैंड नहीं नभ-मंडल में, हम तेरे हैं, हो आवेंगे,
तूने नरसिंह बनाये हैं, अपना तिलकत्व दिखावेंगे।

तू देख, देश स्वाधीन हुआ, उस पर हम लाखों जियें-मरें,
बस, इतना कहना मान तिलक ! हम तेरे सिर पर तिलक करें।

अपने प्राणों पर खेल गया, तू जेल गया, संहार हुआ,
तुझ पर 'शिरोल' के दोष लगे, पीछे से कायर वार हुआ,

बूढ़ा कैदी लौटा ही था, बस लड़ने को तैयार हुआ,
घोषणा प्रकाशित होते ही, पंडों में हाहाकार हुआ।

हुंकार सुनी, वह न्याय मरा, विजयी सिंहासन डोल उठा,
'इसकी न सुनो तो इज्जत है,' वह नीति-विधाता बोल उठा।

भारत को कुछ अधिकार मिलें ? ना, वह अधिकारों योग्य नहीं;
लकड़ी पानी ढोने वालों को राज्य-शक्तियाँ भोग्य नहीं।

सागर की छाती चीर बली, अधिकार उठाने टूट पड़ा;
उस पार्लिमेन्ट-कर से सहसा रीफार्म एक्ट तब छूट पड़ा।

"मेरे जीते पूरा स्वराज्य भारत पाये अरमान यही,"
बस शान यही, अभिमान यही, हम तीस कोटि की जान यही।

दौड़ो, चरणों को जोरों से पकड़ो, 'अब कैसे जाओगे !
हम तीस कोटि हैं तिलक, अकेले नहीं छूटने पाओगे !'

'बलवन्त रहे, मन-मोहन के उसको उस ऊखल से जकड़ो !'
'वह चलता है, वह चलता है, वह जाता है, पकड़ो ! पकड़ो !'

'उसको पाना है, तो भारत को घड़ियों में स्वच्छन्द करो;
वह कैदी है, उसको हृदयों के बन्दीगृह में बन्द करो।'

स्वार्थी देवों को दूर हटा, तुम भरतखंड में वास करो,
यह असहकारिता का युग है, तुम आओ यहाँ प्रवास करो।

जो तुम को पाना इष्ट हुआ, तो आया क्यों न यहाँ पर वह,
श्रीकृष्ण चोर है ! चला गया जीवन-सर्वस्व चुराकर वह !

बन्दी होवे वह दयाहीन ! तू भारतीय आजाद रहे !
वह स्वर्ग टूट कर गिर जावे, यह आर्यभूमि आबाद रहे !
[7 अगस्त 1920, हिमकिरीटिनी]

जलियाँवाला की वेदी[1]

नहीं लिया हथियार हाथ में, नहीं किया कोई प्रतिकार,
'अत्याचार न होने देंगे बस इतनी ही थी मनुहार,
सत्याग्रह के सैनिक थे ये, सब सह कर रह कर उपवास,
वास बन्दियों में स्वीकृत था, हृदय-देश पर था विश्वास,

मुरझा तन था, निश्चल मन था, जीवन ही केवल धन था,
मुसलमान हिन्दूपन छोड़ा, बस निर्मल अपनापन था।

मन्दिर में था चाँद चमकता, मसजिद में मुरली की तान,
मक्का हो चाहे वृन्दावन होते आपस में कुर्बान,
सूखी रोटी दोनों खाते, पीते थे रावी का जल,
मानो मल धोने को पाया, उसने अहा उसी दिन बल,

गुरु गोविन्द तुम्हारे बच्चे, अब भी तन चुनवाते हैं,
पथ से विचलित न हों, मुदित, गोली से मारे जाते हैं।

गली-गली में अली-अली की गूँज मचाते हिल-मिलकर
मारे जाते,—कर न उठाते, हृदय चढ़ाते खिल-खिल कर,
कहो करें क्या, बैठे हैं हम, सुने मस्त आवाजों को,
धो लेवें रावी के जल से हम इन ताजे घावों को।

रामचन्द्र मुखचन्द्र तुम्हारा, धातक से कब कुम्हलाया?
तुमको मारा नहीं वीर, अपने को उसने मरवाया।

जाओ, जाओ, जाओ प्रभु को, पहुँचाओ स्वदेश-संदेश,
"गोली से मारे जाते हैं भारतवासी, हे सर्वेश!"
रामचन्द्र तुम कर्मचन्द्र सुत बनकर आ जाना सानन्द;
जिससे माता के संकट के बंधन तोड़ सको स्वच्छन्द।

---

1. 1920 में स्वर्गीय गणेशशंकरजी को लिख कर भेजी। उन दिनों जलियाँवाला कांड की जाँच, सिविल डिस-ओबेडियन्स इन्क्वायरी कमेटी के सामने हो रही थी। श्री गणेशजी ने इसे 'प्रताप' कानपुर में 1920 में प्रकाशित किया था।

चिन्ता है होवे न कलंकित, हिन्दू धर्म, पाक इसलाम,
गावें दोनों सुध-बुध खोकर, या अल्ला, जय-जय घनश्याम।

स्वागत है सब जगतीतल का, उसके अत्याचारों का,
अपनापन रख कर स्वागत है, उसकी दुर्बल मारों का,
हिन्दू-मुसलिम-ऐक्य बनाया स्वागत उन उपहारों का,
पर मिटने के दिवस रूप धर आवेंगे त्योहारों का।

गोली को सह जाओ, जाओ—प्रिय अब्दुल करीम जाओ,
अपनी बीती हुई खुदा तक, अपने बन कर पहुँचाओ।

[सिमरिया वाली रानी की कोठी, कर्मवीर प्रेस, जबलपुर : 1920, समर्पण]

लक्ष्यभेद के उतावले तीर से

"तू धीर धर हे वीर वर"—उस तीर से मैंने कहा !
"बस छूट पड़ने दो अजी, मुझसे नहीं जाता रहा।"
—जाता रहा, तो काम से ही जान ले जाता रहा,
छूटा कि टूटा, और होकर टूक ठुकराता रहा।

मैदान में है सीख तू
बाजी लड़ाना शूर का।

पीछे खिचा भरपूर, बस मारा निशाना दूर का।

[श्री चन्द्रगोपालजी मिश्र का स्थान, हरदा : 1920, समर्पण]

प्रवेश

जेल चल, जेल चल
जेल चल भाई।

बलि-तिथि आई बजी है बधाई
होवेगी रिहाई माता हरषाई,
जेल चल, जेल चल···।

मैं तो सोया था कि आवाज जोर मार उठी
जी में जाना मेरी माता कहीं पुकार उठी
बोली आजादी, "हिन्द-देवि खोल द्वार", "उठी"
"उठी" उसने कहा—"तकदीर मेरी आज उठी"

रूठा राज-मद सब टूटी है विपद सब
होजा गद्गद, सब झेल, चल, भाई
जेल चल, जेल चले ।

होवे बीमार भले हँस के मार खाना तू
मेरी आजादी की धूनी वहीं रमाना तू
पहिने जंजीर वहीं कृष्ण को रिझाना तू
माँगे जालिम तो खुशी से ये सर चढ़ाना तू

भारत के सत पर मोह के मत पर
जीवन के व्रत पर ठेल चल भाई
जेल चल, जेल चले ।

बेटे बलिदान हों माता की गई लाज मिले
होऊँ आजाद, हो—काँटों का भले, ताज मिले
शेष महीने हैं, जोर हो तो साज-बाज मिले
मर के दिखला दो तो प्यारे तुम्हें स्वराज्य मिले

ब्रिटिश निशानों पर विपदा के बाणों पर
मेरे प्यारे प्राणों पर खेल चल भाई !
जेल चल, जेल चल, जेल चल भाई !

[छिदगाँव, जि० होशंगाबाद : 10 मई 1921, माता]

(इस तुकबन्दी को लिखने के तुरन्त पश्चात् मैं अन्तिम बार अपने पिता श्री से मिला। उन्हें "शीघ्र लौटूँगा" का धीरज देकर गया, ता० 12 मई को जबलपुर में गिरफ्तार हो गया, और मेरे जेल से लौटने यानी 3 मार्च से पहिले, दिसम्बर 1921 में पिताजी का स्वर्गवास हो गया। छिदगाँव में, सतपुड़ा के सुन्दर अंचल में पिताजी अध्यापक थे।)

दुर्गम पथ

जो कष्टों से घबड़ाऊँ तो मुझ में कायर में भेद कहाँ ?
बदले में रक्त बहाऊँ तो मुझ में 'डायर' में भेद कहाँ ?

सुख पर आराध्य गमा दूँ तो मुझ में कैसे ईमान मिले !
जो सत्य मिटा कर साधु बनूँ तो क्यों मुझको भगवान मिले ?

ममता की मीठी मदिरा पर ललचा कर जो मर जाऊँ मैं,
तो आर्य भूमि आजाद, ईश का पद-प्रसाद क्यों पाऊँ मैं।

[1921, माता]

स्वदेश

क्यों ? धीर, गो, गोकुल, न हो व्याकुल, धरो टुक धीर,
हे वीर, हल-मूसल लिये, चिन्तित न हो बलवीर !

मेरी मुरलिके हो कहाँ ? ढूँढ़ूँ, सुनाऊँ तान !
काश्मीर - कुंज - कुमारिका गूँजें, हरे हों प्राण !

माखन ? भले माटी भले –हो धूलि धूसर वेश !
खाऊँ, खिलूँ, गाऊँ तुम्हारे विजय-गीत स्वदेश !

[1921, माता]

(गोरखपुर के स्वदेश के जन्म-समय पर श्री भाई दशरथप्रसादजी के पत्र पर)

अदालत में सत्याग्रही कैदी के नाते बयान

समझ बूझकर बढ़ा क्षेत्र में चित्त नहीं मेरा डोला,
मैंने जो कुछ कहा, सच कहा, अच्छी नीयत से बोला,
बोला वही देश के अगणित गूँजा चुके जो भाषण-मंच
उद्योगी था वचन, भाव, कृति में न कमी रह पावे रंच।
हूँ राष्ट्रीय सभा का सैनिक छोटा सा अनुगामी हूँ।
उसकी ध्वनि पर मर मिटने में मैं खुद अपना स्वामी हूँ,

आज पशुबली जगती तल ने पाया उद्धारक सिद्धान्त,
मिसर और हंगेरी जीते छू उसके पद कोमल कान्त।

पर इतना ही नहीं-राष्ट्र की आज्ञा या उद्धारक कर्म,
आज अहिंसक असहकारिता है मेरे जीवन का धर्म,
सब मतवाले कहें भले ही मैं जड़ जीव निराला हूँ
मैं तेरे पिंजड़े का कैदी असहयोग मतवाला हूँ !

हिंसा और घृणा दोनों ही हैं मेरे मजहब से पाप,
दोनों मेरे साथ नहीं हैं होते, करता पश्चाताप;

किन्तु पापियों के पापों पर मुझ को बिलकुल प्यार नहीं;
प्यार करे अत्याचारी पर यह मुझ को स्वीकार नहीं;

समझता हूँ अत्याचारी शासन पर हो प्यार नहीं,
जो करते हों प्यार, छोड़ दें है इससे उद्धार नहीं;
अत्याचारी का वध कर दे यह पशुता दरकार नहीं,
पापी प्यार हमारा चाहे यह उसको अधिकार नहीं!

पापी शासन पर अप्रियता उपजाना श्रुति-सम्मत है,
इसलिए जालिम पर ममता न हो, यही मेरा मत है;
बाकी एक उपाय बचा था जिसकी की गांधी ने याद
शीघ्र अहिंसक असहयोग से मातृभूमि होवे आजाद!

रहे माँगते मिला न कुछ भी कुचला खूब तबाही ने,
वचन दिये बहकाने भर को जालिम नौकरशाही ने
जिस पथ से उत्तानपाद नृप-वर का शीश झुका डाला,
बाल-तपस्वी ध्रुव चरणों पर सिंहासन डुलवा डाला,
जिस व्रत से प्रह्लाद युवक को राक्षस नृप पर मिली विजय,
जगदीश्वर नरसिंह बन गये मेट दिया भक्तों का भय।
राष्ट्रों में हो स्थान हमारा हो प्रभाव सब कार्यों में
शान्तिपूर्ण आन्दोलन करने का बल आवे आर्यों में।

जिससे विश्व पलट सकता है क्रांति-युक्ति जानी हमने।
आज अहिंसक असहकारिता करने की ठानी हमने।
है मेरा विश्वास, प्राकृतिक राज्य हमारा नष्ट किया,
जुल्मी नौकरशाही शासन हुआ, हमें पद-भ्रष्ट किया।

जुल्म और भय नें नीरवता अथवा शान्ति जमाई जो,
वह है मृत्यु हमारी नीरव रूप बनाकर आई जो;
फिर जो दी तालीम, आत्म-गौरव का नाश हुआ सारा
मनुष्यत्व मर मिटा बड़ी ही बुरी मौत हमको मारा।

गिरे हुए राष्ट्रों को—मेरा मत है—शीघ्र उठाने को,
उनकी मुरझी हुई नसों में जीवन-ज्योति जगाने को
ये बातें हों याद प्रथम—भारत है हृदय दुलारा देश
मेरे मरने-जीने का धन प्यारा पूज्य हमारा देश!

फिर, शासन अपनों ही का हो अपने लिए किया जावे,
हृदय बढ़ाकर, प्राण चढ़ाकर उसे अवश्य लिया जावे;

इसके बाद, विदेशी शासन हो चाहे जगदीश्वर का
वह स्वराज्य कहला न सकेगा हो अपन, अपने घर का।

इन बातों की हुंकारों में हो आत्मावलंब की सीख,
छोड़ें पाप, ठीकरा फोड़ें, बहुत दिनों तक माँगी भीख!
अपने पैरों चल पड़ना है, असहयोग-व्रत ठान चलो;
हो जाओ आजाद, मर मिटो, दो दिन के मेहमान चलो।

मानेगी सन्तोष जाति जो रौरव रूप व्यवस्था से,
वह ऊँचा सिर कर न सकेगी अपनी बुरी अवस्था से;
जिसको अपनी बुरी दशा से असंतोष हो जायेगा;
उसका उभड़ा हुआ कलेजा ऊँचा आसन पायेगा।[1]

[5 जुलाई 1921, माता]

उलझन

"अरे इसी कुटिया में हूँ" प्यारे देते हो धोखे!
दीख नहीं पड़ते, छाने हैं, गिन गिन सभी झरोखे।

पाँच मास अड़तीस बरस, हो गये घुमाते ताली
टूट न जाये, जोर लगाते डरता हूँ वनमाली!"

तज ललचीली बाईं बाजू बलि पर हो मतवाला
वे बोले—"दाहिने घुमा दे, खुल जायेगा ताला!"

[बिलासपुर हवालात : 5 जुलाई 1921, माता]

मेरा व्रत-पूजन

(मैं एक दिन (7-9-21) ढेरे पर, जेल में रस्सियाँ बना रहा था। एक उच्च कर्मचारी ने आकर कहा—"क्या यह आपका धन्धा है? आखिर आपने यह ढेरा लिया तब माने?" उसकी इच्छा थी कि मैं जेल की दु:ख की जिन्दगी से, 'किसी तरह' छुट्टी पा लूँ। उस 'किसी तरह' का संकेत था, क्षमाप्रार्थना करके। उस दिन मेरा मौन था, मुस्कराने के सिवा कोई इलाज न था। दूसरे दिन मेरी डायरी में कर्मचारी ने पढ़ा और फिर इसके पश्चात् वह सदैव यत्नशील रहा कि

---

1. श्री पारधी ई० ए० सी० की अदालत, बिलासपुर।

कभी मेरा जी न दुखाया जाय।)

ढेरा मत बोलो, यह मेरा व्रत-पूजन है
सन नहीं तन भारतीयों के मिलाता हूँ।
चक्कर लगाते हुए अलख जगाता हूँ—
यों विश्व बाँधने को प्रेम-बन्धन बनाता हूँ

नाम ही को पाता हूँ बिलासपुर वासियों में,
मैं तो तीर्थ-राज इन सीखचों में पाता हूँ,
स्वेद की कलिन्दजा में मस्ती की सरस्वती ले,
नयनों की गंगा बहा त्रिवेणी नहाता हूँ।

[बिलासपुर जेल : 1921, युगचरण]

माँ का मन

रह गई मन में इतनी साध।

कहूँ कहूँ पर कह नहिं पाई, मधुर प्रेम में बह नहिं पाई,
रही साथ पर रह नहिं पाई, छीन ले चला व्याध;
रह गई मन में इतनी साध।

जीवन के तुम सूर्य सलोने! जागृति के छोटे से छौने,
ओ मोहन के चन्द्र खिलौने, उमड़े उदधि अगाध
रह गई मन में इतनी साध।

बरस पड़े तेरे दुख के घन, बलि जाये छन में मेरा तन,
जीते रहियो निधनी के धन, छमियो मो अपराध;
रह गई मन में इतनी साध।[1]

[1921 के आसपास]

निश्चिन्त

दो आज्ञा आदर से पालूँ तंग जगह में कर दो बंद,
दुःख और एकान्त चितना दोनों का लूटूँ आनंद;
ये हथकड़ियाँ, मृदुल बेड़ियाँ गनी कोट, कोड़े स्वच्छंद
देने में तुमको बल देवें इन सबके हित करुणाकंद

1. गिरफ्तार होने तक क्रान्तिकारियों की नोट बुकें न लौटाने पर।

भूख और भोजन में बाधा मुझमें बरसात हैं स्फूर्ति
सखे, करे कल्याण तुम्हारा माधव की वह मंजुल मूर्ति !

[बिलासपुर जेल : 1921, माता]

पथ में

यौवन की पुकार करते हो, जीने दो दरकार नहीं,
रूप-राशि का दम भरते हो, मुझे किन्तु एतबार नहीं,
नहीं सीपियों पर ललचूँगी, मुझे चाहिए वे मोती,
भूतल हीतल अन्तरतल में जगमग हो जिनकी जोती,

चाँदी-सोने मकराने की व्यर्थ झोलियाँ ले आये,
चमक और कीमत पर भूले, निष्ठुरता पर ललचाए,
जो हीतल को शीतल कर दे, जहाँ पुकारूँ मिल जाये,
मीठे जलवाली मिट्टी की कलशी कहाँ छोड़ आये !

सूरत देखी, मूरत देखी,
देखे शान मान एहसान,

प्राण-प्रतिष्ठा करूँ बताओ पाऊँ कहाँ प्रेम-भगवान !

[खण्डवा : 1921, समर्पण]

कैदी की भावना[1]

धूल लिपटे हुए हँस-हँस के गजब ढाते हुए,
नंद का मोद यशोदा का दिल बढ़ाते हुए,
दोनों को देखता, दोनों की सुध भुलाते हुए,
बाल घुँघरालों को मटका कर सर नचाते हुए।

नंद जसोदा, जो वहाँ बैठे थे बतलाते हुए,
साँवला दीख पड़ा हँसता हुआ, आते हुए।
नन्द ने सोचा,—जरा पास तो आ जाने दूँ,
जाने वह और न यशोदा चट चुम्मा लूँ,

1. बिलासपुर जेल में, जेल के अस्पताल में एक मुसलमान वृद्ध कम्पाउण्डर थे। उन्हें शिकायत थी कि मैं ऐसी चीज लिखता हूँ, जिन्हें केवल हिन्दी जानने वाले समझ पाते हैं; अन्य लोग नहीं समझ पाते। इस घटना के कुछ ही सप्ताह पश्चात् कृष्ण जन्माष्टमी आ गई। उसी दिन रात को ये पंक्तियाँ लिखी गईं।—लेखक

खींच यशोदा ने लिया, नाथ मुझसे बातें करे,
चूम लूँ कान्ह को चुपचाप कि जब वह गुजरे।

श्याम ने, अपनी तरफ देख ली दोनों की नजर
कुछ गुनगुनाते हुए आने लगा वह नटवर।
दोनों तैयार हैं, किस ओर को पहले झपटूँ ?
बाप के कन्धे ? या मैया के हिये से लपटूँ !
पाया नजदीक, चूमने को बढ़ पड़े दोनों,
प्यार का जोर था ऐसे उमड़ पड़े दोनों—

कान्ह ने धोखा दिया, ताली बजा पीछे खिंचा
जोर से बढ़ते हुए सर से लड़ पड़े दोनों।

[बिलासपुर जेल की जन्माष्टमी : 1921, समर्पण]

पास बैठे हो

चट जग जाता हूँ, चिराग को जलाता हूँ,
हो सजग तुम्हें मैं देख पाता हूँ कि पैठे हो;
पास नहीं आते, हो पुकार मचवाते,
तकसीर बतलाओ क्यों यों बदन उमैठे हो ?

दरश दिवाना, जिसे नाम को ही बाना,
उसे शरण विलोकते भी देव-देव ऐंठे हो;
सीखचों में घूमता हूँ, चरणों को चूमता हूँ,
सोचता हूँ, मेरे इष्टदेव पास बैठे हो।

[बिलासपुर जेल : 1921, समर्पण]

चल, दौड़ !

नटवर चल चल—

इस बार पड़ी मझधार
उठा पतवार अरे करतार,
यह रण-तरंगिणी—
रही मचल—
नटवर चल, चल!

आचार्य पितामह बिके हाय !
उनके सन्मुख ही मरा न्याय !
बनवासी देश निकाले हैं—
पर डूब न जाय सँभाले हैं

हुआ जोर प्रबल हुई वायु अचल
रहे डाँड फिसल हुए प्राण विकल

नटवर चल चल !
है पुण्य भूमि की नाव
भरा जाता है जल
नटवर चल, चल !

मानवता पर ये वार देख
पापों के कुटिल प्रहार देख
अपनों पर पड़ती मार देख
दुखियों में हाहाकार देख

सन्तोष ?
न देना दोष
उठेगा जोश
न होगा होश
फूंक डालेंगे—

नभ, जल, थल !
नटवर चल, चल !

[1921, माता]

पूरी नहीं सुनोगे तान

किस प्रकार घड़ियाँ गिनता हूँ, दिन के बरस बनाता हूँ,
खान-पान की ज्ञान-ध्यान की धूनी यहाँ रमाता हूँ।
तुमको आया जान, वायु में बाँहों को फैलाता हूँ,
चरण समझते हुए सीखचों पर मैं शीश झुकाता हूँ।
सुध-बुध खोने लगे, कहो, क्या पूरी नहीं सुनोगे तान ?
होता हूँ, कुरबान, बताओ—किस कीमत पर लोगे जान ?

[बिलासपुर जेल : 1921, माता]

पत्थर के फर्श

पत्थर के फर्श, कगारों में, सीखों की कठिन कतारों में
खंभों, लोहे के द्वारों में, इन तारों में दीवारों में

कुंडी, ताले, संतरियों में, इन पहरों की हुंकारों में
गोली की इन बौछारों में, इन वज्र बरसती मारों में

इन सुर शरमीले गुण, गरवीले कष्ट सहीले बीरों में
जिस ओर लखूँ तुम ही तुम हो, प्यारे इन विविध शरीरों में

[बिलासपुर जेल : 1921, हिमतरंगिनी]

तुही है बहकते हुओं का इशारा

तुही है बहकते हुओं का इशारा
तुही है सिसकते हुओं का सहारा
तुही है दुखी दिलजलों का हमारा,
तुही भटके भूलों का है धुर का तारा,

जरा सीखचों में 'समा' सा दिखा जा,
मैं सुध खो चुकूँ, उससे कुछ पहले आ जा,

[बिलासपुर जेल : 1921, हिमतरंगिनी]

जहाँ से जो खुद को जुदा देखते हैं

जहाँ से जो खुद को जुदा देखते हैं
खुदी को मिटाकर खुदा देखते हैं

फटी चिन्धियाँ पहिने, भूखे भिखारी
फकत जानते हैं तेरी इन्तजारी

बिलखते हुए भी अलख जग रहा है
चिदानंद का ध्यान-सा लग रहा है।

तेरी बाट देखूं, चने तो चुगा जा,
हैं फैले हुए पर, उन्हें कर लगा जा,

मैं तेरा ही हूँ इसकी साखी दिला जा,
जरा चुहचुहाहट तो सुनने को आ जा,
जो तू यों इछुड़ने-बिछुड़ने लगेगा,
तो पिंजड़े का पंछी भी उड़ने लगेगा !

[बिलासपुर जेल : 1921, हिमतरंगिनी]
(प्रिय 'गनी' के आग्रह से)

दूर न रह

दूर न रह, धुन बँधने दे मेरे अन्तर की तान
मन के कान अरे प्राणों के अनुपम भोले भान !
रे कहने, सुनने, गुनने वाले मतवाले यार
भाषा, वाक्य, विराम बिंदु सब कुछ तेरा व्यापार;
किन्तु प्रश्न मत बन, सुलझेगा क्योंकर सुलझाने से ?
जीवन का कागज कोरा मत रख, तू लिख जाने दे।

[1921, हिमतरंगिनी]
(बिलासपुर जेल, मराठी ज्ञानेश्वरी पढ़ते हुए)

बलि-पंथी से

मत व्यर्थ पुकारे शूल-शूल, कह फूल-फूल, सह फूल-फूल
हरि को हीतल में बन्द किये, केहरि से कह नख हूल-हूल।
कागों का सुन कर्तव्य-राग, कोकिल-काकलि को भूल-भूल।
सुरपुर ठुकरा, आराध्य कहे, तो चल रौरव के कूल-कूल।
भूखंड बिछा, आकाश ओढ़, नयनोदक ले, मोदक प्रहार,
ब्रह्मांड हथेली पर उछाल, अपने जीवन-धन को निहार।

[बिलासपुर जेल : 1921, हिमतरंगिनी]

खीझमयी मनुहार

किन बिगड़ी घड़ियों में झांका ? तुझे झाँकना पाप हुआ,
आग लगे, वरदान निगोड़ा मुझ पर आकर शाप हुआ !

जाँच हुई, नभ से भूमंडल तक का व्यापक माप हुआ,
अगणित बार समा कर भी छोटा हूँ—यह सन्ताप हुआ !

अरे अशेष ! 'शेष' की गोदी तेरा बने बिछौना-सा !
आ मेरे आराध्य ! खिला लूँ मैं भी तुझे खिलौना-सा !

[बिलासपुर जेल : 1921, हिमतरंगिनी]

आ मेरी आँखों की पुतली

आ मेरी आँखों की पुतली आ मेरी जी की धड़कन
आ मेरे वृन्दावन के धन आ ब्रज-जीवन मन मोहन !

आ मेरे धन, धन के बंधन आ मेरे जन, जन की आह
आ मेरे तन, तन के पोषण आ मेरे मन, मन की चाह !

केकी को केका, कोकिल को कूज गूँज अलि को सिखला
वनमाली हँस दे हरियाली वह मतवाली छबि दिखला !

[बिलासपुर जेल : 1921, हिमतरंगिनी]

पुष्प की अभिलाषा

चाह नहीं, मैं सुरबाला के गहनों में गूँथा जाऊँ,
चाह नहीं प्रेमी-माला में बिंध प्यारी को ललचाऊँ,
चाह नहीं सम्राटों के शव पर हे हरि डाला जाऊँ,
चाह नहीं देवों के सिर सर चढ़ूँ भाग्य पर इठलाऊँ,

मुझे तोड़ देना वनमाली !
उस पथ में देना तुम फेंक।
मातृ-भूमि पर शीश चढ़ाने,
जिस पथ जावें वीर अनेक।

[बिलासपुर जेल : 18 फरवरी 1922, युगचरण]

ये जयति जय-घोष के काँटे

ये जयति जय-घोष के काँटे गड़े, लौटने ये हार सर्पों से लगे,
छोड़ कर आदर्श देव-उपासना, बन्धु, तुम किस तुच्छ पूजा को जागे

बँध चली ममता कसी जंजीर-सी यह परिस्थिति का गुनह-खाना[1] बना,
घिर गये आत्मीय, मैं बेबस हुआ, भोग की सह मार दीवाना बना।

कठिन शिष्टाचार का लंगर लगा मोह का, प्रतिकूल ताला पड़ गया,
वासना के संतरी-दल का सबल, इन दृगों के द्वार पहरा अड़ गया।

था वहाँ सन, अब सदैव विकर्म की, कह रहे हैं, रस्सियाँ बुनने लगो,
थीं छटाँकें चार, अब मनभर हुए, हृदय कहता है कि सिर धुनने लगो।

दूर था,—अब और भी सौ कोस पर, हाय वह आराध्य जीवन-धन हुआ,
छोड़ दो मुझको दया होगी बड़ी, मुक्ति क्या, यह तो महाबन्धन हुआ।

[4 मार्च 1922, समर्पण]
(जबलपुर जेल से छूटते समय, दरवाजे पर, आम के नीचे)

मुक्ति

छूटा कारागार आज मैं करुणागार खुले पाऊँ,
पैरों के ही नहीं शीश के द्वारा भी जाने पाऊँ,

जिनमें बेड़ी थी उनमें आ पड़ें लिपटने के बन्धन
जिनमें पड़ी हथकड़ी उनमें पड़ें साधना के कंगन !

तौक पड़ी थी वही कंठ माँ के गुण का कलगान करे,
स्वागत का बदला ? बदले में, वह मुझको बलिदान करे।

(जबलपुर : 4 मार्च 1922, प्रात: 6·30)
(जबलपुर जेल का द्वार खुलने पर नीम के नीचे)

मैंने देखा था

मैंने देखा था, कलिका के कंठ कालिमा देते
मैंने देखा था फूलों में उसको चुम्बन लेते

मैंने देखा था लहरों पर उसको गूंज मचाते
दिन ही में, मैंने देखा था उसको सोरठ गाते

---

1. मध्य-प्रदेश की जेलों में सोलिटरी जेल को गुनह-खाना कहते हैं। पहली सजा के कुछ महीने अफसरों की नाराजी से वहीं काटने पड़े थे।

दर्पण पर सिर धुन-धुन मैंने देखा था बलि जाते
अपने चरणों से ऋतुओं को गिन-गिन उसे बुलाते

किन्तु एक मैं देख न पाई फूलों में बँध जाना
और हृदय की मूरत का यों जीवित चित्र बनाना !

[1922, हिमतरंगिनी]

कौन ?

कौन ? याद की प्याली में बिछुड़ना घोलता-सा क्यों है ?
और हृदय की कसकों में गुप-चुप टटोलता-सा क्यों है ?

अरे पुराने दुःख-दर्दों की गाँठ खोलता-सा क्यों है ?
महा प्रलय की वाणी में उन्मत्त बोलता-सा क्यों है ?

क्या है ? है यह पुनः मधुर आमंत्रण जंजीरों का ?
है तू कौन ? खिलाड़ी, प्रेरक मरदानों वीरों का ?

[सिमरिया वाली रानी की कोठी, जबलपुर : 1922, हिमतरंगिनी]

आँसू

आहा ! कैसे गिरे सीपियों से ये गरम-गरम मोती
जगमग हृदय किये देती है, टपक-टपक जिनकी जोती।

क्यों ये चढ़ने लगीं चमेली की कोमलतर कलिकाएँ,
हार बनाती हुईं, हृदय पर, बिखर-बिखर दाएँ-बाएँ ?

क्यों रह-रह, बह-बह देते हैं क्या अपराध किया मैंने ?
क्या भीतर करुणाब्धि छिपा है ये आ गये पता देने ?

क्या दूषित प्रतिबिम्ब पड़ गया, अतः स्वच्छतर होने को
छूटे हैं अमृत के सोते, मृदुल पुतलियाँ धोने को ?

जिन नयनों से जीवन-धन देखा, उनसे आसानी से—
और न दीखे, अतः भर दिया, उन्हें हृदय के पानी से ?

अथवा कई मास का ग्रीषम रहा घनों को उमड़ाना,—
उन्हें सुयोग-वायु आदर से दौड़ पड़ा द्रुत बरसाना ?

सिंचित था जो हृदय-कोष में करुणा - रस पूरित सामान;
उसे बहान बैठ पड़ी हो, आया जान नया मेहमान ?

जिसने अपनी भूख बुझायी कारागार प्रहारों से,
उसकी प्यास मिटाती हो क्या नयनों की जलधारों से

छूटा हुआ बाण हूँ क्या मैं ? धार भोथरी - सी जानी,
धन्वा पर चढ़ने के पहले चढ़ा रहीं उस पर पानी ?

जीवित पाया जो मुरझाया, ग्रीषम की नादानी से,
अपना पौधा सींच रही हो, बनमालिनि इस पानी से ?

बलि होने में वज्र-हृदय हो, करते लख खींचा - तानी,
राष्ट्र देवि ! करने आई हो क्या मुझको पानी - पानी ?

चोर - डाकुओं का साथी हूँ, दूषित हुआ छिद्र छल से
करती हो, पढ़ मन्त्र प्रेम का, मुझे पवित्र नेत्र - जल से ?

भ्रम हो गया—साधना साधी, देव बना,—ऐसा अविवेक,
होने से, करने बैठी हो क्या यह तुम मेरा अभिषेक ?

मातृ-भूमि-हित के कष्टों का राज्य पुनः पाऊँ सविवेक,
सिंहासन मिलने के पहले, क्या यह करती हो अभिषेक ?

आती है स्वातन्त्र्य - देवता, उसके चरण धुलाने में,
सिखा रही हो साथी होऊँ, अविरल अश्रु बहाने में !

कठिन क्रूरताओं से देखा विदलित हुआ हृदय सारा,
अमृत-सोतों छोड़ रही हो, गरम - गरम यह जल - धारा ?

उड़ा प्रेम - पिंजड़े का पाला हंस, पलट आया यह लख,
नयन-सीपियों के ये मोती, चुगा रही हो ? लख - लख ?

स्नेह-सिन्धु की नादों को सुन, हृदय - हिमालय तज अपना,
व्याकुल होकर दौड़ पड़ीं क्या ये दोनों गंगा-जमना ?

हृदय - ज्वर व्याकुल करता था, मिलन-वटी से साधा काज,
उतरा ताप इसी से बहता, नयनों - द्वार पसीना आज ?

"स्नेह दूध कब से रक्खा है ? लूँ नवनीत चलाकर चक्र,"
उसे जमाने डाल रही हो, हृदय-भांड से प्यारा तक्र !

कहती हो क्या, 'आर्य भूमि की श्री गोपाल लाज राखें ?'
तब तक दम मत लो जब तक हैं, मेरी अश्रु-भरी आँखें ?

हृदय देश से आते हैं क्या देवि ! पवित्र विचार सुरेश,
बिमल वारि के पथ-सिंचन से, है स्वागत का यत्न विशेष ?

श्री स्वतन्त्रता की वेदी पर, प्राण पुष्ट होकर निश्चल,
देख, चढ़ा, पूजा-हित लायी, नयनों की गंगा का जल ?

मैं जाता हूँ, युद्ध - क्षेत्र में, अश्रु - बिन्दु से अतः निडर,
लिखती हो, 'जीतो तो लौटो !' पृष्ठ पत्र पर ये अक्षर ?

कहीं हृदय में पहुँच न जाये, लगा न पाये पथ का शोध,
तज विरोध, ठाना है आँसू से दृढ़तर निष्क्रिय प्रतिरोध ?

दूषित लख नवनीत हृदय की ज्वालाएँ पहुँचाती हो,
खौलाकर खारा जल दे - दे, उसको शुद्ध बनाती हो ?

गोल उपल को शिव-स्वरूप गिन, पूजन कर, हो रहीं सफल,
जीवन - घट का युगल - बिन्दुएँ, टपकाती हैं गंगा - जल ?

कच्ची मिट्टी का पुतला हूँ, दे - दे नयनों की जल - धार,
पंक बनाती हो ? करती हो क्या माँ का मन्दिर तैयार ?

[बिलासपुर जेल : 1922, हिमकिरीटिनी]

गिरि पर चढ़ते, धीरे-धीरे

सूझ ! सलोनी, शारद-छौनी,
यों न छका, धीरे-धीरे !
फिसल न जाऊँ छू भर पाऊँ,
री, न थका, धीरे-धीरे !

कम्पित दीठों की कलम करों में ले ले,
पलकों का प्यारा रंग जरा चढ़ने दे,
मत चूम ! नेत्र पर आ, मत जाय असाढ़,
री चपल चितेरी ! हरियाली छवि काढ़ !

ठहर अरसिके, आ चल हँस के,
कसक मिटा, धीरे-धीरे !

झट मूंद, सुनहली धूल, बचा नयनों से,
मत भूल डालियों के मीठे वयनों से,

कर प्रकट विश्व-निधि रथ इठलाता, लाता
यह कौन जगत के पलक खोलता आता ?

तू भी यह ले रवि के पहले,
शिखर चढ़ा, धीरे-धीरे ।

क्यों बाँध तोड़ती उषा, मौन के प्रण के ?
क्यों श्रम-सीकर बह चले फूल के, तृण के ?
किसके भय से तोरण तरु-वृन्द लगाते ?
क्यों अरी अराजक कोकिल, स्वागत गाते ?

तू मत देरी से, रण-भेरी से
शिखर गुँजा, धीरे-धीरे

फट पड़ा ब्रह्म ! क्या छिपें ? चलो माया में,
पाषाणों पर पंखे झलती छाया में,
बूढ़े शिखरों के बाल-तृणों में छिप के
झरनों की धुन पर गायें चुपके-चुपके

हाँ, उस छलिया की, साँवलिया की,
टेर लगे, धीरे-धीरे ।

तरु-लता सीखचे, शिला-खंड दीवार,
गहरी सरिता है बन्द यहाँ का द्वार,
बोले मयूर, जंजीर उठी झनकार,
चीते की बोली, पहरे का 'हुशियार' !

मैं आज कहाँ हूँ, जान रहा हूँ,
बैठ यहाँ धीरे-धीरे ।

आतप का शासन, अमियों ? अध-भूखे,
चक्कर खाता हूँ सूझ और मैं सूखे,
निर्द्वन्द्व, शिला पर भले रहूँ आनन्दी,
हो गया किन्तु सम्राट शैल का बन्दी ।

तू तरु-पुंजों, उलझी कुंजों से
राह बता, धीरे-धीरे ।

रह-रह डरता हूँ, मैं नौका पर चढ़ते,
डगमग मुक्ति की धारा में, यों बढ़ते,

यह कहाँ ले चली कौन निम्नगा धन्या !
वृन्दावन-वासिनि है क्या यह रवि-कन्या ?

यों मत भटकाये, होड़ लगाये,
बहने दे, धीरे - धीरे
और कंस के बन्दी से कुछ
कहने दे, धीरे - धीरे !

[1922, हिमकिरीटिनी]

स्मृति का वंसत

स्मृति के मधुर वसंत पधारो !

शीतल स्पर्श, मंद मदमाती, मोद-सुगंध लिये इठलाती
वह कश्मीर-कुंज सकुचाती निःश्वासों की पवन प्रचारो
स्मृति के मधुर वसन्त पधारो !

तरु दिलदार, साधना डाली, लिपटी नेह-लता हरियाली
वे क्वारी कलिकाएँ उन पर तोड़ूँगी, ऋतुराज उभारो
स्मृति के मधुर वसन्त पधारो !

तोड़ूँगी ? ना, खिलने दूँगी दो, छिन हिलने-मिलने दूँगी
हिला-डुला दूँगी शाखाएँ चुने विश्व - परिवार उचारो
स्मृति के मधुर वसन्त पधारो !

आते हो ? वह छबि दरसा दो, रूठा हृदय-चोर हरषा दो
तोड़-तोड़ मुकता बरसा दो, डूबूँ-तैरूँ, सुध न बिसारो
स्मृति के मधुर वसन्त पधारो !

दोनों भुजा पकड़ ले पापी ! कलपा मत घनश्याम ! कलापी,
कर दो दशों दिशा पागलिनी, ज्ञान-जरा - जर्जरता टारो
स्मृति के मधुर वसंत पधारो !

भींजे अम्बर वाले ख्याली, चढ़ तरुवर की डाली डाली
उड़े चलो मेरे वनमाली ! पागलिनी कह, वहाँ पुकारो
स्मृति के मधुर वसंत पधारो !

नहीं चलो हिल-मिलकर झूलें, बने विहंग, झूलने झूलें
भूलें आप, भुला दें घातक ! भू-मंडल पर स्वर्ग उतारो
स्मृति के मधुर वसंत पधारो !

नहीं, चलो हम हों दो कलियाँ, मुसक-सिसक होवें रंगरलियाँ
राष्ट्रदेव रँग-रंगी सँभालो, कृष्णार्पण के प्रथम पधारो
स्मृति के मधुर वसन्त पधारो !

[सिवनी, मालवा : 1622, समर्पण]

पर्वत की अभिलाषा

तू चाहे मुझको हरि, सोने का मढ़ा सुमेरु बनाना मत,
तू चाहे मेरी गोद खोद कर मणि-माणिक प्रकटाना मत,
तू मिट जाने तक भी मुझमें से ज्वालाएँ बरसाना मत
लावण्य - लाड़िली वन-देवी का लीला-क्षेत्र बनाना मत,

जगती-तल का मल धोने को
भू हरी-हरी कर देने को
गंगा-जमुनाएँ बहा सकूँ
यह देना, देर लगाना मत।

[जबलपुर सेंट्रल जेल : 18 फरवरी 1922, समर्पण]

दाईं बाजू

ये साधन के बाँट साफ हैं, ये पल्लें कुटिया के,
श्रम, चिन्तन, गुन-गुन के ये गुन बँधे हुए हैं बाँके,
जितने मन पर मनमोहन अपना दर्शन दिखलाता
कितनी बार चढ़ा जाता हूँ, उतना हो नहिं पाता।

वे बोले जीवन दाँवों से
मैली दाईं बाजू,
अन्धे पूरा भार तुले कब
कानी लिए तराजू।

[बिलासपुर जेल : 1922, समर्पण]

नव स्वागत

तुम बढ़ते ही चले, मृदुलतर जीवन की घड़ियाँ भूले,
काठ छेदने लगे, सहस दल की नव पंखड़ियाँ भूले;

मन्द पवन सन्देश दे रहा, हृदय-कली पथ हेर रही,
उड़ो मधुप ! नन्दन की दिशि में ज्वालाएँ घर घेर रहीं;

तरुण तपस्वी ! आ, तेरा कुटिया में नव स्वागत होगा,
दोपी तेरे चरणों पर, फिर मेरा मस्तक नत होगा।

[1923, हिमकिरीटिनी]

बेचैनी

जिसके पापों के ज्ञाता हो, जिसमें क्षुद्रत्व दिखाता हो,
जिसको न बोलना आता हो, जो केवल अश्रु बहाता हो,
जो अपनों से वनवासी हो, जो सेहत का उपवासी हो,
सहते-सहते, सहते-सहते, जो होता गया उदासी हो।

यह हाथ जुड़े, यह शीश झुका,
यह देह थकी, यह बैठ गया।

कुमुदिनि की कलियों पर प्यारे
चढ़कर आवे मुख-चन्द नया।

[कानपुर से लौटते हुए रेल में : 1923, समर्पण]

अधिकार नहीं दोगे मुझको ?

आते-आते रह जाते हो—जाते-जाते दीख रहे,
आँखें लाल दिखाते जाते, चित्त लुभाते दीख रहे,
दीख रहे, पावनतर बनने की धुन के मतवाले-से,
दीख रहे, करुणा-मन्दिर-से प्यारे देश निकाले-से,

दोषी हूँ, क्या जीने का
अधिकार नहीं दोगे मुझको ?

होने को बलिहार
पदों का प्यार नहीं दोगे मुझको ?

[प्रताप प्रेस, कानपुर : 1923, समर्पण]

आँसू से

अरे निवासी अन्तरतर के हृदय-खण्ड जीवन के लाल
त्रास और उपहास सभी में रहा पुतलियाँ किये निहाल।

संकट में वह गोद, मोद कर जहाँ टपकता धन्य रहा,
मार-मार में गिर न हठीले निर्जन है, मैं वन्य रहा।

ठहर जरा तुझ से प्यारे के चरण कमल धुल जाने दे
और जोर से सिसक सकूँ वे मंजुल घड़ियाँ आने दे।

[प्रताप प्रेस, कानपुर : 1923, समर्पण]

उन्मूलित वृक्ष

भला किया, जो इस उपवन के सारे पुष्प तोड़ डाले,
भला किया, मीठे फल वाले ये तरुवर मरोड़ डाले,
भला किया, सींचो, पनपाओ, लगा चुके हो जो कलमें,
भला किया, दुनिया पलटा दी प्रबल उमंगों के बल में।

लो हम तो चल दिये,
नये पौधो, प्यारो, आराम करो।
दो दिन की दुनिया में आये,
हिलो-मिलो कुछ काम करो।

पथरीले ऊँचे टीले हैं, रोज नहीं सींचे जाते,
वे नागर न यहाँ आते हैं, जो थे बागीचे आते,
झुकी टहनियाँ तोड़-तोड़कर, वनचर भी खा जाते हैं,
शाखा-मृग कन्धों पर चढ़कर भीषण शोर मचाते हैं।

दीन बन्धु की कृपा
बन्धु, जीवित हैं, हाँ, हरियाले हैं।

भूले भटके कभी गुजरना
हम वे ही फल वाले हैं।
[सिवनी, मालवा : 1923, युगचरण]

कोमलतर बन्दीखाना

'शंकर' थी; अब कारागृह है हिमगिरि की दीवार,
हाय गले का तौक बना गंगा-यमुना का हार;

धन्य ! बंग खंभात अब्धि की लहरों की हथकड़ियाँ,
रामेश्वर पर चढ़ी तरंगें बनीं पैर की कड़ियाँ।

कोमलतर बन्दीखाने के तीस कोटि बन्दी हैं
हों गुलाम, जीवन की बेहोशी में आनन्दी हैं।
[1923, माता]

राष्ट्रीय झंडे की भेंट

माँ, रोवे मत शीघ्र लौट घर आऊँगा प्रस्थान करूँ
बाबा दो आशीष, पताका पर सब कुछ कुरबान करूँ
लौटूँगा मैं देवि, हाथ में विजय - पताका लाऊँगा
कष्ट-प्रवास जेल जीवन की तुम को कथा सुनाऊँगा !

दौड़ पड़ो वीरो, माता ने संकट में की आज पुकार
हार न होवे तेरे रहते मेरी पावन भूमि बिहार
ले झंडा चल पड़ा, प्राण को मोह छोड़ वह तरुण युवा
उसकी गति पर अहा ! देश के अमरों को भी क्षोभ हुआ।

सजा हुई, जंजीरे पहिनीं दुर्बल था, पर वार हुए,
गिट्टी, मोट, चक्कियाँ, कोल्हू हँस-हँस कर स्वीकार हुए !
'मातृ - भूमि' मैं तेरी मूरत देख सभी सह जाऊँगा
देखें दण्ड, आर्य-बालक हूँ मस्तक नहीं झुकाऊँगा।
कष्ट बढ़े, दुर्बल देही थी असहनीय व्यवहार हुआ
कैदी शैया पर पड़ने को गिर-पड़ कर लाचार हुआ,

सेनापति ने कहा, पताके ! अभी कौन बलिहार हुआ[1] ?
हुंकारा हरदेव, प्राण मैं—दूँगा, लो तैयार हुआ।

"माफी ले लो, अभी समय है" अरे न यों अपमान करो,
झण्डे पर चढ़ने दो मुझको मातृभूमि का ध्यान करो !
प्यारी माँ, मेरे बाबा—हरदेवा अन्तर्धान हुआ
रक्षक हा भगवान, प्रिये, मैं झण्डे पर कुरबान हुआ।

जननि बिहार प्रणाम तुम्हें तेरे गौरव का गान रहे,
मातृभूमि तेरे ध्वज की मेरे प्राणों से शान रहे !
क्यों सहसा चल पड़ा ? ठहर, आ रही विजय तेरे द्वारे
'कन्धे पर ले चलें' या कि चल पड़े पूज्य पथ में प्यारे।

['प्रभा' (कानपुर) में प्रकाशित : सितम्बर 1923, माता]

चल पड़ी चुपचाप

चल पड़ी चुपचाप सन-सन-सन हुआ,
डालियों को यों चिताने-सी लगी,
आँख की कलियाँ, अरी खोलो जरा,
हिल स्वपतियों को जगाने-सी लगी

पत्तियों की चुकटियाँ झट दीं बजा,
डालियाँ कुछ ढुलमुलाने-सी लगीं,
किस परम आनन्द-निधि के चरण पर,
विश्व-साँसें गीत गाने-सी लगीं।

जग उठा तरु-वृन्द-जग, सुन घोषणा,
पंछियों में चहचहाहट मच गई;

1. श्री हरदेवनारायणसिंह बिहार के सत्याग्रही सन् 1923 के नागपुर झण्डा सत्याग्रह में आये थे। जिस दिन अखिल भारतीय राष्ट्र समिति के प्रतिनिधि स्वर्गीय वल्लभभाई पटेल नागपुर की एक सभा में कह रहे थे कि अभी तक झण्डे पर कोई मरा नहीं, उसी समय नागपुर जेल में हरदेवजी प्राण दे रहे थे। श्री वल्लभभाई के, लेखक के, तथा अन्य देशभक्तों के कांधे पर झण्डों का कफन ओढ़े, श्री हरदेवनारायणजी की अर्थी सहस्रों की जनता के साथ निकली, और सुनहला इतिहास बना गई।

वायु का झोंका जहाँ आया वहाँ—
विश्व में क्यों सनसनाहट मच गई ?

[1923, हिमतरंगिनी]

मचल मत

मचल मत, दूर-दूर, ओ मानी !
उस सीमा-रेखा पर जिसके
ओर न छोर निशानी
मचल मत, दूर-दूर ओ मानी !

घास-पात से बनी वहीं मेरी कुटिया मस्तानी
कुटिया का राजा ही बन रहता कुटिया की रानी
मचल मत, दूर-दूर ओ मानी !

राज-मार्ग से परे, दूर, पर पगडंडी को छूकर
अश्रु-देश के भूपति की है बनी रजधानी
मचल मत दूर-दूर ओ मानी !

आँखों में दिलवर आता है सैन-नसैनी चढ़ कर
पलक बाँध पुतली में झूले देती करुण कहानी
मचल मत दूर-दूर ओ मानी !

प्रीति-पिछौरी भीगा करती पथ जोहा करती हूँ
जहाँ गवन की सजनि रमन के हाथों खड़ी बिकानी
मचल मत दूर-दूर ओ मानी !

दो प्राणों में मचे न माधव बलि की आँखमिचौनी
जहाँ काल से कभी चुराई जाती नहीं जवानी
मचल मत दूर-दूर ओ मानी !

भोजन है उल्लास जहाँ आँखों का पानी, पानी !
पुतली परम बिछौना है ओढ़नी पिया की बानी
मचल मत दूर-दूर ओ मानी !

प्रान-दाँव की कुंज-गली है,. गो-गन बीचों बैठी
एक अभागन बनी श्याम घन बन कर राधारानी
मचल मत दूर-दूर ओ मानी !

सोते हैं सपने ओ पंथी ! मत चल, मत चल, मत चल,
नजर लगे मत, मिट मत जाये साँसों की नादानी
मचल मत, दूर-दूर, ओ मानी !

[नागपुर : 1923, हिमतरंगिनी]

वे बोला किये

मैं नहीं बोली, कि वे बोला किये।

हृदय में बेचैन
मुख भोला किये,

दो हृदय ले, तौल पर तौला किये।

यह न था बाजार, पर
उनके तराजू हाथ में थी,
क्रोध के थे, किन्तु उनके
बोल थे कि सनाथ मैं थी,

सुघड़, मन पर
गर्व को तौला किये,

झूलती, प्रभु-बोल का डोला किये,
मैं नहीं बोली, कि वे बोला किये।

आज चुम्बन का प्रलोभन
स्नेह की जाली न डाली,
नहीं मुझ पर छोड़ने को
प्रेम की नागिन निकाली,

सजनि मेरे
प्राणों का झोला किये;

डालते थे प्यार को, वे क्रोध का गोला किये,
मैं नहीं बोली, कि वे बोला किये।

समय सूली-सा टँगा था
बोल खूँटी से लगे थे
मरण का त्यौहार था सखि
भाग जीवन-धन जगे थे

रूप के अभिमान में जी का जहर घोला किये
मैं नहीं बोली कि वे बोला किये !

(1923, हिमतरंगिनी)

सौदा

चाँदी-सोने की आशा पर, अन्तस्तल का सौदा
हाथ-पाँव जकड़े जाने को, आमिष-पूर्ण मसौदा ?

टुकड़ों पर जीवन की श्वासें ? कितनी सुन्दर दर है !
हूँ उन्मत्त, तलाश रहा हूँ कहाँ वधिक का घर है ?

दमयन्ती के 'एक चीर' की—माँग हुई बाजी पर,
देश-निकाला स्वर्ग बनेगा तेरी नाराजी पर।

[नागपुर : 1924, हिमकिरीटिनी]

सिपाही

गिनो न मेरी श्वास, छुए क्यों मुझे विपुल सम्मान ?
भूलो ऐ इतिहास, खरीदे हुए विश्व-ईमान !!
अरि-मुंडों का दान, रक्त-तर्पण भर का अभिमान
लड़ने तक महमान, एक पूँजी है तीर-कमान !
मुझे भूलने में सुख पाती, जग की काली स्याही,
दासो दूर, कठिन सौदा है मैं हूँ एक सिपाही !

क्या वीणा की स्वर-लहरी का सुनूँ मधुरतर नाद ?
छि: ! मेरी प्रत्यंचा भूले अपना यह उन्माद !
झंकारों का कभी सुना है भीषण वाद-विवाद ?
क्या तुम को है कुरु-क्षेत्र हलदी-घाटी की याद !
सिर पर प्रलय, नेत्र में मस्ती, मुट्ठी में मन-चाही,
लक्ष्य मात्र मेरा प्रियतम है, मैं हूँ एक सिपाही !

खींचो राम-राज्य लाने को, भू-मंडल पर त्रेता !
बनने दो आकाश छेदकर उसको राष्ट्र-विजेता,
जाने दो, मेरी किस बूते कठिन परीक्षा लेता,
कोटि-कोटि 'कंठों' जय-जय है, आप कौन हैं, नेता ?

सेना छिन्न, प्रयत्न खिन्न कर, लाये न्योत तबाही,
कैसे पूजूँ गुमराही को मैं हूँ एक सिपाही ?

बोल अरे सेनापति मेरे ! मन की घुंडी खोल,
जल, थल, नभ, हिल-डुल जाने दे, तू किंचित् मत डोल !
दे हथियार या कि मत दे तू पर तू, कर हुंकार
ज्ञातों को मत, अज्ञातों को, तू इस बार पुकार !
धीरज रोग, प्रतीक्षा चिन्ता, सपने बनें तबाही,
कह 'तैयार' ! द्वार खुलने दे, मैं हूँ एक सिपाही !

बदलें रोज बदलियाँ, मत कर चिन्ता इसकी लेश,
'गर्जन-तर्जन रहे, देख अपना हरियाला देश !
खिलने से पहले टूटेंगी, तोड़, बता मत भेद,
वनमाली, अनुशासन की सूजी से अन्तर छेद !
श्रम-सीकर प्रहार पर जीकर, बना लक्ष्य आराध्य
मैं हूँ एक सिपाही, बलि है मेरा अन्तिम साध्य !

कोई नभ से आग उगलकर किये शान्ति का दान,
कोई माँज रहा हथकड़ियाँ छेड़ क्रान्ति की तान !
कोई अधिकारों के चरणों चढ़ा रहा ईमान,
'हरी घास शूली के पहले की'—तेरा गुण गान !
आशा मिटी, कामना टूटी, बिगुल बज पड़ी यार !
मैं हूँ एक सिपाही ! पथ दे, खुला देख वह द्वार !!

[1924, हिमकिरीटिनी]

स्वागत

'जय हो !' उषःकाल है बच्चे सोये, स्वागत कौन करे ?
चरणों में मेरी कालिन्दी की, अर्पित काली लहरें।

भूत काल का गौरव, भावी की उज्ज्वल आशाएँ ले,
लाट, किला, मीनार, सभी को अपने दाएँ-बाएँ ले,

इस तट पर बैठी-बैठी मैं व्याकुल बिता रही घड़ियाँ,
चिन्तित थी ये बिखर न जायें, वन-कुसुमों की पंखुड़ियाँ ?

यमुना का कलरव दुहराकर, कब से स्वागत गाती हूँ,
हरि जाने स्वागत गाती हूँ, या सौभाग्य बुलाती हूँ।

देवि ! तुम्हारे पंकज-कुसुमों से दुखिया खिलना सीखे !
वीणा से, मेरी टूटी वीणा का स्वर मिलना सीखे।

हो अंगुलि-निर्देश, जरा मैं भी मिजराब लगा पाऊँ,
लाओ पुस्तक, विश्व हिलाऊँ, कोई करुण गीत गाऊँ।

लजवन्ती को लज्जित करती हैं, हा-हा मेरी गलियाँ
चढ़ने को तैयार नहीं, सकुचाती हैं सुन्दर कलियाँ !

[दिल्ली हिन्दी साहित्य सम्मेलन : 1924 हिमकिरीटिनी]

नजरों की नजर उतारूँगा

माँ—लल्ला, तू बाहर जा न कहीं
तू खेल यहीं, रमना न कहीं।

बेटा—क्यों माँ ?

माँ—डायन लख पाएगी,
लाड़ले ! नजर लग जाएगी।

बेटा—अम्मा, ये नभ के तारे हैं,
किस माँ के राज-दुलारे हैं ?

अम्मा, ये खड़े उधारे हैं,
देखो ये कितने प्यारे हैं,
क्यों इन्हें न इनकी माँ ढकती ?
क्या इनको नजर नहीं लगती ?

माँ—बेटा, डायन है क्रूर बहुत,
लेकिन तारे हैं दूर बहुत,
उन तक जाने में थक जाती,
यों उनको नजर न लग पाती।

बेटा—माता ये माला के मोती,
जगमग होती जिनकी जोति,
क्यों नजरें इनसे डरती हैं,
जो इन पर नहीं उतरती हैं।

माँ—हाँ, जब ये नन्हे थे जल में,
गहरी लहरों के आँचल में,

तब नजर न लगा सकी डुबकी,
छाया भी छू न सकी उनकी।

बेटा—अम्मा, ये फूल सलोने से,
हरियाली माँ के छौने से,
क्यों बेली इन्हें नहीं ढकती?
क्या इनको नजर नहीं लगती?

माँ—नजरों के पैर फिसल जाएँ,
फूलों पर नहीं ठहर पाएँ।

बेटा—ना, ना, माँ मैं क्यों हारूँगा,
माँ, मैं किससे क्यों हारूँगा?
मैं दृढ़ हूँ, तन-मन वारूँगा,
मैं हँस-हँसकर किलकारूँगा,
नजरों की नजर उतारूँगा।

[खण्डवा : 1924, समर्पण]

पतित

ममता के मीठे आमिष पर रहा टूटता भूखा-सा,
भावों का सोता कर डाला, तीव्र ताप से रूखा-सा।
कैसे ? कहाँ ? बता, चढ़ पाए जीवन-पंकज सूखा-सा,
आवे क्यों दिलदार, जहाँ दिल हो, दावों से दूखा-सा ?

गिरने को जी चाह रहा है आगे और रसातल से,
ऊँचा शीश उठाकर देखूँ ? पर, देखूँ किसके बल से ?

[सिवनी, मालवा : 1924, समर्पण]

लौटे

वह आता है किये निहाल, गर्व से उठाये भाल
पुण्य भूमि हृदय सँभाले पथ में खड़ी;
अब जाता है हमारा शोक क्यों कर रहेगी रोक
दीन दुखी लोगों की अनी सी उमड़ी बड़ी;

सभी खीझने खिजाने और रीझने रिझाने वाले
प्रेमियों की सेना पद पूजते हुए अड़ी,

देवि, सास को सहारा दिये बालकों को गोदी लिये—
चूम, द्वार-झाँकती लगाये आँसूओं की झड़ी !

[1924, माता]

(फतहपुर के मुकदमे की सजा काट कर स्व० भाई गणेशशंकरजी के नैनी जेल से छूटने पर।)

जूठे बेर

अरी ! ओ ! रूप-शील-गुण हीन दरिद्रे, रुचिहीने, ओ वन्य,
बता तो क्या है तेरे पास तुझे क्यों कह उठते हैं धन्य ?

कर्म क्या ? तू अकर्म की खान, दान में पास न एक छदाम
गाँव में कहीं न तेरा धाम, ज्ञान के लिए राम का नाम !

तपी को मिलते होती देर, लगाई तूने भी कब टेर ?
राम को कैसे लाये खींच भीलिनी ! तेरे झूठे बेर !

—श्रीनिवास

[11 अप्रैल 1925, कर्मवीर]

दर्शन की चाह

कालिन्दी-तट निकट कुंज है, चंचल पट का हट जाना।
नेत्रों का रण-रंग और वह, जग से चित्त उचट जाना ।।

स्मृतियों का वर्षा की बूँदें, बनकर हाय ! सिमट जाना।
बिछड़ा हुआ अभाग्य-अतिथि, जीवन के साथ लिपट जाना ।।

दीखूँ भले विदेह, व्यथित, अन्तस्तल है वैदेही का।
करूँ अश्रु-तर्पण, दर्शन हो, अपने राम सनेही का ।।

—श्रीनिवास

[25 अप्रैल 1925, कर्मवीर]

हृदय की माँग

(1)

निर्बल नौका, सिन्धु अगम है, जीर्ण-शीर्ण हैं कर-पतवार।
विकट वेग से वायु बह रहा, है तूफानों की भरमार॥
प्रतिबन्धक पद पद पर आते, घोर तिमिर का है विस्तार।
अब डूबी तब डूबी नौका, दिखा असम्भव होना पार॥
ऐसे कठिन प्रसंगों पर भी, करता जो आशा संचार।
हरि, हमको यह हृदय चाहिए, है इस पर सर्वस्व निसार॥

(2)

दुखियों को देख द्रवित द्रुत हो दुख हरने को आतुर होवे।
विपदाएँ, आएँ, वज्र गिरें, पर बिलकुल धैर्य नहीं खोवे॥
विघ्न सींचकर, विश्व खेत में, बीज सुकर्मों के बोवे।
स्वातन्त्र्य-प्रेम के शुभ सलिल से, जी का मैल सतत धोवे॥
पर-परिताप-ताप लगते ही, पिघल पड़े नव-मीत समान।
ध्रुव प्रहलाद बनाने वाले, हृदय चाहिए उच्च महान॥

(3)

परम पूज्य 'राणा प्रताप' का हृदय हमें दो हे भगवान।
स्वाभिमान, स्वाधीन भाव पर होवें हम समुदित बलिदान॥
'लोकमान्य' से अभय हृदय हो छेड़ें हम स्वराज्य की तान।
सबल 'शिवाजी' का दिल लेकर करें दासता का अवसान॥
स्वर्ग-सौख्य स्वीकार नहीं हैं, हमें चाहिए वह बलवान।
जीवित जोश भरा हो जिसमें, जन्मभूमि पर दे दे जान॥

—नृसिंह

[2 मई 1925, कर्मवीर]

माता की बातें

गिरी हुई मेरी वल्लरियाँ उन्हें सतेज उठाने को,
इन मुरझायी हुई नसों में जीवन ज्योति जगाने को,

बेटा रखना याद,—अखिल भारत हैं ईश दुलारा देश,
अपने मरने जीने का धन, प्यारा, पूज्य, हमारा देश,

शासन-धन अपनों ही का हो, अपने लिए किया जावे,
हृदय बढ़ाकर, प्राण चढ़ाकर, उसे अवश्य लिया जावे।

इसके सिवा ?—विदेशी शासन हो चाहे जगदीश्वर का
वह स्वराज्य कहला न सकेगा, हो अपना, अपने घर का।

मानेगा सन्तोष बावले ! रौरव-रूप व्यवस्था से ?
कैसे ऊँचा शीश करेगा अपनी पतित अवस्था से ?

हो आत्मावलम्ब पथगामी, कर हुंकार, खींचकर लीक—
"छोड़ो पाप, ठीकरा फोड़ो, बहुत दिनों तक माँगी भीख।

अपने पैरों चल पड़ता है, मिटने का वृत्त ठान चलो,
आडम्बर-तज, बन्धन तोड़ो, दो दिन के महमान चलो"

—**वनवासी**

[20 जून 1925, कर्मवीर]

साध

रह गई मन में इतनी साध !

कहूँ, कहूँ—पर कह नहिं पाई,
पूत-प्रेम में बह नहिं पाई,
रहीं साथ, पर रह नहिं पाई,
छीन ले चला व्याध। रह गई० ॥

मुंह जोहे, काटे दिन अपने,
बलि ले जाने के देखे सपने,
हृदयांकुर पाये न पनपने,
हुई अचानक दाघ। रह गई० ॥

मोही के वे रूर सलौने,
पागलिनी के पीड़ित छौने,
मोहन के वे चन्द-खिलौने,
उमड़े उदधि अगाध। रह गई० ॥

मो पै बरसें तब दुख के धन
लालन, बलि जाऊँ, मेरे पन,

जीते रहियो, निधनी के धन,
छमियों मो अपराध ।।

—**उदयनारायण**

[20 जून 1925, कर्मवीर]

लक्ष्य के समय

"धीर धर हे वीर वर,"—उस तीर से मैंने कहा,
"बस छूट पड़ने दो अजी, मुझसे नहीं जाता रहा।"

—जाता रहा, तो काम से ही जान ले जाता रहा,
छूटा कि टूटा, और होकर टूक ठुकराता रहा,

मैदान में है, सीख तू बाजी, लड़ाना शूर का ।
पीछे खिंचा भरपूर, बस मारा निशाना दूर का ।

—**वनवासी**

[4 जुलाई 1925, कर्मवीर]

स्वर्गीय सप्रेजी की महायात्रा पर

कहाँ चले ? क्या अपने मठ[1] का,
पथ भूले हो ? कहाँ चले ?
कहाँ चले ? संयम का जीवन—
रथ भूले हो ? कहाँ चले ?

कहाँ चले ? क्या वहाँ राष्ट्र भाषा का हित है ? वहाँ चले ?
कहाँ चले ? रे तपी बता क्या स्वप्रोत्थित हैं ? कहाँ चले ?
क्या सम्मेलन है कोई ? क्या 'शास्त्री'[2] ने बुलवाया है ?
या नर्मदा तीर से तुझको बता बुलावा आया है ?

श्वेत केश ही काफी हैं, तू—पुतली मत कर श्वेत सखे !
हरियाले दिन की आशा को मत्त अभाव से रेत सखे ।

---

1. वे रामदासी सम्प्रदाय के थे, रायपुर के रामदासी मठ की प्रवृत्तियों में व्यस्त रहते थे ।
2. श्री नरदेवजी शास्त्री (देहरादून हिन्दी साहित्य सम्मेलन के पूज्य सप्रेजी अध्यक्ष थे; शास्त्रीजी के आग्रह पर) ।

कष्टों का रथ काफी है, मत वीर 'रथी' अपनावे तू,
उत्तरा खंड में चलो चलें इस दशा भूल मत जावे तू।
जो अपनी भूमि जगाने को सहसा नंगे पैरों दौड़ा,
आहा ! नंगे ही पाँवों यों पथ नहीं मृत्यु का भी छोड़ा !

"विश्राम कर्म को कहते हैं" यह कहाँ सुनाई पड़े कहो ?
"भगवान कर्म में रहते हैं" क्यों कर दिखलाई पड़े कहो ?
चल बस, कर्म करते-करते रे राष्ट्र-धुरीण कर्मयोगी !
निन्दा झिड़की, अपमान, द्वेष, सप्रेम महान् कष्टभोगी !
अपनों ही के होते अपार तुझ पर प्रहार थे 'कभी-कभी'[1]
हम तेरा गर्व गिराते थे ऐसे उदार थे कभी-कभी !

"मैं विद्यार्थी हूँ" पढ़ो—तुम्हारे कष्ट हटाये जायेंगे,
"मैं रोगी, भाषा-सेवी हूँ" सेवा अवश्य ही पावेंगे,
"मैं भावों का दीवाना हूँ" बस मातृभूमि पर चढ़ जाओ,
"लेखनी लिये हूँ" क्रान्ति करो, लिख चलो, युद्ध में बढ़ जाओ;
लाओ जागृति के चरणों में युवकों के शीश चढ़ा डालूँ,
थैलियाँ हजारों माता पर—हँस कर बरबाद करा डालूँ।

बेकार तुम्हारा जाना है है, 'नारायण'[2] नेत्रों आगे,
तुम तज 'अनन्त'[3] को, यो अनन्त के पथ में क्यों चर अनुरागे ?
बलि का शिर सहसा झुके—जहाँ, वह 'वामन'[4] का अवतार यहाँ
रवि-रश्मि नसा दे अन्धकार है वह प्यारा व्यापार यहाँ।
गणपति[5], शंकर[6], हैं सेवा में बलि हो जायेंगे यहीं रहो
इस रुदन मालिका को, कुंठित हैं, क्या शीर्षक दें तुम्हीं कहो ?

जिसके लेने से जगते थे जागृति का पावन नाम चला,
फल की आशा को ठुकराये उन्मुक्त मुक्ति-धन काम चला !
आत्माभिमान की बेदी का पिछड़े प्रदेश का दाम चला
सब बोल उठे 'जयराम' और दुखियों से 'अपना राम चला !'
यह नाम चला, यह काम चला यह दाम चला, यह राम चला !
साहित्य कोकिला कहाँ रमें ? अपना अभिमत आराम चला !

---

1. सप्रेजी की निन्दा करने के लिए एक अखबार छिंदवाड़ा से निकाला गया था, उसका नाम था, 'कभी-कभी'।

2-6. शंकर, नारायण, अनन्त और सप्रेजी के पुत्र; गणपति उनके भतीजे; वामनराव ताखे उनके अत्यन्त सहृदय मित्र। स्वभाव से निर्मल; शील से पूर्ण।

ना, ना, मत आग लगाओ, हा, लग जायेगी यह लाखों में !
क्यों देते हो तुम 'दाग', दाग ? पड़ जाय कहीं मत आँखों में !
क्या मुट्ठी भर हड्डियाँ ? नहीं, ये अभिलाषाएँ राख हुईं !
गलियाँ कल तक हरियाली थीं सहसा अब वे वैषाख हुईं !
मत छेड़ो, जी भर रोने दो, मत रोको अन्तरतम खोलो;
बस करुण कंठ से एक बार दृढ़ हो, माधव ! माधव !! बोलो।

वह मूर्ति कर्म में जीती थी हो परम शान्त प्रस्थान किया,
अगणित अनुनय बेकार हुए निष्ठुर हरि ने कब ध्यान दिया !
दुनियाँ की आँखमिचौनी से वे दोनों आँखें बन्द हुईं,
बन्धन ठुकराकर, तपोमयी वह आत्मा अब स्वच्छद हुई;
किन्तु प्रेम के अंतस्तल में उलझा उसका काम
स्मृतियों के एकांत देश में लिखा मधुर वह नाम।

अन्तर्धान हुए, पर, सूरत—अभी दृष्टि आती है,
अन्तक हार गया, ध्वनि प्यारी अभी सुनी जाती है।
भुजा न पहुँचे, हृदय चरण तक अभी पहुँच पाता है
खुलने पर मत रहे, बन्द आँखों में आ जाता है !
शोक तरंगिणि में मत—छूटे, सहसा मेरा धीर,
सिसक बन्द हो, धुल मत जाये, यह उज्ज्वल तसवीर।

देख न पाये श्रद्धास्पद् वह तेरा 'देश-निकाला',
देख न पाये, खारूँ[1] के—तट जलने वाली ज्वाला;
देख न पाये मनसूबों की कैसी थी वह धूल,
देख न पाये, जल जाने पर कैसे थे वे 'फूल' !
देखन पाये मधुर वेदना जीवित है पछताना,
कह न सके "अलविदा—" लौट कर इसी भूमि पर आना ?

जिन हाथों पुष्पांजलियाँ थीं उन हाथों हैं ज्वाला,
और कपाल-क्रिया करने को हैं प्रहार का प्याला !
गा देता था, हँसते देखा मैंने कभी श्मशान,
किन्तु आज नीरस वंशी है नहीं लौटते प्राण।
करुणा बढ़ती है, री मुरली, री अगणित अघ-छिद्रा !
हा ! हा !! माधव की बढ़ती है यह अपार चिरनिद्रा !

1. खारूँ रायपुर की वह नदी जिसके तट पर स्व० पूज्य सप्रेजी का दाह हुआ।

किस मुँह से लौटूं अपनों में? क्या सन्देश सुनाऊँ?
बलियों के वे गीत आज मैं किसके स्वर में गाऊँ?
कैसे धन को शील सिखाऊँ? गुण को धीर बँधाऊँ?
कुटी और महलों तक कैसे हृदय-ज्योति पहुँचाऊँ?
किसको दूनी लगन लगेगी घावों के पाने पर,
और कौन हुंकार उठेगा आँसू आ जाने पर?

मित्र बना, छत्तीसोंगढ़[1] में कौन प्रकाश करेगा,
'दास-बोध' में कौन शिवाजी पाने को उतरेगा?
'भारतीय युद्धों' का किसको आवेगा उन्माद?
विजय-प्राप्ति में किसको आवेगा दिन दूना स्वाद
कौन लोकमान्यत्व लायँगे केसरि हों गरजेंगे
लख 'हिन्दी-गीता-रहस्य' किस पर लाखों लरजेंगे?

किसे न छू पायेगा अपनी विद्या का अभिमान?
अपनी मृत्यु कौन देखेगा जीते जी मतिमान?
किसे करेगी विकल राष्ट्रभाषा की एक पुकार?
टूटे हृदय कौन जोड़ेगा—झुककर अगणित बार!
किसे दिखाई देंगे छोटे—राष्ट्र-हितैषी जीव?
कौन भोग से अधिक—त्याग में, तत्पर रहे अतीव?

आगे आने वाली घड़ियाँ किसे दीख जायेंगी?
सम्मानों की राशि कहाँ निश्चित ठोकर पायेंगी?
कहाँ आप्त जन पर बरसेगा गुरुजन का सम्मान?
कहाँ 'घात' का बदला होगा प्रेम और सम्मान?
किसे कुमारी से हिमगिरि तक 'महाराष्ट्र' दीखेगा?
कौन तपस्वी, घोर तपस्या यों किससे सीखेगा?

किसमें शत्रु वीर श्री पायेंगे; अपने अपना सा?
कौन बधिक के निश्चय को कर डालेगा सपना-सा?
चढ़ जावेगा कौन अभय हो अपनों के चरणों पर?
अंजलियाँ अर्पित होवेंगी किसके आचरणों पर?
किसे वेदना होगी सबको हिला-मिला देने की?
अपने ही शिर, आप स्वयं एकान्तवास लेने की?

---

1. उनके साहित्यिक जीवन का एक मासिक 'छत्तीसगढ़ मित्र' था।

अहह ! बिना बादल बिजली गिर पड़ी निठुर व्यापार हुआ !
मृत्यु द्वार खुल पड़ा, हाय ! यह महँगा देशोद्धार हुआ ।

विमल विजय सानी गीता का वीर गान गाते-गाते,
"मैं न मरूँगा अभी" यही ध्वनि अंतिम पल तक गुँजाते;
विकल रायपुर, आकुल परिजन मध्य प्रदेश श्मशान हुआ,
दीन राष्ट्रभाषा चीत्कारी ! माधव का प्रस्थान हुआ !

[मई 1926, माता]

निवारिये

दीन दुखी जन देख, दया दिल में जो लावे ।
निर्बल निपट निहार, प्यार करके अपनावें ।।

पर हित कष्ट अनेक सहें सज्जन सुख पावें ।
विपत्ति सामने जान निडर हो पैर बढ़ावें ।।

है नर-पुंगव, श्रेष्ठ वे ! संकट विकट विदारिये ।
मातृभूमि दुःख दूर कर, परतन्त्रता निवारिये ।।

—**उदयप्रसाद**

[12 जून 1925, कर्मवीर]

जोगी

ऐ मस्ताने जोगी प्यारे !

अन्धकार की अन्धकता में कमी हुई, बिखरे सब तारे,
आशा की उषा में आओ, भाव-भानु भगवान पधारे,

विपद चँवर डोलत मस्तक पर, परत प्रहार पुहुप रतनारे,
बदनामी को मुकुट सँवारें, धारा की बैजन्ती डारे ।।

लिये हथौड़ी कलम, मृदुल ! आखर पाथर के लिखत सँवारे,
स्रवत रुधिर के रचि विराम, ये फटे अंग हस्ताक्षर न्यारे,

मातृभूमि के पीठ-पत्र पै, प्रतिदिन पाराग्राफ सँवारे,
लिखत पुण्य को विजय, पाप को मृत्युदंड भाग्येश हमारे ।।

प्रबल परिस्थिति की पृथ्वी में, सुख-साधना खाद करि डारे,
सींचि-सींचि अँसुवन जल-धारा, अमित उसास पवन परिचारे,
जीवन-बीज गड़ात संक तजि, उठत भाग्य अंकुर रतनारे,
मुसुकत, हँसत, फँसत, तारिन पर, विपद विहंग उड़ात विचारे ।।
फूले फूल मृदुल घावन के, दरद-पराग प्राण दातारे,
फल्यो त्याग-फल, मिल्यो मुक्ति-बल, बलि-कंजन बनमाली प्यारे ।।

—**सूर्यकुमार वर्मा**

[7 अगस्त 1926, कर्मवीर]

गति-दाता

जागृति के प्रलय- पुंज
गति के गति-दाता ।

ऐ गुणेश ऐ गणेश ऐ महेश के निदेश
श्वेत केश, श्वेत वेश, हिमगिरि-सा श्वेत देश,

झर झर निर्झर,
नगाधिराज के अशेष लेष ।

ऐ महान, ऐ सुजान, तांडव-पति-दिव्य-दान,
तारक-त्रैलोक्य, क्रान्ति-कारिणि गति-दाता ।

जागृति के प्रलय-पुंज
गति के गति-दाता !

तू 'तुलसी' तुही 'सूर' हर ले क्षिति का गुरूर,
तुझ में बोला 'रवीन्द्र' 'तुकाराम' के हुजूर

'मीरा' के मनमोहन 'सहजो' के नाथ-नाथ
पायें तेरा 'प्रसाद' कर 'कबीर' को सनाथ ।

मैथिलि' तेरी जबान 'हरि' का तू मधुर गान
तीर तू, कमान तू, मैं 'लक्ष्य-बेध' गाता ।

जागृति के प्रलय-पुंज
गति के गति-दाता ।

[हिरनखेड़ा : 1926, समर्पण]

वीणा का तार

विवश मैं तो वीणा का तार।

जहाँ उठी अंगुली तुम्हारी, मुझे गूँजना है लाचारी,
मुझको कम्पन दिया, तुम्हीं ने, खुद सह लिया प्रहार।

दिखाऊँ किसे कसक सरकार !
अभागा मैं वीणा का तार !

विवश मैं तो वीणा का तार।

टूक-टूक स्वर ही क्या कम था जो उस को बेड़ी पहना दीं ?
क्या बन्दी स्वर के चढ़ने को, बन्धन की सीढ़ियाँ बना दीं ?

मधुरिमा पर यह अत्याचार,
तुम्हारी ध्वनि-वीणा का तार।

विवश मैं तो वीणा का तार।

तारों में यों कस-कस रखना, फिर सीढ़ियाँ बनाना कैसा ?
ठोकर से गिरता स्वर-बन्दी, ठोकर मार चढ़ाना कैसा ?

धन्य यह जग का स्वर-सत्कार !
कैद हूँ मैं वीणा का तार।

विवश मैं तो वीणा का तार।

तुम्हारे इंगित पर इतिहास, चढ़ा जाता हूँ मैं दृग मींच,
खींच दी तुमने क्यों फिर हाय, कलेजे पर खूँटी की खींच ?

मधुरिमा, दूँ ? फाँसी पर ? प्यार,
व्यथित, बेबस, वीणा का तार।

विवश मैं तो वीणा का तार।

तुम्हारे छू जाने से दुःख दे चला कौन ज्वार, चीत्कार,
फाँसियों पर बन कर यह कौन, आ गया निठुर चढ़ाव, उतार !

मधुर यह मौत, मधुर यह भार।
अभागा मैं वीणा का तार !

विवश मैं तो वीणा का तार।

चढ़े जाते हो गूँजों पर उतरते हो झंकारों में,
फूट जायेंगे कोमल अंग, तुम्हारी धुन के तारों में।

न सह स्वर मेरे संग प्रहार,
सहेगा सब वीणा का तार।

विवश मैं, तो वीणा का तार।

न मुझमें रंग, न मुझमें रूप, न दीखे मेरा कहीं शरीर।
किन्तु मेरे प्राणों पर हाय, टूटते हो तुम आलमगीर!

मधुरिमे ! तू कितनी लाचार,
अभागा मैं वीणा का तार।

विवश मैं तो वीणा का तार।

[जबलपुर, व्योहारजी का निवास : 1926, समर्पण]

मुक्ति का द्वार

मेरे गो-कुल की काली रातों के ऐ काले सन्देश,
रे आ-नन्द-अजिर के मीठे, प्यारे घुँघराले सन्देश।

कृष-प्राय, कृषकों के, आ राधे लख हरियाले सन्देश,
माखन की रिश्वत के नर्तक, मेरे मतवाले सन्देश,

जरा गुदगुदा दे पगथलियाँ, किलक दँतुलियाँ दीखें तो।
चुटकी ले लेने दे, चिढ़े अहीरी, तू कुछ चीखे तो।

अरे कंस के बन्दी-गृह की,
उन्मादक किलकार !
तीस करोड़ बन्दियों का भी
खुल जाने दे द्वार।

[खण्डवा : 4 सितम्बर 1926, समर्पण]

दूर या पास

यौवन के छल की तरह दूर, कलिका से फल की तरह दूर,
सीपी की खुली पँखुड़ियों से, स्वाती के जल की तरह दूर,
ताड़ित तरङ्ग की तरह पास, अधकटे अङ्ग की तरह पास,
उल्लास-श्वास की तरह ? नहीं, पागल उलास की तरह पास,

मत रहे नजर की तरह दूर,
रहे अरे पलक की तरह पास,
मत रह तारों की तरह दूर, ठुकरा तर्जनि की तरह पास।

[खण्डवा : 1926, समर्पण]

तेरा पता

तेरा पता सुना था उन दुखियों की चीत्कारों में,
तुझे खेलते देखा था पगलों की मनुहारों में,
अरे मृदुलता की नौका के माँझी, कैसे भूला,
मीठे सपने देख रहा कागज की पतवारों में?

सागर ने खोला सदियों से,
देख बधिक का द्वार,
रे अन्तरतम के स्वामी उठ, तेरी हुई पुकार।

[खण्डवा : 1926, समर्पण]

नजर झाड़ लेती हूँ

हरा-हरा कर हरा-हरा कर देने वाले सपने
कैसे कहूँ पराये, कैसे गरब करूँ कह अपने!

भुला न देवे यह 'पाना' अपनेपन का खो जाना
यह खिलना न भुला देवे पंखड़ियों का धो जाना

आँखों में जिस दिन यमुना की तरुण बाढ़ लेती हूँ
पुतली के बन्दी की पलकों नजर झाड़ लेती हूँ

[मनोहर-निवास : 1926, हिमतरंगिनी]

पुतलियों में कौन

पुतलियों में कौन?
अस्थिर हो, कि पलकें नाचती हैं!

विन्ध्य-शिखरों से तरल सन्देश मीठे
बाँटता है कौन इस ढालू हृदय पर?
कौन पतनोन्मुख हुआ दौड़ा मिलन को?
कौन द्रुत-गति निज पराजय की विजय पर?

पत्र के प्रतिबिम्ब, धारों पर
विकल छबि बाँचती, है
पुतलियों में कौन?
अस्थिर हो, कि पलकें नाचती हैं!

बिना गूँथे, कौन मुक्ताहार बन कर,
सिंधु के घर जा रहा, पहुँचा रहा है?
कौन अंधा, अल्प का सौंदर्य ढोता,
पूर्ण पर अस्तित्व खोने जा रहा है?

कौन तरणी इस पतन का
वेग जी से जाँचती है?
पुतलियों में कौन
अस्थिर हो, कि पलकें नाचती हैं!

धूलि में भी प्राण है जलदान तो कर
धूलि में अभिमान है उठ्ठे हरे सर
धूलि में रजदान है फल चख मधुरतर
धूलि में भगवान है फिरता घरोघर,

धूलि में ठहरे बिना, यह
कौन-सा पथ नापती है
पुतलियों में कौन
अस्थिर हो, कि पलकें नाचती हैं।

[1926, हिमतरंगिनी]

बोलो

धमनी के मिस धड़कन की मृदुमाला फेर रहे? बोलो
दाँव लगाते हो? घिर-घिर कर किसको घेर रहे? बोलो,

माधव की रट है? या प्रीतम प्रीतम टेर रहे? बोलो
या आसेतु हिमाचल बलि का बीज बखेर रहे? बोलो

याँ दाने-दाने छाने जाते गुनाह गिन जाने को
या मनका मनका फिरता जीवन का अलाव जगाने को
[वृन्दावन सम्मेलन : 1926, हिमतरंगिनी]

वह संकट पर झूल रहा है

काँटों ने संकेत दिया था शीघ्र पुष्प आने वाले हैं
सागर के वे ज्वार, तुम्हारे घर मोती लाने वाले हैं
पंखिनिया, प्रभु की ऊँचाई का, प्राणों में गान करेंगी;
आँसू की बूँदों से, साधें सिमिट-सिमिट पहिचान करेंगी।

अग-जग में जो ढूँढ़ रहा हूँ वह साँसों पर फूल रहा है;
चाहा था नजरों पर झूलें वह संकट पर झूल रहा है।

एक हिलोर, लोरियाँ गाकर जाना था, गुमराह कर उठी,
किसने जाना था प्रहार की बेला उस पर वाह कर उठी !

जो तड़पन सा उठा, और आँसू सा बेकाबू भर आया,
जी से आँखों पर गालों पर अंगुलियों पर गीत सजाया;
जिसके जी से संकट खेले संकट से जो रह-रह खेला,
संकट के पुष्पक पर आई जिसकी पुण्य-साध की बेला !

जिसके पागलपन में एक प्रणयिनी वंदन की हलचल है,
जिसके पागलपन में, प्रतिभा के सौ-सौ हाथी का बल है,
जिसके पागलपन में, बलि पथ में भी मधुर ज्वार आता है,
अपने पागलपन में, बेदी पर शिर जो उतार आता है !

उसकी याद-याद पर, होती रहे याद कुरबान हमारी,
उसकी साँस-साँस में, कसकें—'महासाँस' की 'साँसें' सारी।

वह आँखों का मीठा धन यादों का मीठा मोहन प्यारा,
वह अरमानों का अपनापन जी की कसकों की ध्वनि-धारा।

वह मेरे संकोचों के आँगन का शिशु, अनहोना सा धन,
वह मेरे मनसूबों की सीमा-रेखा का निर्मल यौवन,
वह बलि की बेदाग तरुण कलिका, प्रभु-तरु के चरणों झुक-झुक;
करती रहे युगों को, अपनी मृदु मरंद से युग-युग उत्सुक।
[1926, माता]

विदा

जाग रही थी,
चैन न लेती थी
मस्तानी आँखड़ियाँ,
पहरा देती थीं
पागल हो, ये—
पागलिनी पाँखड़ियाँ,
भौहें सावधान थीं
ओठों ने भूला
था मुसकाना,
आह न करती
डरती थी, पथ—
पाले कोई दीवाना !
सूरज की सौ-सौ किरणों में, विमल वायु के बहते,
कौन छीन ले गया मुझे अपने से, जागृत रहते ?

[1926, माता]

दृग-जल-जमुना

वे दिन भला किया जो भूले।

दृग-जल-जमुना बढ़ी किन्तु श्यामल वे चरण न पाये,
कोटि-तरंग-बाँह के पथी, तट-मूर्च्छित फिर आये,

अब न अमित ! विभ्रम दे, चल—
चल सखि कालिन्दी कूलें,
वे दिन भला किया जो भूले।

गति ने आकर कभी निहोरा, कभी प्रगति ने पाया,
पंथी ! तुम उल्लास भर उठे, विकल नियति ने गाया।

तुमने हृदय निहाल कर दिया
दे सूली के भूले,
वे दिन भला किया जो भूले।

विश्वासों के विष-प्याले दे मधुर ! प्रणय-धन पाले,
क्यों ढूँढ़ो हो लाल, पुतलियों पर, निज छबि के छाले !

अब राधा से कहो न माटी
की मूरत पर फूले!
वे दिन भला किया जो भूले।

[इटारसी : 1927, समर्पण]

मीर[1]

दे प्यारे, अपनी आँखों में
आमेजान वहाँ पाऊँ,
विमल-धर्म-जयगढ़ पर
तेरे उसे समुद्र टकरा पाऊँ
भाव-पोत पर लाद, प्रेम के
पुष्प-पुत्र पहुँचा पाऊँ,
अपनी क्षीण धार, उस निधि से
किसी प्रकार मिला पाऊँ;
उद्गम पर इस ओर खड़ा है
बल, विचार-गुणहीन फ़कीर
मजलिस सुनी देख, विकल है,
उसे मिला दे उसका मीर।

[1827, माता]

अमरते ! कहाँ से ?

अमरते आई दौड़ कहाँ से।
यह यौवन, यह उभरन आली
छीनी कैसे माँ से!
अमरते.........

---

1. हिन्दी के सुकवि स्वर्गीय सैयद अमीर अली मीर, जिन्हें लेखक जीवन भर 'पूज्य' और 'पंडित' अमीर अली मीर लिखता रहा। लेखक के (सन 1921 की 5 जुलाई को) जेल जाने पर, धर्मजयगढ़ के दीवान होते हुए, मीर साहब ने बधाई का पत्र बिलासपुर जेल के पते पर अपने कैदी मित्र को भेजा। उस समय 'मीर' साहब को भेजी गई यह श्रद्धांजलि। जेल से लौटने पर पता चला कि मीर साहब अपने राष्ट्रीय मनोभावों के कारण उस राज के दीवान पद से हटा दिये गये!

पलकें विह्वल
प्रहर प्रतीक्षक
दिन दीवाने कैसे ?
मास मनाने
लगे, रूठकर
बैठी हूँ मैं जैसे ?
अमरते.........

माँ के घर—
रहना ही होगा
करके कठिन मजूरी,
मोहन देते
नहीं अभी
अपने घर की मंजूरी !
अमरते.........

तोड़ूँगी हिम-
शैल, बनाऊँगी—
पगडंडी पथ में !
विजय घोष
कर बैठेगा—
यौवन, झंझा के रथ में !
अमरते.........

जब आँखों से
दीख पड़ेगा
वह उन्मत्त जमाना
परम सुनहला
बन्ध मुक्त—
बल-वैभव का दीवाना !
अमरते.........

उदधि-धौत
चरणों पर अर्पित—
कोटि कोटि जयमाला,

कोटि कोटि
थाली जगमग की
मना रही दीवाली।
अमरते.........

बैठे, चलो
समय के रथ—
किरनीली ज्योति जगा दें
और आत्म-मंथन
का कल-कल
ऊषा बनकर गा दें।
अमरते.........

निर्झर, खँडहर,
तरु-कोटर में
गूँथा किसने स्वर हैं?
मर्मर अमर-
अमर कर गाता
सखि! यह कौन अमर है?
अमरते............

[1927, माता]

उच्चत्व से पतन स्वीकार था!

मनहर, पतन स्वीकार था
मुझको, पतन स्वीकार था!

हे हिमशिखर!
तुमको लगा जो निम्न पथ,
मेरे लिए हर-द्वार था।
मुझको, पतन स्वीकार था!

मेरा उतरना, दौड़ना पथ-पत्थरों का तोड़ना
कर हरी-हरी वसुधरा उद्दंड अंग हिलोरना!

ये राह, खोवे दाह, गीता में प्रलय, तरला चाह,
मैं चल पड़ी, मेरे चरणों पर जगत भर लाचार था!
मुझको पतन स्वीकार था।

प्रभु की तरल प्राणद झड़ी बरसी तुम्हारे घर वृथा,
तुमने बना पत्थर, बढ़ा दी कोटि तृषितों की व्यथा,
तुम देवताओं के लोक हो मैं कृषक की करुणा कथा।
मुझको, पतन स्वीकार था!

प्रभु ने बरसता वर दिया, तुमने उसे पत्थर किया,
माना कि पंकिलता बची माना कि जगमग जग किया,
तुमको चमक की चाह—मुझको, पंक-पथ-शृंगार था।
मुझको, पतन स्वीकार था!

तुम जगमगा कर रह गये अपनी विवशता कह गये,
लाचार दीन अधीन तृषितों के इरादे ढह गये,
मैं उच्चता को शत्रु—सबल जगत की मुनहार था।
मुझको, पतन स्वीकार था!

तुम रोकते हो धार को? आश्रित जगत-व्यापार को?
तुम प्रबल गति के शत्रु हो—क्यों रोकते हो ज्वार को?
मैं चली मूर्छित छोड़; मेरा, प्रलय-घन हुकार था।
मुझको, पतन स्वीकार था!

तुम विमल ऊँचों की कथा, मैं करुण दलितों की व्यथा,
तुम कर्महीना 'देवता', मैं गतिमयी, बलि की प्रथा;
जड़ उच्चता में, जन्म मम विद्रोह का अवतार था।
मुझको, पतन स्वीकार था!

हाँ ठीक, जग तुम पर चढ़े, यह उचित, नर तुम तक बढ़े;
पर यह तुम्हारी उच्चता क्यों शाप मानव पर मढ़े?
तरलत्व को तरलत्व दूँ मेरा कठिन निर्धार था।
मुझको, पतन स्वीकार था!

रोती रही भू प्यास से, हरिया उठूँ, इस आस से,
वह बनी रेगिस्तान 'शीतल-उच्चता' के त्रास से!
मेरा 'भगीरथ' क्रान्तिमय विद्रोह सा उपचार था।
मुझको पतन स्वीकार था!

[1927, माता]

सेनानी

तुझ को लख युग मुंह खोल उठा, बेबस तेरे स्वर बोल उठा,
तेरा जब प्रलय - गान निकला ले कोटि-कोटि शिर डोल उठा।
आशा ऊषा यह द्वार खोज विजया, का सोना ले आई !
यह भली जगा दी तरुणाई !

माँ का 'उभार' खोलती सी, जीवन में ज्वर घोलती सी,
विष-घट खाली कर अमृत से घट-घट भर, मस्त डोलती सी,
जी की ज्वाला की दीप-माल आरती बनाकर ले आई;
यह भली जगा दी तरुणाई।

तू बल दे गिरतों को उदार, तू बल दे बलि-पथ को सँवार,
तू बल दे मस्तक वालों को—मस्तक देने का स्वर उचार;
जगमग-जगमग उल्लास जगा दीपों में साध उतर आई।
यह भली जगा दी तरुणाई !

तेरे स्वर पर प्रभु है लहरा, तेरे स्वर पर सुहाग ठहरा,
तेरा स्वर वह गहरा-गहरा, तेरे स्वर पर युग का पहरा,
तू महाप्राण, तू प्रलय गान, तू अमर प्राण, तू बलि महान;
तू मेरे अमर ! उठा वंशी दे फूंक साधना स्वर भाई।
यह भली जगा दी तरुणाई !

[1927, माता]

अपनी जबान खोलो तो

अपनी जबान खोलो तो हो कौन जरा बोलो तो !
रवि की कोमल किरणों में प्रिय कैसे बस लेते हो ?
नव विकसित कलिकाओं में तुम कैसे हँस लेते हो ?

माधव की पिचकारी की बूंदों में उछल पड़े से,
आँखों में लहलह करते मोती हो मधुर जड़े से,

हैं शब्द वही, मधुराई किससे कैसे छीनी है ?
छानोगे किस छलिया को छवि की चादर झीनी है ?

बाँसुरिया कहाँ छुपाई कैसे तुम गा देते हो ?
कैसे विन्ध्या की गोदी वृन्दावन ला देते हो ?

क्या राग तुम्हारा जग से बेराग बनाये देता ?
बरसों का मौन मिटाकर 'आहा' कहलाये लेता !

जी को, तेरे गीतों में बरबस गुँथवाये देता,
प्राणों का मोह छुड़ाता कैसा आमंत्रण देता !

तू अमर धार गायन की, द्युति की तू मधुर कहानी
भारत माँ की बीणा की तेजोमय करुणा-वाणी !

हीतल में पागल करने जिस समय ज्वार आता है,
उस दिवस तरुण सेना में बलि का उभार आता है।

जिस दिन कलियों से तुझको आन्तरिक प्यार आता है,
उस दिन उनके शिर, माँ के चरणों उतार आता है।

आँखों की नव अरुणाई पीढ़ी में मंगल बोती,
गुरु शुक्र उदित हो पड़ते लख तेरी शीतल जोती;

तम में खलबली मचाता रे गायक ! क्या तू कवि है ?
दाँवों में तू योद्धा है ? भावों में वीर सुकवि है !

[1927, हिमतरंगिनी]

खोज

बैठा भी, तो लेकर पापिन बिना तार की तन्त्री !
हरि जाने, किन बुरे दिनों मैंने तुझको आमन्त्री।

पलकें पत्थर हुईं, साँवले-शीशमहल की ओर,
कौन बढ़ाता है पुतली में, गुदगुदियों का जोर ?

क्यों है यह अभिषेक ? किसे खो बैठे ? धीर न लेश—
"व्याकुल हूँ; मेरे घर से, आने को है सन्देश।"

यौवन रोता था, मैं उस दिन गाता था कल्यान,
आँखमिचौनी खेल रहे थे, शाप और वरदान।

घड़ियाँ जल-जलकर बनतीं प्रियतम-पथ की फुलझड़ियाँ,
चढ़ते थे एकान्त और उन्माद बनाकर लड़ियाँ।

आज पुतलियों ने फिर खोला चित्रकार का द्वार,
जीवन के कृष्णार्पण की नींवें फिर उठीं पुकार।

याद नहीं—'किसने पहुँचायी हैं ये नागन स्मृतियाँ?'
प्रिय, तेरी कठोर करुणा की हैं ये कोमल कृतियाँ!

तेरी चाहों से व्याकुल पुतलियाँ न अरे बुझाऊँ?
तो स्मृतियों के अंगारे कैसे ठंडे कर पाऊँ?

खोता हूँ, दाँवों की दुनिया में ले अपनी साख;
तुझे पुकारेंगे यह जलता घर, अंगारे, राख।

रेती के कण-कण में ढूँढ़ा—ज्यों योगी के प्रण में
आग लगे उस तृण में, सैनिक की कराह के वृण में।

तितली के सँग नचा-नचा कर दीं लाचार पुतलियाँ,
पर न मिले अलि, नहीं श्याम घन की वे स्नेहावलियाँ।

जी में आता है ढूँढ़ूँ अब लहरों वाला देश,
लाऊँ उसे, या कि कर दूँ अपनी चाहें निश्शेष;

खतरे का चुम्बन है, मेरी साधों का अवसान,
तुझे करूँ 'सरताज', यहीं उलझे जीवन का ध्यान।

बलि के कम्पन में जो आती भटकी हुई मिठास,
यौवन के बाजीगर, करता हूँ उस पर विश्वास।

रूप और आकर्षण के, मत पड़ने दे तू छाले,
फिर गाने वाले, चाहे जिस कीमत पर अपना ले।

मधुर नीलमय देश, ढूँढ़ता हूँ नभ के तारों में,
पथ ?—वह है, भारत के मल्लाहों की पतवारों में।

हिन्द महासागर देने को राजी हुआ न द्वार,
लाता हूँ वे घड़ियाँ होवे बड़ा काफिला पार।

तरुणाई है बोझ, रूप है बलि का मधुर खजाना,
सपना सच करने जाता हूँ, मुझको अब न जगाना।

[1927, हिमकिरीटिनी]

मरण-त्यौहार

नाश ने सागर तरंगें चीर कर, गगन से भी कठिन स्वर गम्भीर कर,
तरलता के मधुर आश्वासन दिये, किन्तु ओलों-से इरादों को लिये—

'सन्धि का सन्देश' भेजा यहाँ; पूछ कर, 'किसके कलेजा है यह'
'राज-पथ की गालियाँ हमने सहीं, प्रार्थनाएँ, पुस्तकें रचकर कहीं;
श्रेष्ठ हैं, वह विपिन है अपना अहा ! वध गजेन्द्रों का नहीं होता जहाँ !
है रिपोर्टों[1] में कलेजा छप रहा,' देश के 'आनन्द-भवनों' ने कहा।

'कुरसियों की है मधु स्वाधीनता, छोड़ देंगे हम गुलामी, दीनता,
थैलियाँ हों, दे सकें हम गालियाँ, हो सकें साम्राज्य की 'घरवालियाँ' !'

देश का स्वातन्त्र्य गर्वित था जहाँ पुण्यपुर के केसरी-दल[2] ने कहा।
'हैं हमें निर्वासनों में हरि मिला, और तप करते विजय का वर मिला,

तप करो गड़बड़ करो मत! तप करो ! शान्ति में मत क्रान्ति का आतप करो !'
बंग-युग से, कोटि शिर झुकते जहाँ भूल पथ, उस पांडिचेरी ने कहा—

'ले कृषक सन्देश, कर बलि-वन्दना ध्वज तिरंगें की करो सब अर्चना,
घूमता चरखा लिये, गिरि पर चढ़ो ले अहिंसा-शस्त्र आगे ही बढ़ो।'

क्यों न अब साबरमती पर नाज हो ! जब जवाहर शीश, मेरा ताज हो;
झिलमिले नक्षत्र थे, ग्रह भी बड़े, श्री सुधाकर थे, उतरते से खड़े !

नाश का आकाश में तम-तोम था, फैल कर भी, विवश सारा व्योम था !
उस समय सहसा सफेदी बह उठी मोम की पिघली दिशाएँ, कह उठी—

'नाश जी ! नक्षत्र यदि लाचार हैं, श्री सुधाकर भी उतरते द्वार हैं,
तो जलेंगी तेल कर निज कामना, आइये, मिटकर करेंगी सामना,

जानती हैं जोर घर की वायु का, जानती हैं समय, अपनी आयु का;
जानतीं बाजार दर अपनी अहो, जानती हैं, वृष्टि के दिन, मत कहो;

जानती हैं—सब सबल के साथ हैं, किन्तु रवि के भी हजारों हाथ हैं;
बे-कलेजे ही, कठिन 'तम' लाद कर, अब श्मशानों सो स्वयम् आबाद कर,

एक से लग एक, हम जलती रहें, और बलि-बहनें बढ़ें, फलती रहें;
सूर्य की किरनें कभी तो आयँगी, जलन की घड़ियाँ, उन्हें ले आयँगी।

थीं जहाँ पर भट्टियाँ सब बुझ पड़ीं, विश्व में चिनगारियाँ आगे बढ़ीं;
देव जाने दो, विमल चिनगारियाँ, ये खिली हैं आत्म-बलि की क्यारियाँ।

---

1. नेहरू-रिपोर्ट, सन् 1928
2. पूना का केसरी-दल

जम्बुकेश, चलो ! जहाँ संहार है, वन्य पशुओं का लगा बाजार है;
आज सारी रात कूकेंगे वहाँ, मोम-दीपों का मरण-त्यौहार है।'

[खण्डवा : 1927, हिमकिरीटिनी]

लाचार

रे, हुशयार, न गाहक कोई—दूर-दूर बाजार,
अब भी द्वार बचाकर चल तू, लगते हैं बटमार!

अरे विभव-सम्भव के पन्थी, यहाँ लूट है प्यारी,
अन्तर की टकसाल ढालती हूँ, लाचार—भिखारी!

बड़े दिनों रखने पाई हूँ, उन कन्धों पर झोली,
कर जीवन की लकुटी उसके पीछे-पीछे हो ली!

अरे बीन तेरे तारों के सिवा कौन सामान?
और समर्पण की ध्वनियों से खाली कैसा गान?

गूँथ हार, प्रियतम सँवार, ऐ मोहन मोती वाले,
खीझ नहीं, होते गँवार ही वृन्दावन के ग्वाले।

[1927-28, हिमकिरीटिनी]

वदना गीत से

कम्पन के तागे में गूँथे से क्यों लहराते हो?
मारुत ही क्यों, तरुवर कुञ्जों में न बिलम पाते हो?
और, पंछियों की तानों से जरा न टकराते हो?

टेकड़ियों के पार, कहो, कैसे चढ़कर आते हो?
आगे जाते हो? या मुझमें आकर छिप जाते हो?

भ्रमित की मति-सी परम गँवार—आह की मिटती-सी मनुहार—
पूछती है तुमसे दिलदार—कौन देश से चले? कौन-सी
मंजिल पर जाते हो?

कसक, चुटकियों पर चढ़कर, क्यों मस्तक डुलवाते हो?
कम्पन के तागे में गूँथे से क्यों लहराते हो?

क्या बीती है?—आ जाने दो उसको भी इस पार;
क्यों करते हो लहराने का भूतल में व्यापार?

चट्टानों से बनी विन्ध्य की टेकड़ियों के द्वार—
वायु विनिन्दित तरलाई पर, तैर रहे बेकार!

छटपटाहट को यों मत मार, पहन सागर - लहरों का हार,
खोल दे कोटि-कोटि हृद्द्वार। कहाँ भटकते यहाँ ? प्राण
लेते, बन राग बिहाग।

शीतल अंगारों से विश्व जलाने क्यों जाते हो?
कम्पन के तागे में गूँथे से क्यों लहराते हो?

किसके लिए छेड़ते हो अपनी यह तरल तरंग?
किसे डुबाने को घोला है यह लहरों पर रंग?

कोई गाहक नहीं—अरे—फिर क्यों यह सत्यानास?
बाँस, काँस, कुश से सहते हो, लहरों का उपहास?

अरे वादक क्यों रहा ऊँड़ेल ? खेलता आत्मघात का खेल!
उजड़ता व्यर्थ स्वरों का मेल ! यह सब है किसलिए
बिना पंखों की मृदुल उड़ान?

दूर नहीं होते, माना, पर पास नहीं आते हो?
कम्पन के तागे में गूंथे से बम लहराते हो।

मानूँ कैसे, कि यह सभी सौभाग्य, सखे, मुझ पर है!
है जो मेरे लिए, पास आने में किसका डर है?

मेरे लिए उठेंगी आशाओं में ऐसी ध्वनियाँ!
करुणा की बूंदों, काली होंगी, उनकी जीवनियाँ!
और वे होंगी क्यों उस पार ? यहीं होंगी, पलकों के द्वार,
पहन मेरी श्वासों के हार ! आह गा उठे—हेमांचल
पर तेरी हुई पुकार,

बनने दे अपनी कराह को परसों की हुंकार!
और जवानी को चढ़ने दे, बलि के मीठे द्वार।
सागर से धुलते चरणों से उठे प्रश्न इस बार—
'अन्तस्तल से अतल-वितल को क्यों न कँपा पाते हो?
अजी, वेदना-गीत गगन को क्यों न छेद जाते हो?

उस दिन ?—जिस दिन महानाश की धमकी सुन पाते हो ?
कम्पन के तागे में गूँथे से क्यों लहराते हो ?

[कलकत्ता, बाबू गोविन्ददास की दुकान : 1928, हिमकिरीटिनी]

बिदा

बोल उठे क्या ? रूप-राशि पर पनपे हुए दुलार ! बिदा,
सूरजमुखी सँभाल रही किरनों का उपसंहार, बिदा।

अरी, दिवस की गाँठ, ठहर ! प्यारा तेरा आधार ! बिदा,
'समय-राज' के आमन्त्रण का अमर सिरा 'लाचार' ! बिदा !

किन्तु बिदाई आज हुई सुलझी घड़ियाँ उलझाने को,
आँगन से जाता है वह अन्तर में धूम मचाने को।

यह जी उठी निराशाओं के लिख देने की आशा,
दर्शक ही बन गया बिचारा एक अजीब तमाशा।

उमड़ा हर्ष, वेदनाओं का बनने को अभिनेता,
'पिछड़न' प्यारी, बन जाने दे मुझको अपना नेता।

जिसकी हुंकारों पर, गिन-गिन सौ-सौ श्वासें वारीं,
आज वही कह उठा, बिदा दो आई मेरी बारी।

तूने कब साधना बिखेरी ? कैसे तुझे पकड़ता ?
साथ खेलता था, तेरे पाने को कैसे अड़ता ?

बिना बुलाये आने वाले, मैं किसलिए झगड़ता ?
रे नर्तक, 'लीलामय' कहकर कैसे पैरों पड़ता ?

जहाँ जानने चला कि तूने है अभिमता छिपाई,
सत्यानास खिलखिलाहट का—'बन्दे' चले, बिदाई !

पीड़ाएँ होवें निहाल पाकर अपना अतिरेक,
बेचैनी बन रहे मधुर, धड़कन की धुन की टेक !

बूंदें चुक जायें, आहों का निकले आज दिवाला,
जमना-तट पर, तू होगा मुझ-जैसा बंसीवाला।

माँगो कुछ इस बार—समय आ पहुँचा है जाने का—
"नुसखा दो प्यारे, स्मृतियों के दाह भूल जाने का।"

[1928, हिमकिरीटिनी]

दो साधें

थके हुए दोनों पंखों को झाड़, चलीं वे दोनों
टकराने का साधे हुए उभाड़, चलीं वे दोनों,
एक ले चली चहल-पहल में मुझे बनाने राजा,
और दूसरी ने निर्जन का सुन्दर कोना साजा।
बल पर? बलि पर? कहाँ रहूँ? किससे अपना हृदय कहूँ?

खिलकर भी गुलाब खिलता है बाहर की बेचैनी
भावों की बेलें गढ़ती हैं जी में, सरग नसैनी;
एक, जागते में, जगती के भाव बिके सुख लहती,
और दूसरी अनजाने में मिट जाने को कहती,
हाय, काँच के सपने क्रूर, मत कर जीवन चकनाचूर?

[खण्डवा : 1928, हिमकिरीटिनी]

मनुहार

यौवन-मद-झर सखि, जाग री!

आया है संदेस जीवन का, लाया है स्वर श्यामल घन का,
उड़ चल सजनि! पंख तेरे हों, राग और अनुराग री!

लगा वासनाओं का मेला री, तूने सौभाग्य ढकेला,
फिसलन पर, कह तो अलबेली, कैसे जागें भाग री?

उड़ने में मत रख बाकी मधु को फेंक—कहाँ का साकी?
छोड़ झमेले, चल एकाकी, रूठ न जाय सुहाग री!
बलिशाला ही हो मधुशाला प्रियतम-पथ हो देश-निकाला,
प्राणों का आसव हो ढाला गिरे न उसमें दाग री!

सुर हो, सुर को मधुर चुनौती, अर्पण की निधियाँ हों न्यौती,
चढ़ना ही हो मान-मनौती, व्रत हो राग विहाग री!

आई चला-चली की वेला उजड़े आकर्षण का मेला,
है प्रियतम प्राणों पर खेला, तू भी बैरिन जाग री !

उज्ज्वलता श्यामल हो आई, निःश्वासों की बजी बधाई,
खेल गगन में सजनि ! रमन से विश्व-विमोहन फाग री !
यौवन-मद-झर सखि, जाग री !

[1928, हिमकिरीटिनी]

मेरे हित के लिए

मेरे हित के लिए,—सुधारों की ध्वनि का व्यापार,
मेरे हित के लिए,—गोलियों के मुझ पर हैं वार !

मेरे हित के लिए,—मुझे अधपेटा रहना होगा,
मेरे हित के लिए—बेड़ियाँ मेरा गहना होगा,

संगीनों के कुन्दे हैं, पद-गौरव का लालच है,
आजादी देने का प्रण हैं, दावा कितना सच है !

—**रामानुज शर्मा**

[20 जुलाई 1929, कर्मवीर]

अनहोनी पीड़ा

नयनों में आ जो घुसता ?—किस ऋतु का यह कीड़ा है ?
खारा पानी सेहत है ?—किस व्रण की यह पीड़ा है ?

पलकों को बन्द न कर लो, होवे मुसकान व्यथा की,
पत्थर मन पर चढ़ने दो, पहिली पहिचान व्यथा की ॥
"कैसी पीड़ा है" तुमने, मसली पर हँस देती है,
कैसी विष की प्याली है, पीने पर बल देती है ॥

—**'विधुशेखर'**

[14 सितम्बर 1929, कर्मवीर]

मनुहार

यौवन का मद ही काफी है, साकी मधु-पात्र उड़ेले मत।
जिसकी आँखें फूट चुकीं, उसकी जबान से खेले मत।

अब बस संगीत सहारा है, श्रुति पर स्मृतियाँ तो आने दो।
अहसान करो सुन लेने दो, उठकर मिटने की तानें दो।

क्या गा बैठे तरुणाई में, तुमने क्यों आग लगा डाली!
'अंगारों पर चढ़ जाता हूँ, तब तक तुम करना रखवाली।'

—'विधुशेखर'

[28 सितम्बर 1929]

युग-पुरुष

उठ-उठ तू, ओ तपी, तमोमय जग उज्ज्वल कर
गूँजे तेरी गिरा कोटि भवनों में घर-घर

गौरव का तू मुकुट पहिन युग के कर-पल्लव
तेरा पौरुष जगे, राष्ट्र हो, उन्नत अभिनव।

तेरे कन्धों लहरावे, प्रतिभा की खेती,
तेरे हाथों चले नाव, जग-संकट खेती।
तुझ पर पागल बने आज उन्मत्त जमाना,
तेरे हाथों बुने सफलता ताना-बाना।

तू युग की हुंकार अमर जीवन की वाणी,
तेरी साँसें अमर हो उठें, युग-कल्याणी।

तेरा पहरेदार, विन्ध्य का दक्षिण उत्तर;
तेरी ही गर्जना, नर्मदा का कोमल स्वर।
तेरी जीवित साँस आज तुलसी की भाषा,
तेरा गौरुष सतत अमर जीवन की आशा।

जाग-जाग उठ तपी तुझे जग का आमंत्रण
विभु दे तुझको उठा सौंप कर अमृत के कण।

तेरी कृति पर सजे हिमालय रजत-मुकुट-सा,
सिन्धु, इरावति बने सुहावन वैभव घट-सा,
गंगा-जमुना बहें तुम्हारी उर-माला-सी,
विहरित हरित स्वदेश करें, कृषि-जन-कमला-सी ।

कमर-बन्द नर्मदा बने उठ सेना-नायक ।
शस्त्र-सज्जिता तरल तापती बने सहायक ।

तेरी असि-सी लटक चलें कृष्णा कावेरी,
आज सृजन में होड़ लगे विधना से तेरी ।
लिख-लिख तू ओ तपी जगा उन्मत्त जमाना
जिसने ऊँचा शीश किये जग को पहचाना ।

तू हिमगिरि से उठा कुमारी तक लहराया,
रतनाकर ले आज—चरण धोने को आया ।

उठ ओ युग की अमर-साँस, कृति की नव-आशा,
उठ ओ यशोविभूति, प्रेरणा की अभिलाषा,
तेरी आँखों सजे विश्व की सीमा-रेखा,
अंगुलियों पर रहे, जगत की गति का लेखा,

[खण्डवा : 1929, समर्पण]

आँखें डालेंगी डाका

सुलझन की उलझन है
कैसी दीवानी, दीवानी
पुतली पर चढ़ कर गिरता
गिर कर चढ़ता है पानी

क्या हीतल के पागलपन का
मल धोने आई हैं ?
प्रलयंकर शंकर की—
गंगाजल होने आई हैं ?

बूंदें बरछी-की नोकों-सी
मुझसे खेल रही हैं !
पलकों पर कितना प्राणों का
ज्वार ढकेल रही हैं !

अब क्या रुमझुम से छुमकेगा
आँगन ग्वालिनियाँ का
बन्दीगृह के वैभव पर
आँखें डालेंगी डाका
[मनोहर-निवास : 1929, हिमतरंगिनी]

तुम्हारे बोल

वे तुम्हारे बोल!
वह तुम्हारा प्यार, चुम्बन,
वह तुम्हारा स्नेह-सिहरन
वे तुम्हारे बोल!
वे अनमोल मोती!
वे रजत-क्षण!
वह तुम्हारे आँसुओं के बिन्दु
वे लोने सरोवर
बिन्दुओं में प्रेम के भगवान् का
संगीत भर-भर!
बोलते थे तुम,
अमर रस घोलते थे
तुम हठीले,
पर हृदय-पट तार
हो पाये कभी मेरे न गीले!
ना, अजी मैंने
सुने तक भी—
नहीं, प्यारे—
तुम्हारे बोल,
बोल से बढ़कर, बजा, मेरे हृदय में
सुख क्षणों का ढोल!
वे तुम्हारे बोल!
किन्तु—आज जब,
तुव युगुल-भुज के

हार का
मेरे हिये में—
है नहीं उपहार,
आज भावों से भरा वह—
मौन है, तव मधुर स्वर सुकुमार !

आज मैंने
बीन खोई
बीन-वादक का
अमर स्वर-भार
आज मैं तो
खो चुका
साँसें-उसाँसें,
और अपना लाड़ला
उर-ज्वार !

आज जब तुम
हो नहीं, इस—
फूस कुटिया में
कि कसक समेत;
'चेता को चेतावनी देने
पधारे हिय-स्वभाव अचेत।

और यह क्या,
वे तुम्हारे बोल !
जिनको वध किया था
पा तुम्हें "सुख साथ !"
कल्पना के रथ चढ़े आये
उठाये तर्जना का हाथ।

आज तुम होते कि
यह वर माँगता हूँ
इस उजड़ती हाट में
घर माँगता हूँ !
लौटकर समझा रहे
जी भा रहे तव बोल,

बोल पर, जी दूखता है
रहे शत शिर डोल,
जब न तुम हो तब
तुम्हारे बोल लौटे प्राण
और समझाने लगे तुम
प्राण हो तुम प्राण !
प्राण बोलो वे तुम्हारे बोल !

कल्पना पर चढ़
उतर जी पर
कसक में घोल,
एक बिरिया
एक बिरिया
फिर कहो वे बोल !

[श्राद्ध-तिथि : 1929, हिमतरंगिनी]

तुम और, और मैं और

तुम बाहर के विस्तृत पर दीवाने-से हो दिन-रात,
मैं ? आत्म-निवेदन से कूजित करता हूँ प्राण प्रभात ।

तुम औरों को आदर्श-दान पर हो हर दिन तैयार,
मैं अन्तरतम-वासी अपराधी, पर अर्पित—लाचार ।

कैसे वीणा के तार मिलें ? तुम और, और मैं और,
कैसे बलि के व्यापार मिलें ? तुम और, और मैं और !!

जीवन में आग लगा डालूँ ? हँसकर कलिंगड़ा गाऊँ ?
मेरा अन्तरयामी कहता है, मैं मलार बरसाऊँ ।

प्रभु-गर्भमयी वाणी को किसके रुख पर खींचूँ-तानूँ ?
हरि का भोजन केहरि को दूँ ? प्यारे, मैं कैसे मानूँ ?

बलि से खाली कर बढ़ा चुका दम्भी त्राणों का कोष;
अब तो माधव पर चढ़ने दो, संचित प्राणों का कोष ।

तुम जीते, मैं हारा भाई, तुम और, और मैं और
मत रूठे हृदय-देव मेरा, तुम और, और मैं और !!

तुम जगा रहे, विस्तृत हार को, आकर गृह-कलह मचाने,
बहके, भटके, बदनाम विश्व-स्वामी को पथ पर लाने।
मैं काले अन्तस्तल में काली-मर्दन के चरणों में,
कहता हूँ—वंशी बजा, गूंथ अर्पण के उपकरणों में।
मन-चाहा स्वर कैसे छेड़ूँ, निर्दय पाने को त्राण,
जो धुन पर अर्पित हो न सकें, किस कीमत के वे प्राण!
डूबा हूँ, किसको तैराऊँ? तुम और, और मैं और,
मैं अपना हृदय वेध पाऊँ? तुम और, और मैं और!!
'अपने अन्तर पर ठोकर दूँ?' अजमाना है बेकार,
अपने उर तक अपनी ठोकर, कैसे पहुँचेगी पार?
यह भला किया, अपनी ठोकर से मुझको किया पवित्र,
बस बना रहे मेरे जी पर, तेरी ठोकर का चित्र।
निश्चय पर आत्म-समर्पण का बल दे प्रतारणा तेरी,
धुंधली थी, उजली दीख पड़े, अब माधव मूरत मेरी।
अपमान, व्यथित के ज्ञान बनो, तुम और, और मैं और,
मुझसे जीवन क्यों बोल उठे? तुम और, और मैं और!!

[जनवरी 1930, हिमकिरीटिनी]

मुझको कहते हैं माता!

अरे, मुझको कहते हैं माता!
क्या जानेगा मेरे जी को, जो तू हुआ विधाता?
जिस स्वरूप को प्रेम-योगिनी बनकर खूब सँवारा,
उसे आज जी के टुकड़े पर, मैंने बरबस वारा।
रुमझुम करते दोनों आयें, यशुदा-सुत, मम लाला,
मैं तो प्रथम गोद में लूँगी, अपना प्रसव-कसाला;
सुत, मेरे जीवन, सुख, धन, यौवन की कुरबानी है,
मेरे रक्त-बिन्दुओं की यह दुनिया लासानी है।
मुझसे मेरे पुनर्जन्म का बचपन खेल रहा है,
मेरे जी का टुकड़ा हँसकर मुझे ढकेल रहा है।

हम तीनों हरियाले हैं, विकसित, पुष्पित, बचपन है;
रुमझुम है मेरा पानी, चुम्बन उसका जीवन है।

मेरी आँखों को पुतली है, घूमे दायें-बायें,
खटका हुआ कि गोद-पलक में पल में आ छुप जायें।

जिन जीवन-प्रभात-शिखरों से उतर चुके हम दोनों,
ताली बजा, किलकियाँ दे-दे, वह उन पर चढ़ता है।

मेरे जीवन का यह है, 'नव श्रीगणेश' प्यारा सा!
मेरे बचपन और कूक की दुहराहट दीवानी!

जीवित, तेजस्विनी, प्राण-पूरित, मस्तानी, छोटी
हम दोनों की एक बनाई विधि ने यह तसवीर।

बच्चा बना, बुढ़ापा मेरा सन्मुख खेल रहा है,
मेरा जीवन, मेरे चुम्बन की झड़ झेल रहा है।

गया समय, आता न लौट कर मैंने झूठा पाया
रूठा भूत, भविष्य लाल बन, गोद खेलने आया।

दूर जान प्रियतम को, इसके निकट घूम लेती हूँ,
उनका आया ध्यान कि इसको दौड़ चूम लेती हूँ।

मिट्टी पर मैं लेट रही हूँ, मुझ पर वह लेटा है,
विधि का कुछ अधिकार नही है, यह मेरा बेटा है।

संचित बढ़ी उमर को उस पर कुचल-कुचल देती हूँ;
नन्ही उमर हमारी जिससे पनप-पनप इठलाये।

आत्म-समर्पण क्यों करती हूँ, अपनी ही प्रतिमा पर
हृदय बान होकर, क्या कोई ऐसा प्रश्न उठाये ?

इसकी रुमझुम, इसकी हलचल, इसकी मृदु शैतानी,
हास-विलास, चीखना-रोना, लघु गालों का पानी,
जगते हुए मस्त लीलामय की तेजोमय कृतियाँ।
सोते में, भविष्य रचने में निपुण, बावली स्मृतियाँ;
इसका लड़ना, उम्र-शिखर पर आत्म-तेज रख चढ़ना,
वीर, भक्त, बलि पंथी बनकर विश्व-विजय पर बढ़ना,
क्या पुन्नाम, समस्त नर्क का बल खंडित करता है;
इसी लोक में विस्मृत सों को यह मंडित करता है।

अपना उजड़ा बाग उसी दिन हरियाली पाती हूँ,
धात्री नहीं, विधात्री हूँ, यह अनुभव कर पाती हूँ।

फटे हुए गरीब आँचल से खुला जवाहर दिखता,
जब दवात औंधाकर मेरे भाग्य-लेख यह लिखता,
उस क्षण प्रसव-वेदना सारी, वह कराह का भान,
भूखे सोना, निद्रा खोना लोगों से अपमान,
चिन्ता से झुर-झुर झरना, चिढ़ना, कुढ़ना, घबड़ाना,
पागलिनी बनकर, लोगों पर कितने दोष लगाना,
यह सब स्मृति सन्मुख होती है, तिस पर मुसकाती हूँ;
उस क्षण जिस क्षण मैं ता-ता पर 'बेता' कह पाती हूँ।

माता हूँ, मैंने देखा वह पंजों तक बढ़ आया,
लेटा-लेटा वहीं गोद लेने को था चिल्लाया,
फिर घुटने तक बढ़ा, और फिर कमर लपटते दीखा,
फिर उसके कारागृह, मेरे पेट तलक वह दीखा।
मैंने जाना, हरि आया है, जबकि हृदय तक आया;
कंधों तक आया, कंधों का बोझ उतरता पाया!
पर वह ठहरा कहाँ, शीश तक धीरे से उठ आया,
खड़े-खड़े दोनों को उसके गाल चूमना भाया।
शस्त्र, शास्त्र, चिन्तन, तीनों में हो पारंगत सीखा,
किन्तु नहीं, मेरी गोदी का वह जीवन भर धन है!

एक दिवस था, नीची होकर, झुककर, कर फैलाकर—
मैं जमीन से लल्ला को अपनी गोदी लेती थी;
किन्तु आज हम सबसे बढ़कर गौरव-गिरिधारी बन,
झुककर मेरे पद छूता है, ऊँची मुझे उठाता।
पागल हैं, जो नहीं चुका है, नहीं चुकाया जाता।
झुकने और उठाने का ऋण मेरा लाल चुकाता।

मैं हूँ वह, नन्हे हाथों को, कर से उष्ण बनाया,
नन्हा अंग हृदय की धमनी से चिपका गरमाया,
बालकृष्ण-सी देख-देख जीती सूरत अनमोली
पहले दिन, बंसी बलि करती सुनी तोतली बोली।

बँधी हुई दोनों मुट्ठी में वैभव लल्ला लाया,
जग की आँख दबा चुम्बन में वह चुपचाप चुराया!

जीवन-तरु पर, चिन्ता-पंखी-दल ने, संकट गाये
पर पैंजन छुमकाकर उसने जाने कहाँ उड़ाये !

कभी उछलना, कभी फिसलना, चीख मारना, चलना,
सँभल-सँभलकर गिर पड़ना, यह गिर-गिर पुनः सँभलना।

चुम्बन में यह आँख मूँदना, चिढ़ने में रो देना
क्या जानूँ यह लल्ला है या मेरी तरुणाई है !

हम दृढ़ हैं, पर उतर रहे हैं, आयु-विटप से दोनों,
यह पैदा होते ही उस तरु पर चढ़ने जाता है !

बरसों का अन्तर कहता है, हो माँ-बेटे दूर
किन्तु गोद कहती,—सोया है, मुट्ठी चूस रहा है !
मिटीं निगोड़ी चाहें, भागा खुला खेलना खाना
समय बे-समय वीणा लेकर, करना ता-ना-ना-ना।
दर्पण पर दर्शन का चिन्तन, वह जग को ठुकराना
हरि-दर्शन को देवालय पर, होड़ लगाकर जाना।
बोली सौदामिनी कि "बहना, भूल गई वह सारा,
क्या नास्तिक हो गया बावली अन्तःकरण तुम्हारा?"
क्या कहती मैं, जी में मेरे खिंच-सा गया सनाका,
और लाल को सोते में, मैंने पलने में झाँका;
फिर बोली—'हम दोनों खेले बचपन में जो खेल,
सौदामिनी ! अतिथि बन आया उन खेलों का मेल।
मेरी चाह हुई है प्यारी, इस सूरत की वाह !
यह मेरी कराह सोई है, बनकर विश्व-सराह,
अरी जाग जाने दे इसको करने दे किलकारी,
मैं क्या, नारद भी भूलेंगे, उस छन ता-ना-ना-ना।"

कल मैंने रोते पाया, फिर घुटनों के बल चलता,
फिर चन्दा के लिये दौड़ जीने पर खूब मचलता,
फिर मैंने शाला में जाते देखा धीरे-धीरे,
प्रश्नों से गुरु को तँगवाते देखा धीरे-धीरे,
धीरे से वह दिन भी देखा—बढ़ी नर्मदा तैरा,
मृगन्नाथ के विन्ध्य-शिखर पर दौड़ चढ़ा हँस-हँस कर;
फिर देखा सामन्त जनों में, मेघ-गर्जना करते,
फिर देखा, विजय श्री को, घायल होकर भी वरते।

अरी सीपियो, तुमने बूंदों से मोती रच डाले,
किन्तु बिन्दु से सिन्धु लाड़ला मेरा भी तो देखो!
'जग जादू का नहीं ?' भूल मत कहना ऐसा फिर से,
मानव-बूंदों की यह प्रभुता, किस जादू से कम है?
अरे—किन्तु मैं फूल न जाऊँ, भूल न जाऊँ पथ से,
कोई रहे विश्व का, मुझ दुखिया का यह लल्ला है।

दर्पण के जिस दर्शन में थी, मैं अपने पर फूली
वह फूलना तुच्छ है आली ! इसकी एक मुसक पर।
जाती कैसे देवालय को, सौदामिनी बता तो,
जब गोपाल स्वयं ही मेरी गोद खेलने आया ?
मेरी आहें, और कराहें, बनकर चाहें सारी,
'माधव' के इस चन्द्र-बदन में संचित खेल रही हैं,
छीन लिया है इसने मेरा सभी खेलना-खाना,
प्यारी, मेरी वीणा की यह, सोई ता-ना-ना-ना।

हम दोनों ही लता-विटप का यह संयुक्त मधुर फल
हम दोनों भक्तों का द्वैताऽद्वैत ब्रह्म यह प्यारा,

मधुर प्रेम-त्यौहार-दिवस की यह है विजय पताका
मातृभूमि के चरणों यह संचित बलिदान हमारा।

इसे देखती, कहती—"मैं हूँ विश्व बनाने वाली"
इसे पिलाती कहती—"मैं ही विश्व जिलाने वाली"
इसे अँगुलियों चला—"अहा ! मैं विश्व चलाने वाली"
ब्रह्मा, विष्णु मुझी में है, मैं ? जगज्जननि हूँ क्या मैं ?

खेल रहा है लल्ला देखो उसकी लापरवाही !
उसको चिन्ता नहीं, खड़ी हो वाही या कि तवाही।
जाता इतनी दूर, जहाँ से मैं मत ओझल होऊँ
रहता इतने पास, जहाँ से मैं चट गोद उठाऊँ।
नहीं जानता विश्व और उसके सारे दुख-द्वन्द्व
कर 'छल-छन्द' जान कब पाता दुनिया के छल-छन्द ?
किन्तु जानता है जी में, बस एक बात, यह खूब
मैं धरती पर भी अम्मा की बाँहों खेल रहा हूँ।
अरे बिछौने के धन, मैं तेरी अँगुली पकड़ूँगी
जी में, आँगन में, जग में, मैं तेरे साथ चलूँगी,

दौड़ा दूँगी तुझे विश्व में, तुझ पर बलि-बलि हूँगी
तेरे राज-पाट, धर्न-वैभव, या सम्मान्य गरीबी
सबका भार वहन कर लेंगे जिस दिन तेरे कंधे
शैया से ले तुझे विश्व में कर समर्थ दौड़ा दूँ,
तभी दौड़ से हार, लाल मैं तुझसे शैया लूँगी।

कभी पूछता मुझसे ही यह मेरा हृदय-कवित्व,
जग में क्यों दुहराया हमने यह अपना अस्तित्व ?
बूढ़ों की लकड़ी बनने ? या जग में बल भरने को ?
या विधि की सम्पूर्ण कला को जगती में धरने को ?
निज गौरव-मंदिर पर यह है, कलश प्रदान हमारा ?
या भारत की बलिवेदी पर यह बलिदान हमारा ?
मैं क्या कह दूं ? हुए बावले, कुछ भी जान न पाया
विधि ने अपना काम बनाया, हमने गोद खिलाया।

सह जाती हूँ, जग की अत्याचारपूर्ण झिड़कन को ?
सह जाती हूँ बरबादी, बरबादी के बन्धन को;
सह जाती हूँ, बुरे-भले के निन्द्य आक्रमण सारे,
सह जाती हूँ, हँस-हँस कोई कितने ताने मारे !
बिना किये भी अखिल विश्व के मैंने किये गुनाह,
डरी, किन्तु मैंने ही तो भी किया कुटुम्ब तबाह !
रोकर भी, हाँ हँसकर भी, मैं कर देती अपमान,
खाना, भूखे रहना-मेरे दोनों पाप समान !
मैं सराहती, तो कहलाता करती छल से, डर से,
मैं दो बातें कहती, ज्वाला उठती दुनिया भर से;
मेरा ही लल्ला रोगी हो, डायिन मैं कहलाऊँ,
माता होने के बदले में मैं प्रताड़ना पाऊँ।
किन्तु जगत की अधम ताड़ना क्यों मैं सह जाती हूँ ?
यही सोच—श्री-हरि ने बख्शे मुझको बेटा-बेटी।

मैं इसकी जग-जननी हूँ, जग-धात्री हूँ, जग-माँ हूँ,
इस मधु-मादक भूतकाल की, परम पुण्य-गाथा हूँ।
यह मेरा मन मोहन है, मुरलीधर है, गिरधर है,
मेरे घर की ज्योति, ज्योति के मिस नटवर का वर है।
मैं इस परम ज्योति की पगली नम्र भार-वाहक हूँ
हूँ, प्राणों के मूल्य ज्योति की मैं गरीब गाहक हूँ।

उज्वल याकि निरुज्वल है, यह खोटा किया खरा है,
मिश्रण है या मूल रूप है, विष या अमिय भरा है।
क्या जानूँ है जरूरतों की रिश्वत का परिणाम,
अथवा कुटिल परिस्थितियों का है यह एक गुलाम।
मैं तो यही जानती मेरा जी ही इसका घर है
इसे काढ़ दूँ यह तो मेरे बूते से बाहर है।
यह है, मेरी नामी का या बदनामी का गान!
मुझ अकुलानी की यह है बस कुरबानी की तान।
मैं हूँ जोगन नहीं कि साधूँ कोई भारी नेम
हरि ही जाने, कैसा है यह मेरा पुत्र-प्रेम।
मेरी विनती एक किसी पर वह संकट मत टूटे
जग में चाहे महाप्रलय हो, लल्ला कभी न छूटे!

[जबलपुर सेण्ट्रल जेल : 19 अगस्त 1930, माता]

कैदी और कोकिला

क्या गाती हो!
क्यों रह-रह जाती हो?
कोकिल बोलो तो!
क्या लाती हो?
सन्देशा किसका है?
कोकिल बोलो तो!

ऊँची काली दीवारों के घेरे में,
डाकू, चोरों, बटमारों के डेरे में,
जीने को देते नहीं पेट भर खाना,
मरने भी देते नहीं, तड़प रह जाना!
जीवन पर अब दिन-रात कड़ा पहरा है,
शासन है, या तम का प्रभाव गहरा है?
हिमकर निराश कर चला रात भी काली,
इस समय कालिमामयी जगी क्यूँ आली?

क्यों हूक पड़ी?
वेदना-बोझ वाली-सी;

कोकिल बोलो तो !
क्या लुटा ?
मृदुल वैभव की रखवाली-सी
कोकिल बोलो तो !

बन्दी सोते हैं, है घर-घर श्वासों का
दिन के दुख का रोना है निश्वासों का,
अथवा स्वर है लोहे के दरवाजों का;
बूटों का, या सन्त्री की आवाजों का,
या गिनने वाले करते हाहाकार।
सारी रातों है—एक, दो, तीन, चार—!
मेरे आँसू की भरी उभय जब प्याली,
बेसुरा ! मधुर क्यों गाने आई आली ?

क्या हुई बावली ?
अर्द्धरात्रि को चीखी,
कोकिल बोलो तो !
किस दावानल की
ज्वालाएँ हैं दीखीं ?
कोकिल बोलो तो !

निज मधुराई को कारागृह पर छाने,
जी के घावों पर तरलामृत बरसाने,
या वायु-विटप-वल्लरी चीर, हठ ठाने
दीवार चीरकर अपना स्वर अजमाने,
या लेने आई इन आँखों का पानी ?
नभ के ये दीप बुझाने की है ठानी !
खा अन्धकार करते वे जग रखवाली
क्या उनकी शोभा तुझे न भाई आली ?

तुम रवि-किरणों से खेल,
जगत् को रोज जगाने वाली,
कोकिल बोलो तो ?
क्यों अर्द्धरात्रि में विश्व
जगाने आई हो ? मतवाली
कोकिल बोलो तो ?

दूबों के आँसू धोती रवि-किरणों पर,
मोती बिखराती विन्ध्या के झरणों पर,
ऊँचे उठने के व्रतधारी इस वन पर,
ब्रह्मांड कँपाती उस उद्दंड पवन पर,
तेरे मीठे गीतों का पूरा लेखा
मैंने प्रकाश में लिखा सजीला देखा।

तब सर्वनाश करती क्यों हो,
तुम, जाने या बेजाने?
कोकिल बोलो तो!
क्यों तमोपत्र पर विवश हुई
लिखने चमकीली तानें?
कोकिल बोलो तो!

क्या?—देख न सकती जंजीरों का गहना?
हथकड़ियाँ क्यों? यह ब्रिटिश-राज का गहना,
कोल्हू का चर्रक-चूँ?—जीवन की तान,
गिट्टी पर अंगुलियों ने लिक्खे गान?
हूँ मोट खींचता लगा पेट पर जूआ,
खाली करती हूँ ब्रिटिश अकड़ का कूआ।
दिन में करुणा क्यों जगे, रुलानेवाली
इसलिए रात में गजब ढा रही आली?

इस शान्त समय में,
अन्धकार को बेध, रो रही क्यों हो?
कोकिल बोलो तो!
चुपचाप, मधुर विद्रोह-बीज
इस भाँति बो रही क्यों हो?
कोकिल बोलो तो!

काली तू, रजनी भी काली,
शासन की करनी भी काली,
काली लहर कल्पना काली,
मेरी काल कोठरी काली,
टोपी काली कमली काली,
मेरी लोह-शृंखला काली,

पहरे की हुंकृति की व्याली,
तिस पर है गाली, ऐ आली !

इस काले संकट-सागर पर
मरने की, मदमाती !
कोकिल बोलो तो !
अपने चमकीले गीतों को
क्योंकर हो तैराती !
कोकिल बोलो तो !

तेरे 'माँगे हुए' न बैना,
री, तू नहीं बन्दिनी मैना,
न तू स्वर्ण-पिंजड़े की पाली,
तुझे न दाख खिलाये आली !
तोता नहीं; नहीं तू तूती,
तू स्वतन्त्र, बलि की गति कूति
तब तू रण का ही प्रसाद है,
तेरा स्वर बस शंखनाद है।

दीवारों के उस पार !
या कि इस पार दे रही गूंजें ?
हृदय टटोलो तो !
त्याग शुक्लता,
तुझे काली को, आर्य-भारती पूजे,
कोकिल बोलो तो !

तुझे मिली हरियाली डाली,
मुझे नसीब कोठरी काली !
तेरा नभ भर में संचार
मेरा दस फुट का संसार !
तेरे गीत कहावें वाह,
रोना भी है मुझे गुनाह !
देख विषमता तेरी मेरी,
बजा रही तिस पर रण-भेरी !

इस हुंकृति पर,
अपनी कृति से और कहो क्या कर दूं ?

कोकिल बोलो तो !
मोहन के व्रत पर;
प्राणों का आसव किसमें भर दूं !
कोकिल बोलो तो !

फिर कुहू !···अरे क्या बन्द न होगा गाना ?
इस अंधकार में मधुराई दफनाना ?
नभ सीख चुका है कमजोरों को खाना
क्यों बना रही अपने को उसका दाना ?
फिर भी करुणा-गाहक बन्दी सोते हैं,
स्वप्नों में स्मृतियों की श्वासें धोते हैं !
इन लोह-सीखचों की कठोर पाशों में
क्या भर दोगी ? बोलो निद्रित लाशों में ?

क्या ! घुस जायेगा रुदन
तुम्हारा निःश्वासों के द्वारा,
कोकिल बोलो तो
और सवेरे हो जायेगा
उलट-पुलट जग सारा,
कोकिल बोलो तो !

[जबलपुर सेंट्रल जेल : 1930, हिमकिरीटिनी]

झरना

कितने निर्जन में दीखा रे, मुक्त हार वाणी के !
कवि मंजुल वीणा-धारी, माँ जननी कल्याणी के।

किस निर्झरिणी के धन हो ? पथ भूले हो किस घर का ?
है कौन वेदना ? बोलो ! कारण क्या करुणा स्वर का ?

मेरी वीणा की कटुता, धो डाल तरल तारों से,
मैं तुझ-सा पागल हो के बह उठूं नयन-द्वारों से।

चढ़कर, गिरकर, फिर उठकर, कहता तू अमर कहानी,
गिरि के अंचल में करता कूजित कल्याणी वाणी;

इस ध्वनि पर प्रतिध्वनि करती रह-रह कर पर्वत-माला,
यह गुफा गीत गाती है ओढ़े नव हरा दुशाला।

बे-जाना नाद सुनाता, जाना-सा जी में पाता,
अवनी-तल क्या, हीतल में, तू शीतल धूम मचाता !

क्या तूने ही नारद को सिखलाया ता-ना-ना-ना ?
क्या तुझसे ही माधव ने सीखा था मुरलि बजाना ?

क्या मेरे गीत मधुर हैं ? पड़ गया तुम्हारा पानी !
ऊँचे-नीचे टीलों से, मैंने कब कही कहानी ?

पाषाणों से लड़कर भी ठंडक कब मैंने जानी ?
कब जी का मल धो पाया मेरी आँखों का पानी ?

कब श्रमित पा सके मुझमें, शीतल तुषार की धारा ?
मैंने प्रियतम के रुख, कब, गिरकर उठकर पथ धारा ?

कब मेरी बूँदों, मेरे हैं तट हरियाले होते ?
कब ग्वाले मुझमें आके, अपने पाँवों को धोते ?

मैं गीत साँस में गुँथ कब हर आठ पहर गाता हूँ ?
कब रवि-शशि का समता से स्वागत मैं कर पाता हूँ ?

मैं भू-मंडल को, कृति से हूँ कुम्भीपाक बनाता,
तू स्वर्गंगा बन करके सुर-लोक मही पर लाता;

लय मेरी प्रलय न करती तरुणों के हिये उतर के
तू कल-कल कहला लेता, पंछी-दल पागल करके;

मेरी गरीब करुणा पर, 'वे' मस्तक डोल न पाते,
तेरी गति पर तरु-तृण हैं, अपनी फुनगियाँ हिलाते ।

मैं पथ के अवरोधों से, पथ-भूला रुक जाता हूँ,
भारी प्रवाह होकर भी, विषयों में चुक जाता हूँ,

पर, तेरे पथ को रोकें जिस दिन काली चट्टानें;
साथी तरु-लता भले ही तुझको लग जायँ मनाने;

तब भी तू जरा ठहरकर, सीकर संग्रह कर अपने,
चट्टानों के मनसूबे चढ़-चढ़ कर देता सपने ।

तू हृदय वेध वज्रों के, ले अपनी सेना शीतल,
प्रियतम-प्रदेश चल देता, भर श्याम भाव से हीतल ।

मैं उपकारी के प्रति भी, ममता बारूद बनाता,
हूँ अपनी कुटी जलाता; उसके घर आग लगाता;

तू 'मित्र'-प्रमत्त-करों से ग्रीषम में प्राण सुखाता,
पर उसका स्वागत गाकर किरनों पर अर्घ्य चढ़ाता;

मेरे गीतों की प्यारे! बुंदें न सूखने पातीं,
विस्मृति-पथ जोहा करतीं अपना शृंगार बनातीं;

पर पंछी-दल ने तेरे गीतों का गान किया है;
हरि ने तेरी वाणी को अमरत्व प्रदान किया है,

क्या जाने तरु-पखेरू तुझको लख क्यों जीते हैं?
तेरा कल-कल पीते हैं या, तेरा जल पीते हैं?

अपने पंखों से किसने नभ-छेदन इन्हें सिखाया?
आकाश-लोक का किसने इनको गन्धर्व बनाया?

श्यामल घन! श्वासों-जैसी बाँसुरी न दिखलाती है,
पर तेरे गीतों की धुन स्वच्छन्द सुनी जाती है;

ये छोटे-छोटे तरुवर रह-रह तालें देते हैं;
तुझसे प्रसाद में प्यारे! ठंडे मोती लेते हैं;

कितने प्यारे तरु फूले, कलियों का मुकुट लगाये,
पर तेरी गोदी में हैं वे अपना शीश झुकाये;

फूलों को श्याम! चढ़ाकर जब वे सुगन्ध देते हैं,
पत्ते पंख बन; मारुत जब मन्द-मन्द देते हैं,

तू अपने पास न रखकर, ज्यों-का-त्यों उन्हें बहाता,
लहरों में नचा-नचा कर, प्रियतम के घर ले जाता।

वनमाली बन तरुओं में तुझसे खिलवाड़ मचाते,
गिरि-शिखर, गोद लेने में तुझ पर हैं होड़ लगाते;

जब श्यामल घन आ जाते, तुझ पर जीवन ढुलकाते,
हँस-हँस कर इन्द्रधनुष का वे मुकुट तुझे पहनाते;

मानो वे गले लिपट के, कहते, 'उपकार अमित है,
साँवले तुम्हारी करुणा, बस तुमको ही अर्पित है।'

[जबलपुर सेन्ट्रल जेल : 1930, हिमकिरीटिनी]

समय की चट्टान

मत दबा समय की चट्टानों के नीचे,
दोनों हाथों तेरी मूरत को खींचे,
चरणों को धोते, आधे से दृग मीचे,
मैं पड़ा रहूँगा तरु-छाया के नीचे,

स्वागत, जग चाहे कितना कीच उलीचे।
मत दबा समय की चट्टानों के नीचे।

[जबलपुर जेल : 1930, समर्पण]

न्याय तुम्हारा कैसा ?

प्रिय न्याय तुम्हारा कैसा,
अन्याय तुम्हारा कैसा ?

यह इधर साधु की कुटिया जो तप कर प्राण सुखाता,
तेरी वीणा के स्वर पर दीनों में मिल-मिल जाता।

मल धोता, जीवन बोता, छोड़े आँसू का सोता,
जब जग हरियाला होता, तब वह हरियाला होता।
उसके पड़ोस में ही हा! यह हत्यारे का घर है,
जो रक्तमयी तपड़न पर करता दिन-रात गुजर है!
फिर इधर खेत गेहूँ के हँसते हैं लहलह करते,
क्या जाने इस हँसने पर कितने किसान हैं मरते?
हरियाली के ब्रह्मा पर कितनी गाली बरसेंगी?
छोटी-छोटी सन्तानें रट 'अन्न-अन्न' तरसेंगी?

होंगे पक्वान्न किसी के उसकी इस रखवाली में
उसका यह रक्त सजेगा कुछ धनिकों की थाली में
वह भी देखेगा इस को जब आयेगा त्योहार,
उस दिन किसान की मेहनत, वह हरियाला संसार।
उसके आँसू की दुनिया, उसके जीवन का भार,
पंडित हो या कि कसाई, राजा हो या कि चमार,
सबकी थाली का होगा उसका गेहूँ शृंगार।

प्रिय न्याय तुम्हारा कैसा,
अन्याय तुम्हारा कैसा ?

फिर नभ की ये चमकी-सी छोटी-छोटी लटकनियाँ
निशि की साड़ी की कनियाँ प्रभु की ये बिखरी मनियाँ।
अपने प्रकाश का प्यारा ये खोले हुए खजाना,
बह पड़े कहीं इनको तो जीवन भर है बिखराना।

झाँको वे देख पड़ेंगे, ग्वालों की झोंपड़ियों पर,
ताको, वे देख पड़ेंगे, विद्वानों की मढ़ियों पर !
उनके दर्शन होते हैं, देवालय द्वारों पर भी
पर हा वे लटक रहे हैं इन कारागारों पर भी !

फिर वे दाखों की बेलें जिनसे पंछी दल खोलें
जी में मधुराई लाने, वर्षा हिम आतप झेलें !
इनकी गोदी के धन हैं मणियों से होड़ लगाते
ये रस से पूरे मोती, किसका जी नहीं चुराते !

किसकी जागीरी है यह, इनकी मीठी तरुणाई
किसका गुण गान इनमें चिड़ियों की सेना आई ?
बीमारों की तश्तरियों में ये जीवन देते हैं,
चूसे जाते हैं ये, पर नव अपनापन देते हैं !

वैद्यों के आसव बन कर धमनी में गति पहुँचाते,
पर हा, उनको ही घातक मदिरा बनवाकर पाते !
या धन लोलुप ऐयाशों के, भोगों की थाली को
दाखों से भरते पाते धन के लोभी माली को !

प्रिय न्याय तुम्हारा कैसा
अन्याय तुम्हारा कैसा ?

[जबलपुर सेन्ट्रल जेल : 1930, समर्पण]

हिमकिरीटिनी

री सजनि, वन-राजि की शृंगार !

समय के वन-मालियों की कलम के वरदान,
डालियों, काँटों भरी के ऐ मृदुल अहसान।

मुग्ध मस्तों के हृदय के मुंदे तत्व अगाध,
चपल अलि की परम संचित गूँजने की साध।

बाग की बागी हवा की मानिनी खिलवाड़,
पहन कर तेरा मुकुट इठला रहा है झाड़।

खोल मत निज पंखियों का द्वार,
री सजनि, वन-राजि की शृंगार।

आ गया वह वायु-बाही मित्र का नव राग,
बुलबुलें गाने लगी हैं जाग प्यारी जाग !

प्रेम-प्यासे गीत गढ़, तेरा सराहें त्याग,
रागियों का प्राण है, तेरा अतुल अनुराग।

पर न वनदेवी, न सम्पुट खोल, तू मत जाग,
विश्व के बाजार में मत बेच मधुर पराग !

खुली पंखड़ियाँ, कि तू बे-मोल,
हाट है यह; तू हृदय मत खोल।

वृक्ष के अन्तर हृदय की री मृदुलतर शक्ति,
फलों की जननी, सुगन्धों की अमर अनुरक्ति !

छोड़ तू बड़भागिनी, ये उभय लालच्च छोड़,
आज तो सिर काटने में हो रही है होड़ !

अरी व्यर्थ नहीं, कि प्रियतम माँगता है दान;
ले अमर तारुण्य अपने हाथ, हो कुरबान !

मिटेंगी ?—मिट जायँ चंचल चाह,
मुंदी रह, तू हो न अरी तबाह !

हँस रही हैं और हँस लें खूब, तू मत बोल,
भोगियों के चरण की कुचलन बनाकर मोल—

तुच्छ से अनुराग पर, वे खो रही हैं त्याग,
राग पर उनके, हुआ अपमान-भोगी बाग।

चाह तेरी भी बनेंगी, नाश का गोदाम !
क्या तुझे भी चाहिए तारुण्य का नीलाम ?

सँभल, अलिगण छू न पायँ पराग,
भैरवी सोरठ समझ, मत जाग !

क्या कहा, "कैसे सहूँ इस कोकिला की हूक?
और मैना की मधुरता कर रही दो टूक ?

मृदुल चिड़ियों की चहक पर महक है बेचैन ?
यह सवेरे की हवा, आ गयी बनकर मैन ?"

ठीक है, तब भी छिड़े तेरा प्रलय से जंग,
री प्रसादिनि, हो न तेरा वह तरुण तप भंग !

भावुकों के अमित अभिमान,
जाग मत, अघ पर न कर अवसान।

मित्र के कर फेंकते तुझ पर सुनहली धूल;
डालि पर तेरी रही निर्दय मुनैया झूल।

कर रहे तुझको हवा पत्ते, अपनपा भूल,
कामिनी का, दे रहा झाड़ें, प्रमत्त दुकूल।

पर न इनकी मान तू, हैं शाप, ये वरदान,
हिमकिरीटिनी ने मँगाये हैं सखी तव प्राण।

बिना बोले, मातृ-चरणों डोल,
और उस दिन तक हृदय मत खोल !

जब सिपाही उठें, सेनानी उठे ललकार,
मातृ-बन्धन-मुक्ति का जिस दिन मने त्यौहार,

जब कि जन-पथ लाल हों, हो किसी की तलवार,
आयगा सिर काटने उस दिवस मालाकार;

करेगा हुंकार, कलियाँ बन्द, हों तैयार !
सूजियों से छेदने में आज उनकी बार !

यह मधुर बलि, हो विजय का मोल।
मानिनी, तब तक हृदय मत खोल।
हिमकिरीटिनी की परम उपहार !
री सजनि, वन-राजि की शृंगार।

[1930, हिमकिरीटिनी]

अकुलातों का गिरिधर

तु ही क्या समदर्शी भगवान् ?
क्या तू ही है, अखिल जगत् का
न्यायाधीश महान् ?

क्या तू ही लिख गया वासना दुनिया में है पाप
फिसलन पर तेरी आज्ञा से मिलता कुम्भीपाक ?

फिर क्या तेरा धाम स्वर्ग है जो तप, बल से व्याप्त
होती है वासना पूरिणी वहीं अप्सरा प्राप्त ?

क्या तू ही देता है जग को, सौदे में आनन्द ?
क्या तुझसे ही पाते हैं मानव संकट दुख-द्वन्द्व

क्या तू ही है, जो कहता है सम सब मेरे पास ?
किन्तु प्रार्थना की रिश्वत पर करता शत्रु विनाश ?

मेरा बैरी हो, क्या उसका तू न रह गया नाथ ?
मेरा रिपु, क्या तेरा भी रिपु रे समदर्शी नाथ !

क्या तू ही है, पतित अभागों का शासन करता है ?
क्या तू है सम्राट् ? लाज, तज न्याय दंड धरता है ?

जो तू है, तो मेरा माधव तू क्यों कर होवेगा
तेरा हरि तो पतितों को उठने की अंगुलि देगा

गो-गण में जो खेले, ग्वालों की झिड़की जो झेले
जिसके खेल-कूद से टूटें, जीवन शाप झमेले

माखन पावे वृन्दावन में बैठा विश्व नचावे;
वह मेरा गोपाल, पतन से पहिले पतित उठावे !

व्याकुल ही जिसका घर है अकुलातों का गिरिधर है,
मेरा वह नटवर है, जो राधा का मुरलीधर है।
[सेंट्रल जेल, जबलपुर : 7 जनवरी 1931, हिमतरंगिनी]

कौन तुम्हारी बातें खोले

जब तुमने यह धर्म पठाया मुंह फेरा, मुझसे बिन बोले,
मैंने चुप कर दिया प्रेम को और कहा मन ही मन रो ले
कौन तुम्हारी बातें खोले !

ले तेरा मजहब यह दौड़ा मौन प्रेम से कलह मचाने,
और प्रेम ने प्रलय-रागिनी—भर दी अग-जग में अनबोले
कौन तुम्हारी बातें खोले !

मैंने बात तुम्हारी मानी ठुकरा दिया प्रेम को जीकर,
मर-मर कर मैं चढ़ा शिखर पर प्रेम चढ़ा सूली पर डोले,
कौन तुम्हारी बातें खोले !

मैंने सोचा अपने मजहब में तुम एक बार आओगे,
तुम आये, छुप गए प्रेम में मेरे गिरे आंख से ओले।
कौन तुम्हारी बातें खोले !

बाँहों में ले, दौड़-धूप कर मैंने मजहब को दुलराया,
पर तुम मुझको धोखा देकर अरे, प्रेम के जी से बोले,
कौन तुम्हारी बातें खोले !

मैं बस लौट पड़ा मजहब के पर्वत से, सागर को धाया,
मानो गंगा का यह सोता पतनोन्मुखी पतन-पथ डोले,
कौन तुम्हारी बातें खोले !

सिंधु उठाया जी भर आया थोड़ा-सा दिल खाली देखा,
पलकें बोल उठीं अनजाने कौन नेह पर मजहब तोले
कौन तुम्हारी बातें खोले !

आँखों के परदों पर देखा प्रेमराज, अंजलि भर दौड़े
रे घटवासी, मैंने वे घट तेरे ही चरणों पर ढोले;
कौन तुम्हारी बातें खोले !

आह ! प्रेम का खारा पानी—उसका धन—मेरी नादानी,
किस पर फेंकूं अत्याचारी—साजन ! तू पगथलियाँ धो ले।
कौन तुम्हारी बातें खोले !

[1931, हिमतरंगिनी]

हरियालेपन की साध

गौरव-शिखरो ! नहीं, समय की मिट्टी में मिलवाओ,
फिर विन्ध्या के मस्तक से करुणा-घन हो झरलाओ,
पृथिवी के आकर्षण के प्रतिकूल उठूं, दिन लाओ,
जल से प्रथम मुझे आतप की किरणों में नहलाओ !

कई गुना होकर अर्पित
यह मिट्टी में मिल जाना;
हरियाला मस्ताना दाना
कहे कि तुझको जाना।

[उज्जैन : 1931, समर्पण]

झरना

पर्वतमालाओं में उस दिन तुम को गाते छोड़ा,
हरियाली दुनिया पर अश्रु-तुषार उड़ाते छोड़ा,
इस घाटी से उस घाटी पर चक्कर खाते छोड़ा,
तरु-कुंजों, लतिका-पुंजों में छुप-छुप जाते छोड़ा,

निर्झरनी की गोदी के शृंगार, दूध की धारा,—
फेंकते चले जाते हो किस ओर स्वदेश तुम्हारा ?

लतिकाओं की बाँहों में रह-रह कर यह गिर जाना !
पाषाणों के प्रभुओं में बह-बह कर चक्कर खाना,
फिर कोकिल का रुख रख कर कल-कल का स्वर मिल जाना
आमों की मंजरियों का तुम पर अमृत बरसाना।

छोटे पौधों से जिस दिन उस लड़ने की सुध आती
तप कर तुषार की बूंदें उस दिन आँखों पर छाती।

किस आशा से, गिरि-गह्वर में तुम मलार हो गाते,
किस आशा से, पाषाणों पर हो तुषार बरसाते,
इस घाटी से उस घाटी में क्यों हो दौड़ लगाते,
क्यों नीरस तरुवर-प्रभुओं के रह-रह चक्कर खाते ?

किस भय से हो, वन-मालाओं में रह-रह छुप जाते,
क्या बीती है, करुण-कंठ से कौन गीत हो जाते?

[जबलपुर सेन्ट्रल जेल : 1931, समर्पण]

छिपूँ ?—किसमें ?

वन में ? ना सखि, वनमाली में ! काली के सर के नर्तक,
उस काले-काले से ख्याली में ? वन में ? ना सखि, वनमाली में !

उड़ने दे, मुझको तू उस तक, जिसने हैं अंगूर बखेरे,
सिर पर, नीलम की थाली में ! वन में ? ना सखि वनमाली में !

जिसको बन्दी कर लेने को—गूँथ रही बावली प्रतीक्षा,
मानस, यौवन की जाली में। वन में ? ना सखि, वनमाली में !

जिसे खुमारी चढ़ जाने को पलकें पागलपन साधे हैं,
युगल पुतलियों की प्याली में। वन में ? ना सखि, वनमाली में ?

जिसकी साध-सुधा पाने को, पंखिनियाँ चाहों की चहकीं,
उर तरु की डाली-डाली में ! वन में ? ना सखि, वनमाली में !

जिसे मनाने को मैं आली, गली-गली सी बना भाग्य में,
ढूंढ़ रही गाली-गाली में। वन में ? ना सखि, वनमाली में !

(जबलपुर : 1931, हिमकिरीटिनी)

अमर-अमर

कलम चल पड़ी, और आज लिखने बैठी है युग का जीवन,
विहँस अमरता आ बैठी त्यौहार मनाने मेरे आँगन।

पानी-सा कोमल जीवन
बादल-सा बलशाली हो आया,
भू पर मेरी तरुणाई का
हँस-हँस कर अमरत्व सजाया।

जगत ललक कर दौड़ा मेरी
अंगुलियों पर चक्कर खाने,

मेरी साँसों, समय आ गया
युग-प्रभु का अभिमान सजाने।
अमर-अमर कह, झर-झर झरते, बादल ने अभिषेक सजाया,
अमर हो पड़ीं साधें, अमर, अमर जीवन का रस चढ़ आया।
[खण्डवा : 1932, समर्पण]

किनकी ध्वनियों को दुहराऊँ

ऐ मेरी प्रेरणा-बीन के वादक!
बे जाने जब जब बजा चुके हो,
जगा चुके हो, सोते फितनों को जब-तब,
किन चरणों में आज उन्हें रक्खूँ?
किसका अपमान करूँ?
किसकी ध्वनियों को दुहराऊँ
हृदय हलाहल-दान करूँ?
आया हूँ मैं नाथ, तुम्हारे कण्ठ कालिमा देने को!
और तुम्हारा वैभव लेकर गीत तुम्हारा होने को।
[श्री मनोहर पन्त जी का निवास, जबलपुर : 1932, समर्पण]

तुम मन्द चलो

तुम मन्द चलो,
ध्वनि के खतरों बिखरे मग में—
तुम मन्द चलो।
सूझों का पहिन कलेवर सा,
विकलाई का कल जेवर सा,
घुल-घुल आँखों के पानी में—
फिर छलक-छलक बन छन्द चलो।
पर मन्द चलो।
प्रहरी पलकें? चुप, सोने दो!
धड़कन रोती है? रोने दो!
पुतली के अँधियारे जग में—

साजन के मग स्वच्छन्द चलो।
पर मन्द चलो।

ये फूल, कि ये काँटे आली,
आये तेरे बाँटे आली!
आलिंगन में ये सूली हैं—
इनमें मत कर फर्-फन्द चलो।
तुम मन्द चलो।

ओंठों से ओंठों की रूठन,
बिखरे प्रसाद, छूटे जूठन,
यह दण्ड-दान, यह रक्त-स्नान,
करती चुपचाप पसंद चलो।
पर मन्द चलो।

ऊषा, वह तारों की समाधि,
यह बिछुड़न की जगमगी व्याधि,
तुम भी चाहों को दफनाती,
छबि ढोती, मत्त गयन्द चलो।
पर मन्द चलो।

सारा हरियाला, दूबों का,
ओसों के आँसू ढाल उठा,
लो साथी पाये—भागो ना,
बन कर सखि, मत्त मरन्द चलो।
तुम मन्द चलो।

ये कड़ियां हैं, ये घड़ियाँ है
पल हैं, प्रहार की लड़ियाँ हैं
नीरव निश्वासों पर लिखतीं—
अपने सिसकन, निस्पन्द चलो।
तुम मन्द चलो।

[1932. हिमतरंगिनी]

एक गीत, एक गीत

सजल गान, सजल तान स-चमक चपला उठान
गरज-घुमड़, ठान-ठान बिन्दु-विकल शीत प्राण;
थोथे ये मोह-गीत, एक गीत, एक गीत!

छू मत आचार्य 'ग्रन्थ' जिसके पद-पद अनन्त
वाद-वाद, पन्थ-पन्थ व्यापक पूरक दिगंत
लघु मैं, कर मत सभीत, एक गीत, एक गीत!

छू मत तू प्रणय गान जिसके उलझे वितान
मादक, मोहक, मलीन चूम चाम की लुभान
कर न मुझे चाह-क्रीत, एक गीत, एक गीत!

संस्कृति का बोझ न छू, छू मत इतिहास-लोक
छू मत माया न ब्रह्म, छू मत तू हर्ष-शोक
सिर पर मत रख अतीत, एक गीत, एक गीत!

छू मत तू युद्ध-गान हुंकृति, वह प्रलय तान
बज न उठें जंजीरें हथकड़ियाँ छू न प्राण
मौत नहीं बने मीत, एक गीत, एक गीत

गीत हो कि जी का हो, जी से मत फीका हो
आँसू के अक्षर हों, स्वर अपने 'ही' का हो
प्रलय-हार प्रणय-जीत, एक गीत, एक गीत!

[1932, हिमतरंगिनी]

विद्रोही

नगर गड़ गये, महल गड़ गये, गड़े किले, मीनारें;
मन्दिर मसजिद गिरजे सब की भू में धँसीं दिवारें,

शव धँस गये—नहीं जी शिव की और विष्णु की मूरत;
सब गड़ गये भूमि में, दिखती नहीं किसी की मूरत।

जहाँ भूमि पर पड़ा कि सोना धँसता, चाँदी धँसती;
धँसती ही जाती पृथ्वी में बड़ों-बड़ों की हस्ती,

हीरा मोती धँसते, धँसते जरी और कमखाब,
धँसते देखे राजमुकुट गढ़ महलों के महराब।

शक्तिहीन जो हुआ कि बैठा भू पर आसन मारे;
खा जाते हैं उसको मिट्टी के ढेले हत्यारे!

मातृभूमि है उसकी, जिस को उठ जीना आता है,
दहन-भूमि है उसकी, जो क्षण-क्षण गिरता जाता है।

त्रिपुरी की नगरी जमीन में गड़ी नर्मदा तट पर,
महलों के महराब लगे हैं तालों के पनघट पर।

मांडवगढ़ गड़ता जाता है नित्य धूल खाता है;
जन-समूह उसका शवदर्शन-पुण्य ! लूट आता है।

आज बना इतिहास बिचारा निठुर प्रकृति का हास;
ले बैठी स्वातन्त्र्य-भावना मिट्टी में संन्यास!

किन्तु एक मैं भी हूँ किसी वृक्ष का छोटा दाना;
मुझको है महलों जैसे ही मिट्टी में मिल जाना;

या कि कटा धड़ हूँ डाली का मिट्टी में मिटता हूँ;
वर्षा की बूंदों से रह-रह ! मैं सन्तत पिटता हूँ,

मुझ पर भी जाड़ा आता है, थर-थर प्राण सुखाता;
प्रबल प्रखरता अपनी बोता, मैं गरीब थर्राता;

भूमि खींचती है मुझको भी नीचे धीरे-धीरे;
किन्तु लहरता हूँ मैं नभ पर शीतल मन्द समीरे!

मैंने मिट जाने में सीखा है जग में हरियाना;
मेरी हरियाली दुनिया है मिट्टी में मिल जाना।

काला बादल आता है गुण गर्जन स्वर भरता है;
विद्रोही मस्तक पर वह अभिषेक किया करता है।

विद्रोही हम हैं कि चढ़ाती प्रकृति हमीं पर रूप;
कलियों के किरीट पहनाती हमें बनाती भूप!

विद्रोही हैं हमीं, हमारे फूलों में फल आते;
और हमारी कुरबानी पर जड़ भी जीवन पाते,

कलम हमारी हो, या कोई रहे हमारा दाना
उसका है आराध्य जगत में बस विद्रोह मचाना!

विद्रोही हम हैं कि हमारे पत्र पींड जड़ छल कर;
ओषध बना प्राण पाते हैं पीड़ित हमें कुचलकर।

विद्रोही हम हैं, पथिकों के छायाघर हैं हम ही;
भूखे, तपन तपे जीवों के आश्रयवर हैं हम ही!

हम निर्जन हैं, हम नन्दन हैं, हम ही दुर्गम वन हैं;
विद्रोही हैं, शस्य श्यामला के हम जीवन-धन हैं!

हम हैं नहीं रूढ़ि की पुस्तक के पथरीले भार;
नित नवीनता के हम हैं जग के मौलिक उपहार!

उथल-पुथल-सी करे जहाँ तक वायु, बनी दीवानी;
और जहाँ तक वार कर सके सीधा नभ का पानी,

जहाँ तलक सूरज की किरनें जला सकें मनमानी,
जहाँ भूमि हो ऋतु की निर्दयता की अकथ कहानी;

वहाँ लखो अपना लहराना, हरियाना, मुस्काना,
विद्रोही सीखे विनाश पर नित सौभाग्य बसाना!

छोटे बागों को तुम देखो हम हँस-हँस खिलते हैं,
पथरीले टीलों पर देखो हम हाजिर मिलते हैं!

दर्रे और घाटियों में अपना शृंगार घना है;
गिरि की एड़ी से चोटी तक बस सब कुछ अपना है!

जहाँ मनुष्य न पशु जा पायें खतरे में हम आप;
विद्रोही हरियाते हैं लहराते हैं चुपचाप!

गिरि-शृंगों में लिखी प्रकृति की जयमाला बन आये,
आतप जले, मेंह के मारे, जाड़े के थर्राये;

सद्य-स्नाता, भू-रानी के गोद भरे अहसान;
अत्याचारों में लहराने वाले जग वरदान,

आतप रक्तपिये—हम वर्षा से वसूल कर लेते;
विद्रोही हैं—विश्व-द्वार पर प्रतिपल धरना देते!

लोहे के फरसे आते हैं, हमको खोद बहाने;
पगले, अपने महाजोर की महिमा वे क्या जानें?

ज्वाला जगी कि अपनी बलि हम पहले दें प्यारे;
हम से ही बनते देखे हैं दुनिया ने अंगारे,

मिट्टी में मिलना, हरियाना, फिर होना अंगारे,
विद्रोही हैं—ये सब कुछ होते अवतार हमारे!

जिसके आकर्षण से काले बादल भू पर आते;
अपनी सब स्वर्गीय सुधा चुपचाप विवश ढलकाते,

जिसके स्नेह-जोर से प्रलय-कारिणी आँखें मीचे,
बिजली तक, चीत्कार किये, आ पड़ती भू पर नीचे,

ग्रह झुकते, तारागण झुकते, सब झुकते जिस ओप;
विद्रोही—हम, अजमाते उस भू पर अपना जोर!

जहाँ स्नेह से पले प्यार में हमको खिलना आता;
अपनी कलियों विश्व-हृदय पर हमको मिलना आता;

किन्तु जहाँ सिर कटे कि हम सौ गुने हुए तत्काल;
दिये किसी ने फूल, किसी ने काँटे दिये निकाल?

घातक कभी अकेला आये, पड़े प्राण-धन देना?
विद्रोही हैं—गोद खिलाते हिंस्र जन्तु की सेना!

काली मिट्टी, पीली मिट्टी—मिट्टी होवे लाल;
अपने आकर्षण में हमको कितना रखे सँभाल!

उस पर पद रख घन-वर्षण में पा प्रभु का सन्देश;
कर ऊँचा शिर हम उठ देते नभ-दिशि को तत्काल!

मिट्टी के तह फटते जाते हम हैं उठते जाते;
विद्रोही हैं—जो उठते हैं वे ही हैं हरियाते।

आयी जहाँ रुकावट हमको वहाँ झगड़ते देखो;
दायें-बायें, सीधे, हमको, आगे बढ़ते देखो।

हर विपदा पर, हर प्रहार पर, हमें उमड़ते देखो;
और सनसने तूफानों में, हमें अकड़ते देखो!

फल फेंकेंगे कभी, फूल भी फेंकेंगे हम भू पर,
विद्रोही—पर अपना मस्तक किये रहेंगे ऊपर!

[1932, हिमकिरीटिनी]

(बुरहानपुर के सुप्रसिद्ध स्वतन्त्रता सेनानी श्री जगन्नाथ हकीम के यहाँ लिखी गयी)

नाश का त्यौहार

नाथ, मुझसे नेक बोलो, इस जलन में स्वाद क्यों है?
एक अमर लुभावने से, पतन में आह्लाद क्यों है?

क्यों न फिसलन में, पुरानापन कभी आता बताओ?
और चढ़ने में थकावट का प्रबल अवसाद क्यों है?
बावली लतिका, बता यह फूलने का मोह कैसा?
फूल नश्वर, अमर काँटे, उन्हीं से जग-द्रोह कैसा?
टपक पड़ने के दिनों को न्योतना हे फूल-डाली!
मिलन-तरु का आमरण फल, यह विषाद-विछोह कैसा?
है मधुर कितना, कि भू में अंकुरों का उपज आना
मोर-पंखों सा, कि पल्लव-रूप का बाना सजाना,
एक लहर उठी कि माथा भूमि पर, झुक झूम जाना,
और जोर बढ़ा कि काले कंकड़ों तक चूम जाना,
एक दिन जो फेंक देना है--कि मधुर दुलार क्यों है?
कुचलने के बाद, हाहाकार का शृंगार क्यों है?
एक झोंका वायु से ले, सिर हिलाकर तुमक जाना,
और मीरा का मनोहर नृत्य बनकर छुमक जाना,
भूमि से विद्रोह!—ऊँचा सिर उठाना, खूब ऊँचा!!
पत्तियों की ताल बनकर फिर स्वरों पर धुमक जाना,
आये, किस दिन के लिए पतझड़ बना व्यापार क्यों है?
लाड़िली, दुःखद बताकर, नाश का त्यौहार क्यों है?

पल्लवों के बीच से, कलिका उठी क्यों सिर उठाये?
क्यों उदार विनाश-वेला के भ्रमर ने गीत गाये?

क्यों बताओ क्षणिक फूलों पर अमर काँटे सजाये?
और खिलकर द्रुमों ने वे कौन से उपहार पाये?

एक माटी से उठी रेखा कि कलियों तक खिची थी,
जगत आशिक था कि जब तक फूल की आँखें मिची थीं?

किन्तु धनुषाकार गिर कर धूल पर जब फूल आया,
रोकने को राह में, निन्दित बिचारा शूल आया!

पूछकर ठिठका, कुसुम! चढ़ना कहाँ तू भूल आया?
फूल रोया—नाश में, मैं यार, दो दिन झूल आया।

नाश के इस खेल में, ये प्यार-सुम आते भला क्यों?
नाश के संकेत तरु पर ऊगते जाते भला क्यों?

पतन की महिमा सजग, सुन्दर लपकती जा रही है,
एक अनहोनी कहानी-सी टपकती जा रही है।

देखकर भी पुतलियाँ हँस-हँस झपकती जा रही हैं—
और नाश-नरेश पर नव मुकुट-मणियाँ आ रही हैं।

जरा बतला दो, कि क्षण-क्षण जलन में यह स्वाद क्यों है?
और अमर, लुभावने इस पतन में आह्लाद क्यों है?

नाश का ही खेल है—तो विरह दुःख अगाध क्यों है?
नाश का ही खेल है—तो मस्त फिर एकाध क्यों है?

नाश का ही खेल है—तो यह पहेली जरा खोलो,
हर अमरतम नाश पर, झट ऊगने की साध क्यों है?

एक और—कि वस्तु जिसकी है उसी के चरण-तल पर—
फूल-फूल बिखर गयी तो नाथ, यह अपराध क्यों है?

[हकीमजी का निवास, बुरहानपुर : 1932, हिमकिरीटिनी]

अन्धकार

सूर्य जले, चन्दा जले, उडुगन जलें स-हास,
इनके काजल से न हो यों काला आकाश?

तुम देखो, नभ में लगे अँगारे से ये विधि-बाला के,
या अन्धकार पर बिखरे फूल पड़े हैं सुर-माला के!

अन्धकार ही पर क्यों सूरज, अपनी किरनें अजमाता है?
अन्धकार पर बैठ चाँद क्यों मधुर चाँदनी उकसाता है?

अन्धकार में, कवि को क्यों करुणा की तान सूझ जाती है?
अन्धकार में प्रेमी को क्यों प्रीतम की हिलोर आती है?

अन्धकार में, विश्व-प्राण यह वायु घूमती क्यों अलबेली?
अन्धकार में मंजुल कलियाँ क्यों जनती अलबेली बेली?

अन्धकार में, महा एकरसता क्यों दौड़ी-दौड़ी फिरती?
अन्धकार की गोदी में क्यों वृक्षों की हैं मणियाँ झरतीं?

अन्धकार खोदूं ? कैसे ? इसका प्यारे अस्तित्व अमर है,
पृष्ठ टूट जाने पर, सुन्दर चित्रण के मिटने का डर है !

अन्धकार है तो 'किरनीलेपन' की अगवानी सम्भव है,
अन्धकार है तो कीमत का तेरे उज्ज्वल विमल विभव है।

अन्धकार है तो गरबीले ! तुझे न नजर लगा पाऊँगा,
अन्धकार है तो पद-ध्वनि पर मैं तेरे पीछे आऊँगा।

झिड़क नहीं सुन्दर, यों कह कर, 'अन्धकार का कठिन त्रास है।'
श्याम, श्याम तेरा आसन है, किन्तु अमर उज्ज्वल प्रकाश है !

[हकीमजी का स्थान, बुरहानपुर : 1932, हिमकिरीटिनी]

उपालम्भ

क्यों मुझे तुम खींच लाये ?

एक गो-पद था, भला था, कब किसी के काम का था ?
क्षुद्र तरलाई गरीबिन अरे कहाँ उलीच लाये ?

एक पौधा था, पहाड़ी, पत्थरों में खेलता था,
जिये कैसे, जब उखाड़ा गो अमृत से सींच लाये !

एक पत्थर बेगढ़ा-सा पड़ा था जग-ओट लेकर,
उसे और नगण्य दिखलाने नगर-रव बीच लाये ?

एक वन्ध्या गाय थी हो मस्त बन में घूमती थी,
उसे प्रिय ! किस स्वाद से सिंगार वध-गृह बीच लाये ?

एक बनमानुष, बनों में, कन्दरों में जी रहा था;
उसे बलि करने कहाँ तुम, ऐ उदार दधीच लाये ?

जहाँ कोमलतर मधुरतम वस्तुएँ जी से सजायीं,
इस अमर सौन्दर्य में क्यों कर उठा यह कीच लाये ?

चढ़ चुकी है दूसरे ही देवता पर, युगों पहले
वही बलि निज-देव पर देने दृगों को मीच लाये ?

क्यों मुझे तुम खींच लाये ?

[हकीमजी का निवास, बुरहानपुर : 1932, हिमकिरीटिनी]

मनुहार

रूठ गये क्यों, मेरे मन-मन्दिर के तड़ित चिराग?
मधुप ! तुम्हें क्या नहीं सुहाया मेरा उजड़ा बाग ?

क्या आओगे नहीं, देव ! मीठे सपनों में आह?
खारे जल से तो बढ़ती जाती हीतल की दाह ।

पाऊँगा न तुम्हें क्या अब संसृति में ऐ दिलदार?
रोते-रोते खाली ही मुंद जावेंगे क्या द्वार ?

—**कलाधर**

[5 नवम्बर 1932, कर्मवीर]

खोज (कविता)

पाया तुम्हें न जन-समूह में कभी न यौवन-रथ में,
पाया तुम्हें न नव पुष्पों में, वृन्दावन के पथ में,

पाया तुम्हें न मेघ-छटा में सरिता के कल-कल में,
पाया तुम्हें न लता द्रुमों में गुंजित मधुकर-दल में,

क्यों पाऊँ दुनियाँ के मोहक मीठे से सपने में?
तुम तो खेल रहे हो माधव, हँस हँस कर अपने में ॥

—**कलाधर**

[24 दिसम्बर 1932, कर्मवीर]

गरबीले 'हृदय बंदी' से

पागल जीवन के आकुल निर्झर के गीतों के मधु-अर्थ
रसवन्ती के नाद-गगन के—ध्रुवतारे, रस-रूप-समर्थ;

मुग्ध भावनाओं के मीठे प्यारे, गरबीले से, अंग,
मेरी निःश्वासों के चित्रों की सीमा-रेखा के रंग ।

सपनों के चलते चित्रों की उन्मादिनी हठीली नींद,
अपलक, अथक अनगिनि आँखों की प्यारी गरबीली नींद ।

विवश प्रतीक्षा की दुनिया के आशा बँधे सुनहले छोर,
मीठी घड़ियों, मीठी पलकों, मीठे अरमानों के जोर।
तिरबेनी की अभिलाषा की भाषा के मोहक संगीत,
लौट-लौट भावी बनने में सफल, सलोने, सजल अतीत।

तुझे ढूँढ़कर थका व्यर्थ ही आकर्षण के दर्पण में
तू तो खेल रहा था बन्दी जीवन के कृष्णार्पण में।

[प्रयाग : 7 जनवरी 1933, माता]

उलहना

यह लाली है,
सरकार आपकी कृपापूर्ण जंजीरों के घर्षण से, निकले मोती हैं।
रखवाली है,
हर सिसक और चीत्कारों पर तस्वीर तुम्हारी होती है।
मत खड़े रहो,
ऐ ढीठ रुकावट होती है साँसों के आने-जाने में,
तुम में अरमां,
अरमानों में तुम गुँथो नहीं, क्या सुख है धोखा खाने में?

चुम्बन में नहीं, पधारो तुम
हर रोज उदार ! प्रहारों में;
त्योहार ? सदा सूली के दिन
मनते आये त्योहारों में।

[खण्डवा : 1933, समर्पण]

सेनानी से

क्या देता है, अपनी डगमगिया भर की पतवार;
यह तो तट की हठ पर; इठलाने भर की है यार;

लहरें चीर अदृश्य तीर का, आँका आज मुकाम;
मैं तो घर से निकल पड़ा हूँ, अब तट से क्या काम?

दे जहाज, जो रखे बखेड़े में बेड़े की लाज:
हिम की चट्टानें चूरे—हिमगिरि का ढूँढ़े ताज।

[खण्डवा : 1933, युगचरण]

तरुणाई का ज्वार

तरुणाई ज्वार बन कर आई, वे कहते मुझसे गई उतर,
मैंने देखा वह चढ़ छाई।

जीवन का प्यार खोलती है, माँ का उभार खोलती है,
विष-घट खाली कर अमृत से घट भर कर मस्त डोलती है।

आशा के ऊषा द्वार खोल, सूरज का सोना ले आई।
तरुणाई ज्वार बन कर आई।

तुझको लख युग मुख खोल उठा, बेबस तब स्वर में बोल उठा,
तेरा जब दिव्य गान निकला, लख, कोटि-कोटि सिर डोल उठा।

युग चला सजाने आरतियाँ, युग बाला पुष्प-माल लाई।
तरुणाई ज्वार बन कर आई।

तू बल दे गिरतों को उबार, तू बल दे उठतों को सँवार,
तू बल दे मस्तक वालों को, मस्तक देने का स्वर उचार।

जगमग-जगमग उल्लास उठा, अनहोनी साध उतर आई।
तरुणाई ज्वार बन कर आई।

ये तार और ये गान ? कि चल, गति के गहने, अमरत्व सबल,
तू पहिन, और चल, सुधी अमर, तू नया-नया पहुँचे घर-घर,

केहरि काँपे, हरि तेरा पथ, चमका दें, तरुणाई आई।
तरुणाई ज्वार बन कर आई।

स्वर तेरा उसमें प्रभु लहरे, स्वर तेरे में, सुहाग ठहरे,
स्वर तेरे हों गहरे-गहरे, स्वर तेरे, युग गर्वित थहरे,

तू युग-सा अमर उठा बंसी अमरता फूंक वह घर आई।
तरुणाई ज्वार बन कर आई।

तेरे स्वर में, युग भाग जाने, तरुणों में मादक आग जगे,
जग उठे, ज्वाल मालाएँ वे, जिनसे माँ का अनुराग जागे।
उठ-उठ प्रकाश के साथ वायु, तव अमृत-ध्वनि गाने आई।
तरुणई ज्वार बन कर आई।

[खण्डवा : 1933, समर्पण]

सखि कौन

श्यामल प्रभु से, भू की गाँठ बाँधती, जोरा-जोरी,
सूर्य किरण ये, यह मन-भावनि, यह सोने की डोरी,
छनक बाँधती, छनक छोड़ती, प्रभु के नव-पद-प्यार
पल-पल बहे पटल पृथिवी के दिव्य-रूप सुकुमार !
कलियों में .रस-संपुट बन कर, बँधी मूठ बन माली,
खुली पंखड़ियाँ, श्याम सलोने भौंरों से शरमाती !
कली-पंख, किरणों से लग कर, लिख मनमाने होते,
किरन नित नई, फूल किन्तु गिर रोज पुराने होते।
सो जाता है जगत किन्तु तारे देते हैं पहरा,
इस छाया में जाग्रति का गहरा गुमान है ठहरा।
कैसे मापूँ किरनों के चरणों, ऊँची गहराई,
कैसे ढूँढ़ूँ, कहाँ गुम गई, तारक सेना पाई !
सपनों से ये तारे श्यामल पुतली पर भर आते,
छोड़े बिना निशान पाँव के प्रातः ये खो जाते।
लाख-लाख किरणों की आँखों बैठा ऊपर मौन,
नीचे मेरे खिलवाड़ों को निरख रहा सखि कौन ?
साँस-साँस में भर आता-सा फिर आता-सा मौन,
स्वर में गूँथ इरादे; जी में गा उठता है कौन ?
स्वर-स्वर पर पहरा देता कुछ लिख लेता-सा मौन,
मेरे कानों में वंशी-रव लाता है सखि कौन ?
सुन्दरता पर बिकने से, करता क्षण-क्षण इनकार,
मेरी नासा पर सुगन्ध बन आता किसका प्यार ?
दो से एक-एक से दो होने की दे लाचारी,
कौन नेह के खग-जोड़े की करता है रखवाली ?

[1933, समर्पण]

कैसे मानूँ

कैसे मानूँ तुम्हें प्राणधन जीवन के बन्दीखाने में,
श्वास-वायु हो साथ, किन्तु वह भी राजी कब बँध जाने में ?

इन्द्र-धनुष यदि स्थायी होते उनको यदि हम लिपटा पाते,
हरियाली के मतवाले क्यों रंग-बिरंगे बाग लगाते ?

ऊपर सुन्दर अमर अलौकिक तुम प्रभु-कृति साकार रहो,
मजदूरी के बंधन से उठ कर पूजा के प्यार रहो।

दिन आये, मैंने उन पर भी लिखी तुम्हारी अमर कहानी,
रातें आईं स्मृति लेकर मैंने ढाला जी का पानी।

घडियाँ तुम्हें ढूँढ़ती आईं, बनी कँटीली कारा-कड़ियाँ,
आग लगाकर भी कहलाईं ये दृग-सुख वाली फुलझड़ियाँ।

मैंने आँखें मूँदीं, तुमको पकड़ जोर से जी में खींचा,
किन्तु अकेला मेरा मस्तक ही रह गया, झाँकता नीचा।

मेरी मजदूरी में माधवि, तुमने प्यार नहीं पहिचाना,
मेरी तरल अश्रु-गति पर अपना अवतार नहीं पहचाना।

मुझमें बे काबू हो जाने वाला ज्वार नहीं पहचाना;
और 'बिछुड़' से आमंत्रित निर्दय संहार नहीं पहचाना।

विद्युति ! होओगी क्षण भर पथ-दर्शक होने का साथी,
यहाँ बदलियाँ ही होंगी बादल दल के रोने का साथी।

पास रहो या दूर, कसक बनकर रहना ही तुमको भाया,
किन्तु हृदय से दूर न जाने कहाँ-कहाँ यह दर्द उठाया।

मीरा कहती है मतवाली दरदी को दरदी पहचाने,
दरद और दरदी के रिश्तों को, पगली मीरा क्या जाने।

धन्य भाग, जी से पुतली पर मनुहारों में आ जाते हो,
कभी-कभी आने का विभ्रम आँखों तक पहुँचा जाते हो।

तुम ही तो कहते हो मैं हूँ जी का ज्वर उतारने वाला,
व्याकुलता कर दूर, लाड़िली छवियों का सँवारने वाला।

कालिन्दी के तीर अमित का अभिमत रूप धारने वाला,
केवल एक सिसक का गाहक, तन मन प्राण वारने वाला।

ऋतुओं की चढ़-उतर किन्तु तुममें तूफान उठा कब पाई ?
तारों से, प्यारों के तारों पर आने की सुध कब आई ?

मेरी साँसें उस नभ पर पंख हों, जहाँ डोलते हो तुम,
मेरी आहें पद सुहलावें हँसकर जहाँ बोलते हो तुम।

मेरी साधें पथ पर बिछी—हुई, करती हों प्राण-प्रतीक्षा,
मेरी अमर निराशा बनकर रहे, प्रणय-मंदिर की दीक्षा।

बस इतना दो, 'तुम मेरे हो' कहने का अधिकार न खोऊँ,
और पुतलियों में गा जाओ जब अपने को तुममें खोऊँ !

[1933, हिमतरंगिनी]

अमर निशानी

यह अमर निशानी किसकी है ?

बाहर से जी, जी से बाहर तक, आनी-जानी किसकी है ?
दिल से, आँखों से, गालों तक—यह तरल कहानी किसकी है !
यह अमर निशानी किसकी है ?

रोते-रोते भी आँखें मुँद जाएँ; सूरत दिख जाती है,
मेरे आँसू में मुसक मिलाने की नादानी किसकी है ?
यह अमर निशानी किसकी है ?

सूखी अस्थि, रक्त भी सूखा सूखे दृग के झरने
तो भी जीवन हरा ! कहो मधु भरी जवानी किसकी है ?
यह अमर निशानी किसकी है ?

रैन अँधेरी, बीहड़ पथ है, यादें थकीं अकेली,
आँखें मूँदे जाती हैं चरणों की बानी किसकी है ?
यह अमर निशानी किसकी है ?

आँख झुकीं पसीना उतरा, सूझे ओर न छोर,
तो भी बढ़ूँ, खून में यह दमदार रवानी किसकी है ?
यह अमर निशानी किसकी है ?

मैंने कितनी धुन से साजे मीठे सभी इरादे
किन्तु सभी गल गए, कि आँखें पानी-पानी किसकी हैं ?
यह अमर निशानी किसकी है ?

जी पर, सिंहासन पर, सूली पर, जिसके संकेत चढ़ूँ—
आँखों में चुभती-भाती सूरत मस्तानी किसकी है?
यह अमर निशानी किसकी है?

[हकीमजी का निवास, बुरहानपुर : 1933, हिमतरंगिनी]

बोल तो किसके लिए

बोल तो किसके लिए मैं
गीत लिक्खूं, बोल बोलूं?

प्राणों की मसोस, गीतों की कड़ियाँ बन-बन रह जाती हैं,
आँखों की बूंदें बूंदों पर, चढ़-चढ़ उमड़-घुमड़ आती हैं!

रे निठुर किस के लिए मैं आँसुओं में प्यार खोलूं?
बोल तो किसके लिए मैं गीत लिक्खूं, बोल बोलूं?

मत उकसा, मेरे मन मोहक कि मैं जगत-हित कुछ लिख डालूं,
तू है मेरा जगत, कि जग में और कौन-सा जग मैं पा लूं!

तू न आए तो भला कबतक कलेजा मैं टटोलूं?
बोल तो किसके लिए मैं गीत लिक्खूं, बोल बोलूं?

तुमसे बोल बोलते, बोली—बनी हमारी कविता रानी,
तुमसे रूठ, तान बन बैठीं मेरी यह सिसकें दीवानी!

अरे जी के ज्वार, जी से काढ़ फिर किस तौल तोलूं
बोल तो किस के लिए मैं गीत लिक्खूं, बोल बोलूं?

तुझे पुकारूँ तो हरियाती—ये आहें, बेलों-तरुओं पर,
तेरी याद गूंज उठती है नभ-मंडल में विहगों के स्वर,

नयन के साजन, नयन में प्राण ले किस तरह डोलूं!
बोल तो किस के लिए मैं गीत लिक्खूं, बोल बोलूं?

भर-भर आतीं तेरी यादें प्रकृति में, बन राम कहानी,
स्वयं भूल जाता हूँ, यह है तेरी याद कि मेरी बानी!

स्मरण की जंजीर तेरी लटकती बन कसक मेरी
बाँधने जाकर बना बन्दी कि किस विधि बन्द खोलूं !
बोल तो किस के लिए ये
गीत लिक्खूं, बोल बोलूं ?

[1933, हिमतरंगिनी]

घर मेरा है

क्या कहा, कि यह घर मेरा है ?

जिसके रवि ऊगें जेलों में सन्ध्या होवे वीराने में,
उसके कानों में क्यों कहने आते हो ? यह घर मेरा है ?

हैं नील चँदोवा तना कि झूमर झालर उसमें चमक रहे,
क्यों घर की याद दिलाते हो जब सारा रैन-बसेरा है ?

जब चाँद मुझे नहलाता है, सूरज रोशनी पिन्हाता है,
क्यों दीपक लेकर कहते हो, यह तेरा है, यह मेरा है ?

ये आये बादल घूम उठे, ये हवा के झोंके झूम उठे,
बिजली की चम-चम पर चढ़कर गीले मोती भू चूम उठे;

फिर सनसनाट का ठाठ बना आ गयी हवा, कजली गाने,
आ गयी रात, सौगात लिये, ये गुलसब्बो मासूम उठे।

इतने में कोयल बोल उठी, अपनी तो दुनिया डोल उठी,
यह अन्धकार का तरल प्यार सिसकें बन आयीं जब मलार;

मत घर की याद दिलाओ तुम,
अपना तो काला डेरा है।

कलरव, बरसात, हवा ठंडी, मीठे दाने खारे मोती,
सब कुछ ले, लौटाया न कभी, घर वाला महज लुटेरा है।

हो मुकुट हिमालय पहनाता सागर जिसके पद धुलवाता,
यह बँधा बेड़ियों में मन्दिर, मसज़िद, गुरुद्वारा मेरा है !

क्या कहा कि यह घर मेरा है।

[1933, हिमकिरीटिनी]

गीत

मैं अपने से डरती हूँ सखि !

पल पर पल चढ़ते जाते हैं, पद-आहट बिन, री ! चुपचाप
बिना बुलाये आते हैं दिन, मास, बरस ये अपने-आप;
लोग कहें चढ़ चली उमर में पर मैं नित्य उतरती हूँ सखि !
मैं अपने से डरती हूँ सखि !

मैं बढ़ती हूँ ? हाँ;—हरि जानें* यह मेरा अपराध नहीं है,
उतर पड़ूँ यौवन के रथ से ऐसी मेरी साध नहीं है;
लोग कहें आँखें भर आईं, मैं नयनों से झरती हूँ सखि !
मैं अपने से डरती हूँ सखि !

किसके पंखों पर, भागी जाती हैं मेरी नन्ही साँसें ?
कौन छिपा जाता है मेरी साँसों में अनगिन उसाँसें ?
लोग कहें उन पर मरती है[1] मैं लख उन्हें उभरती हूँ सखि !
मैं अपने से डरती हूँ सखि !

सूरज से बेदाग, चाँद से रहे अछूती, मंगल-वेला,
खेला करे वहीं प्राणों में, जो उस दिन प्राणों पर खेला,[2]
लोग कहें उन आँखों डूबी, मैं उन आँखों तरती हूँ सखि !
मैं अपने से डरती हूँ सखि !

जब से बने प्राण के बन्धन, छूट गए गठबन्धन रानी,
लिखने के पहले बन बैठी,[3] मैं ही उनकी प्रथम कहानी,
लोग कहें आँखें बहती हैं; उन्हें आँख में भरती हूँ सखि ![4]
मैं अपने से डरती हूँ सखि !

जिस दिन रत्नाकर की लहरें उनके चरण भिगोने आयें,
जिस दिन शैल-शिखरियाँ उनको रजत मुकुट पहनाने आयें,

---

* 26.6.1736 के कर्मवीर में यह पंक्ति इस तरह है—
बढ़ती हूँ सौगन्ध तुम्हारी, यह मेरा अपराध नहीं है—(सपादक)

कुछ अन्य पंक्तियाँ पहले इस प्रकार थीं :—

1. लोग कहें मरती हूँ उन पर
2. जो हर छन प्राणों पर खेला
3. लिखने आयी थी, बन बैठी
4. मैं आँखों कुछ भरती हूँ सखि

लोग कहें, मैं चढ़ न सकूँगी—बोझीली; प्रण करती हूँ सखि ![1]
मैं नर्मदा बनी उनके, प्राणों पर नित्य लहरती हूँ सखि !
मैं अपने से डरती हूँ सखि !
[खण्डवा : 1933, हिमकिरीटिनी]

युग-धन

मन धक-धक की माला गूँथे,—गूँथे हाथ फूल की माला,
जी का रुधिर रंग हैं इसका इसे न कहो, फूल की माला !

पंकज की क्या ताब कि तुम पर—मेरे जी से बढ़ कर फूले,
मैं सूली पर झूल उठूँ तब, वह 'बेबस' पानी पर झूले !

तुम रीझो तो रीझो साजन, लख कर पंकज का खिल जाना
युग-धन ! सीखे कौन, नेह में—डूब चुके तब ऊपर आना !

पत्थर जी को, पानी कर-कर सींचा सखे, चरण-नंदन में
यह क्या ? पद-रज ऊग उठी मुझको भटकाया बीहड़ बन में

नभ बन कर जब मैंने ताना अंधकार का ताना-बाना,
तुम बन आये चंदा बाबू, रहा तुम्हें अब कौन ठिकाना ?

नजरबन्द तू लिये चाँदनी धूप गगन में, बिना सहारा,
मेरे स्वर की रानी झाँके बन कर छोटा-सा ध्रुव तारा !

मैं बन आया रोते-रोते जब काला-सा खारा सागर,
तब तुम घन-श्याम आ बरसे जी पर काले बादल बन कर,

हारा कौन ? कि बरस-बरस कर, तुमने मेरी शक्ति बढ़ाई,
तेरी यह प्रहार-माला मेरे जी में मोती बन आई।

मैं क्या करता उनको लेकर तेरी कृपा तुझे पहिना दी,
उमड़-घुमड़ कर फिर लहरों से, मैंने प्रलय-रागिनी गा दी।

जब तुम आकर नभ पर छाये 'कलानाथ' बन चंदा बाबू,
मैं सागर, पद छूने दौड़ा ज्वार लिये होकर बेकाबू !

आ जाओ अब जी में पाहुन, जग न जान पाये 'अनजानी'
कैदी ! क्या लोगे ! बोलो तो काला गगन ? कि काला पानी ?

---

1. बोझीली—मैं सहती हूँ सखि

जब बादल में छुप कर, उसके गर्जन में तुम बोले बोली
तब ज्वारों की भैरव-ध्वनि की मैंने अपनी थैली खोली !

मेरी काली गहराई को विद्युत चमका कर शरमाया
क्षणिक सजीले, इसीलिए मैं अपने हीरे-मोती लाया !

आज प्राण के शेषनाग पर माधव होकर पौढो राजा
मेरे चन्द खिलौना जी के श्यामल सिंहासन पर आजा !

[1933, हिमतरंगिनी]

मत झनकार

मत झनकार जोर से
स्वर भर से तू तान समझ ले,
नीरस हूँ, तू रस बरसाकर,
अपना गान समझ ले !
फौलादी तारों से कस ले
'बंधन' मुझ पर बस ले,
कभी सिसक ले
कभी मुसक ले
कभी खीझकर हँस ले,

कान खेंच ले,
पर न फेंक,
गोदी से मुझे उठाकर,
कर जालिम
अपनी मनमानी
पर,
'जी' से लिपटाकर !

मुझ पर उतर
ऊग तारों तर
बोकर,
निज तरुणाई !
पथ पायें
युग की रवि-किरनें

तेरी देख ललाई,
कभी पनपने दे
मानस-कुंजों में
करुण कहानी
कभी लहरने दे
पंखों सी
पलक-पंक्तियाँ मानी

कभी भैरवी को
मस्तक दल पर
चढ़कर आने दे
कैसा सखे कसाला, बलि-स्वर
माला गुँथ जाने दे !

[मनोहर-निवास : 1934, हिमतरंगिनी]

उस प्रभात

उस प्रभात, तू बात न माने, तोड़ कुंद कलियाँ ले आई,
फिर उनकी पंखड़ियाँ तोड़ीं पर न वहाँ तेरी छवि पाई !

कलियों का यम मुझ में धाया तब साजन क्यों दौड़ न आया ?

फिर पंखड़ियाँ ऊग उठीं वे फूल उठीं, मेरे वनमाली !
कैसे, कितने हार बनाती फूल उठी जब डाली-डाली !

सूत्र, सहारा, ढूँढ़ न पाया तू साजन, क्यों दौड़ न आया ?

दो-दो हाथ तुम्हारे मेरे प्रथम 'हार' के हार बनाकर,
मेरी 'हारों' की वनमाला फूल उठी तुझको पहिनाकर,

पर तू था सपनों पर छाया, तू साजन, क्यों दौड़ न आया ?

दौड़ी मैं, तू भाग न जाये, डालूँ गलबहियों की माला
फूल उठी साँसों की धुन पर मेरी 'हार', कि तेरी 'माला' !

तू छुप गया, किसी ने गाया—रे साजन, क्यों दौड़ न आया ?

जी की माला, सुगंध नेह की सूख गई, उड़ गई, कि तब तू
दूलह बना; दौड़ कर बोला पहिना दी सूखी वनमाला।

मैं तो होश समेट न पाई तेरी स्मृति में प्राण छुपाया,
युग बोला, तू अमर तरुण है मति ने स्मृति आँचल सरकाया,
जी में खोजा, तुझे न पाया, तू साजन, क्यों दौड़ न आया?

[1934, हिमतरंगिनी]

बोल राजा

बोल राजा; बोल मेरे ! दूर उस आकाश के—
उस पार, तेरी कल्पनाएँ—बन निराशाएँ हमारी,
भले चंचल घूम आएँ, किन्तु मैं न कहूँ कि साथी,
साथ छन भर डोल मेरे। बोल राजा, बोल मेरे !

विश्व के उपहार, ये निर्माल्य? मैं कैसे रिझाऊँ?
कौन-सा इनमें कहूँ 'मेरा'? कि मैं कैसे चढ़ाऊँ?
चढ़ विचारों में, उतर जी में, कलंक टटोल मेरे।
बोल राजा, बोल मेरे !

ज्वार जी में आ गया सागर सरिस खारा न निकले;
तुम्हें कैसे न्यौत दूँ जो प्यार-सा प्यार न निकले;
पर इसे मीठा बना सपने मधुरतर घोले तेरे।
बोल राजा, बोल मेरे !

श्यामता आई, लहर आई, सलोना स्वाद आया,
पर न जी के सिन्धु में तू बन अभी उन्माद आया,
आज स्मृति बिकने खड़ी है—झिड़कियों के मोल तेरे।
बोल राजा, बोल मेरे !

[1934, हिमतरंगिनी]

छिया-छी

चलो छिया-छी हो अन्तर में !
तुम चन्दा
मैं रात सुहागन
चमक चमक उट्ठें आँगन में
चलो छिया-छी हो अन्तर में !

बिखर बिखर उट्ठो, मेरे धन,
भर काले अन्तस पर कन-कन,
श्याम-गौर का अर्थ समझ लें
जगत पुतलियाँ शून्य प्रहर में
चलो छिया-छी हो अन्तर में !

किरनों के भुज, ओ अनगिन कर
मेलो, मेरे काले जी पर
उमग-उमग उट्ठे रहस्य,
गोरी बाँहों का श्याम सुन्दर में
चलो छिया-छी हो अन्तर में !

मत देखो, चमकीली किरनो
जग को, ओ चाँदी के साजन !
कहीं चाँदनी मत मिल जावे
जग-यौवन की लहर लहर में
चलो छिया-छी हो अन्तर में !

चाहों सी, आहों सी, मनु-
हारों सी, मैं हूँ श्यामल श्यामल
बिना हाथ आये छुप जाते
हो, क्यों ? प्रिय किसके मंदिर में
चलो छिया-छी हो अन्तर में

कोटि कोटि दृग ! मैं जगमग जो—
हूँ काले स्वर, काले क्षण गिन,
ओ उज्ज्वल श्रम कुछ छू दो
पटरानी को तुम अमर उभर में
चलो छिया-छी हो अन्तर में !

चमकीले किरनीले शस्त्रों
काट रहे तम श्यामल तिलतिल
ऊषा का मरघट साजोगे ?
यही लिख सके चार पहर में
चलो छिया-छी हो अन्तर में !

ये अंगारे, कहते आये
ये जी के टुकड़े, ये तारे
'आज मिलोगे', 'आज मिलोगे',
पर हम मिलें न दुनिया भर में
चलो छिया-छी हो अन्तर में !

[1934, हिमतरंगिनी]

मील का पत्थर

रूठूं ?—मेरी प्रेम-कथा में, रानी, इतना स्वाद नहीं है,
और मनूं, ऐसा भी मुझमें, कोई प्रणयोन्माद नहीं है।

मैं हूँ सजनि, मील का पत्थर, अंक पढ़ो चुपचाप पधारो,
मत आरोपो अपनेपन को, मत मुझ पर देवत्व उतारो।

दर्पण में, मरकत में, सरवर में, कर लो तुम अपने में दर्शन,
पर मुझमें तुम निज को देखो, यह कैसा पागल आकर्षण !

जाओ वहाँ कि, सीखे हैं वे, छवि लेना फिर लौटा देना।
मैं पत्थर हूँ, मुझ पर ऊगा करता कभी न लेना-देना।

वे ही हैं, सन्मुख जाने पर दिखलाते प्रतिबिम्ब तुम्हारा,
हट जाने पर, धो लेते हैं, अपने जी का चित्रण सारा !

मैं गरीब, क्या जानूं उतना, बदल-बदल चमकीला होना ?
मेरे अंक अमिट होते हैं, बेकाबू है जिनका धोना।

दौड़-दौड़ कर लम्बी रातें क्यों छोटी कर आयीं रानी !
बोलो तो पत्थर क्या देवे, मीठे ओंठ, न खारा पानी !

अपनी कोमल अँगुलियों से, मेरी निष्ठुरता न लजाओ,
मन्दिर की मूरत में गढ़ कर, मत मेरा उपहास सजाओ !

जाओ मंजिल पूरी कर लो, अभी मिलेंगे पथ के पत्थर,
जिनको तुम साजन कहती हो, बड़ी दूर पर है उनका घर !

जाकर इतना-सा सन्देसा, मेरा भी तुम पहुँचा देना,—
"फूलों को जो फूल रखो, तो पत्थर, पत्थर रहने देना।"

क्या मंजिल पर आ पहुँची हो ? यहीं बनेगा मन्दिर प्यारा ?
जंगल में मंगल देखे ! हम से बोझीला भाग हमारा।

तुम अपना प्रभु पूजो रानी ! मैं पथिकों को आमन्त्रित कर
रोको करूँ, अमर हो जाऊँ, तोड़ो नहीं मील का पत्थर।

[इन्दौर : 1934, हिमकिरीटिनी]

सिपाहिनी

चुड़ियाँ बहुत हुईं कलाइयों पर प्यारे, भुजन्दंड सजा दो,
तीर-कमानों से सिंगार दो जरा जिरह-बख्तर पहना दो।

जी में सोये से सुहाग ! जग उठो, पुतलियों पर आ जाओ,
बिना तीसरे नेत्र, दृष्टि में अजी, प्रलय ज्वाला सुलगा दो।

कैसे सेनानी हो ?—जो मैं नहीं सैनिका होने पाती ?
कैसे बल हो ? अबलापन को जो मैं नहीं डुबोने पाती !

आदि पुरुष ने, अपनी माया के हाथों में कौशल सौंपा,
जग के उथल-पुथल कर देने के मस्ताने बल को सौंपा।

मेरे प्रणय और प्राणों के ओ सिन्दूर रक्तिमा लाली !
तुम कैसे प्रलयंकर शंकर ! जो मैं रहूँ न दुर्गा, काली ?

अर्धरात्रि के सूनेपन में, प्यारे बंसी बना बजा लो,
मेरी धुन में अपनी साँसें गूँथ-गूँथ स्वर-हार बना लो।

अँगुलियों से गिन-गिन, मोहन, मेरे दोषों को दुहरा लो,
ओठों से ओठों पर, अपना प्रणयमन्त्र लिख स्वर गहरा लो।

किन्तु सुनहली सूरज की किरनों पर, क्या यह स्वाद लिखोगे ?
सखे ! खनकती करवालों पर, चुड़ियों के सम्वाद लिखोगे ?

माना 'जौहर' भी होता था, मरने के त्यौहारों वाला,
और पतन के अगम सिन्धु से, तरने के त्यौहारों वाला;

किन्तु आज तो इस मुरली को रण-भेरी का डंका कर लो,
या कर लो पानी वाली तलवार, उदार ! मार लो-मर लो !

'जौहर' से बढ़कर, घोड़े पर चढ़कर, जौहर दिखलाने दो,
चुड़ियाँ हों सुहागिनी, यौवन ! यौवन अपनी पर आने दो।

[खण्डवा : 1934, हिमकिरीटिनी]

कलिका से—कलिका की ओर से—

—'क्यों मुसका दीं ? बोलो आली ?
जाड़ा है, रात अँधेरी है, सन्नाटा है, जग सोया है,
फिर यह काँटों की टहनी है, कैसे मुसका उट्ठीं आली ?'

—'क्या तुम्हें रात में दीख रहा ?—तुम योगी हो ? अथवा उलूक ?
क्यों हास्य बिखरता है, बोलो कर-कर मृदु सम्पुट टूक-टूक ?'

—'क्यों आँख खोल दीं ? क्या अपना जग,
फूला-फूला-सा दीखा ? क्या मुँदी आँख में,

यह सपना जग भूला-भूला-सा दीखा ?'
—'क्या इन पत्तों ने जगा दिया कुछ

जाग-जाग कर सूने में ?' 'क्या जागृति की
पुकार सुन ली जागना छू लिया छूने में ?'

—'क्या कहूँ साँस वाले जग को जो निस दिन सो-सो जगता है ?
क्यों मेरा जगना, एक बार भी, इसे अनोखा लगता है ?'

—'मेरा जगना, मेरा हँसना, जग-जीवन का उल्लास कहाँ ?
मैं हँसूं-मुँदूं मन-चाही-सी विधि का मुझ पर विश्वास कहाँ ?'

—'तुम हँसते हो चुप हो-होकर चुप होकर मुसका जाते हो !
मैं हँसी, कौनसा पाप हुआ ? जो प्रश्न पूछने आते हो ?'

—'कोमल रवि-किरनें आती हैं वे मुझे ढूंढ़तीं घूम-घूम ?
अपने बिजली-से ओंठों से मेरा मुँह लेतीं चूम-चूम,

—'क्या कहूँ हवा से, वह बैरिन ! चुप, धीमे-धीमे आती है,
फिर मुझे हिलाती हौले-से मेरी आँखें खुल जाती हैं !

'पत्तों का, इन मदमत्तों का वह झूम-झूम कर गा देना,
कुछ कभी ताल-सी दे देना, कुछ यों चुटकियाँ बजा देना।'

—'पंखों से पवन जगा न उठे यों ठंडी मेरी आग कहाँ?
मेरा मीठापन बह न उठे वह काबू का अनुराग कहाँ?'

—'डूबते हुए इन तारों से बोलूँ तो क्या बोलूँ आली!
इनकी समाधियों पर मेरी मुसकान? कौन थाती पाली?'

—'मेरा हँसना वह हँसना है जिससे मेरा उद्धार नहीं,
मेरा हँसना वह हँसना है जिस पर टिक पाया प्यार नहीं।'

'मेरा हँसना वह हँसना है जिसमें सुख का एतबार नहीं,
मेरे हँसने में मानव-सा, पापी विधि हुआ उदार नहीं।'

'जग आँख मूँदकर मरता है, मैं आँख खोलकर मरती हूँ,
मेरी सुन्दरता तो देखो, मरने के लिए उभरती हूँ!'

—'रवि की किरनों को तो देखो, वे जगा विश्व व्यापार चलीं,
मेरी किस्मत! वे ही मुझको यों हँसा-हँसा कर मार चलीं।'

'मैं जगी कि जैसे मीठा-सा, प्रिय का कोई सन्देश जगा!
मधु बहा कि जैसे सन्तों का, धीमे-धीमे सन्देश जगा!'

—'मैंने, हाँ! वर भी पाया, मैं जिसकी गोदी में बड़ी हुई,
जिसका रस पी मधु-गन्धमयी लिख-लिख कर ऊँची खड़ी हुई।'

'आई बहार, मैं उसके ही चरणों पर नत हो, झुकी सखी,
फिर जी की एक-एक पंखुड़ि, उस पर बलि मैं कर चुकी सखी!'

—'मैं बलि का गान सुनाती हूँ, प्रभु के पथ की बनकर फकीर,
माँ पर हँस-हँस बलि होने में, खिच, हरी रहे मेरी लकीर!'

[1934, हिमकिरीटिनी]

कुंज कुटीरे यमुना तीरे

पगली तेरा ठाट! किया है रतनाम्बर परिधान,
अपने काबू नहीं, और यह सत्याचरण विधान!

उन्मादक मीठे सपने ये, ये न अधिक अब ठहरें,
साक्षी न हों, न्याय-मन्दिर में कालिन्दी की लहरें।

डोर खींच, मत शोर मचा, मत बहक, लगा मत जोर,
माँझी, थाह देखकर आ तू मानस तट की ओर।

कौन गा उठा ? अरे ! करे क्यों ये पुतलियाँ अधीर ?
इसी कैद के बन्दी हैं वे श्यामल - गौर - शरीर।

पलकों की चिक पर हृत्तल के छूट रहे फव्वारे,
निःश्वासें पंखे झलती हैं उनसे मत गुंजारे;

यही व्याधि मेरी समाधि है, यही राग है त्याग;
क्रूर तान के तीखे शर, मत छेदे मेरे भाग।

काले अंतस्तल से छूटी कालिन्दी की धार
पुतली की नौका पर लायी मैं दिलदार उतार,

बादबान तानी पलकों ने, हा ! यह क्या व्यापार ?
कैसे ढूँढ़ूं हृदय - सिन्धु में छूट पड़ी पतवार !

भूली जाती हूँ अपने को, प्यारे, मत कर शोर,
भाग नहीं, गह लेने दे, अपने अम्बर का छोर।

अरे बिकी बेदाम कहाँ मैं, हुई बड़ी तकसीर,
धोती हूँ; जो बना चुकी हूँ पुतली में तसवीर;

डरती हूँ, दिखलायी पड़ती तेरी उसमें बंसी,
कुंज कुटीरे, यमुना तीरे तू दिखता जदुबंसी।

अपराधी हूँ, मंजुल मूरत ताकी, हा ! क्यों ताकी ?
बनमाली हमसे न धुलेगी ऐसी बाँकी झाँकी।

अरी खोद कर मत देखे, वे अभी पनप पाये हैं,
बड़े दिनों में खारे जल से, कुछ अंकुर आए हैं,

पत्ती को मस्ती लाने दे, कलिका कढ़ जाने दे,
अन्तरतर को, अन्त चीर कर, अपनी पर आने दे,

हीतल बेध, समस्त खेद तज, मैं दौड़ी आऊँगी,
नील सिंधु-जल-धौत चरण पर चढ़कर खो जाऊँगी।

[1934, हिमकिरीटिनी]
(मथुरा से खण्डवा जाते हुए रेल में)

फूल की मनुहार

बिन छेड़े, जी खोल सुगन्धों को जग में बिखरा दूंगा;
उषा-राग पर, दे पराग की भेंट, रागिनी गा दूंगा,
छेडोगे, तो पत्ती-पत्ती चरणों पर बिखरा दूंगा;
संचित जीवन साध् कलंकित न हो, कि उसे लुटा दूंगा।

किन्तु मसल कर सखे ! क्रूरता
की कटुता तू मत जतला;
मेरे पन को दफना कर
अपनापन तू मुझ पर मत ला।

[नागपुर : 1934, समर्पण]

चाँदी की रात

सोने का दिन, चाँदी की रात, बना दी क्यों तुमने आकर ?

रवि का आना तप कर जाना, किसने जाना, किसने माना ?
सोने की लूट लुटाने में, रवि का कौशल भर पहिचाना।

मैं थकी न स्वर्ण समेट सकी, रोई सुहाग पर पछताकर।
सोने का दिन, चाँदी की रात बना दी क्यों तुमने आकर ?

जब रात हुई पद-आहट से, बाहर न किसी की याद रही,
तारे गिन-गिनकर—भूल तुम्हें—केवल यादें आबाद रहीं,

हा, विरह दिया बाहर रहकर, बेहोशी दी घर में आकर।
स।न ना दिन, चाँदी की रात, बना दी क्यों तुमने आकर ?

निशि कटती, तारे बढ़ते थे, योगी कहते हों भला-भला,
तारों का तम्बू ढले भले, अपना पन्थी तो चला-चला,

उस बिछुड़न की बेहोशी में, रोदन को खोया गा-गाकर।
सोने का दिन, चाँदी की रात, बना दी क्यों तुमने आकर ?

तुम थे मैंने कब पहचाना, गो अन्धकार चमकीला था।
तुम थे नभ का मुंह पीला था कलियों का आँचल गीला था।

तुमको खोकर खोते-खोते, खो डाला आज तुम्हें पाकर।
सोने का दिन, चाँदी की रात, बना दी क्यों तुमने आकर?

[इटारसी का डाकबँगला : 1934, युगचरण]

लूंगी दर्पण छीन

[कविता की पृष्ठभूमि यों है—एक सामान्य पत्नी का असामान्य सुन्दर पति है। पत्नी को भय है कि कहीं दर्पण में अपना प्रतिबिम्ब देखकर उसका प्रिय नारसिसस की तरह अपने ही स्वरूप पर आसक्त न हो उठे। उसे भय है कि जिस प्रिय की पलकों पर अगणित हृदय रीझ-रीझ कर मर मिटे हैं, कहीं उन्हीं पर वह स्वयं भी तबाह न हो ले। भय है बिना द्वैत (पति व पत्नी) के ही वह अद्वैत न हो उठे; और यह भी कि अपने रूप-ऐश्वर्य को देखकर वह कहीं पत्नी को अपने हृदयासन से न उतार दे…।]

लूंगी दर्पण छीन, देख मत ले, मतवाला चल जाये,
जिन पलकों पर मिटे कई, मत उन पर चढ़े फिसल जाये।

लूंगी दर्पण छीन, द्वैत दोनों बिन एक न हो जाये,
और निगोड़ी जीभ ओंठ को कहीं न श्रीहत कर पाये।

लूंगी दर्पण छीन, न छलके नयनामृत गालों पर,
मत खारा पानी पड़ जाये, यौवन के छालों पर।

लूंगी दर्पण छीन, शरण जाने पर, ढीठ गरूर करे,
अंतस्तल की चंगुल से फिसला दे, चकनाचूर करे।

लूंगी दर्पण छीन—कुटी का एकमात्र शृंगार,
सूरत की कीमत?—हँस खोले मधुर अन्त का द्वार।

अरे विलम जाने वाले जीवन, कैसी है मीन?
कृष्णार्पण चलने से पहले लूंगी दर्पण छीन।

[1934, युगचरण]

जूठन

जो है वेदनामयी यह,
जितना यह अपनापन है,
जीवन का जो धोखा, है,
मन की जैसी उलझन है,
जितनी कड़वी मुस्काहट,
जितना मीठा रोदन है,
जलते मनसूबों की जो
यह जगमगमयी तपन है।
मैंने उसमें चाहे कुछ
विष अपना डाल दिया हो
रस है यदि, तो वह, 'तेरे'
प्राणों ही की जूठन है।

—एक भारतीय आत्मा

[20 अप्रैल 1935, कर्मवीर]

विस्मृत स्वप्न

आँख में छाए हुए से कौन हो?
बोलते हो क्यों नहीं, क्यों मौन हो?

हृदय-पट पर गुदगुदी-सी क्यों चली,
ले चली अस्फुट-व्यथा क्या बेकली;
ड़पने तो दी भी होती साधना,
रे निठुर ! आराधना उर में जली

किसलिये अनुराग जल फिर भर चले,
नयन पुट वृथा ही क्यों झर चले,
धर चले जब साथ तट अरमान भी,
ज्ञान पर क्यों विगत स्वप्न उतर चले

मचलते उन्मुक्त से तुम कौन हो?
बोलते हो क्यों नहीं, क्यों मौन हो?

—मन्द मलय

[4 मई 1935, कर्मवीर]

युग और तुम

युग तुम में, तुम युग में कैसे झाँक रहे हो बोलो?
उथल-पुथल तब हो कि समय में जब तुम जीवन घोलो।
तुम कहते हो बलि से पहले अपना हृदय टटोलो,
युग कहता है क्रान्ति-प्राण! पहिले बन्धन तो खोलो।

तेरी अँगुली हिली, हिल पड़ा भावोन्मत्त जमाना
अमर शान्ति ने अमर क्रान्ति अवतार तुझे पहचाना।

तू कपास के तार-तार में अपनापन जब बोता,
राष्ट्र-हृदय के तार-तार पर वह प्रतिबिम्बित होता,
झोपड़ियों का रुदन बदल देता तू मुसकाहट में,
करती है शृंगार क्रान्ति तेरी इस उलट-पुलट में।

उस-सा उज्ज्वल, उस-सा गुणमय, लाज बचाने वाला
है कपास-सा परम-मुक्ति का तेरा ताना-बाना।

अरे गरीब-निवाज, दलित जी उठे सहारा पाया,
उनकी आँखों से गंगा का सोता बह कर आया,
तू उनमें चल पड़ा राष्ट्र का गौरव पर्व-मनाकर
उन आँखों में बैठ गया तू अपनी कुटी बनाकर।

तुझे मनाने कोटि-कोटि कंठों ने क्या-क्या गाया
जो तुझको पा सका—गरीबों के जी में ही पाया।

है तेरा विश्वास गरीबों का धन, अमर कहानी—
तो है तेरा श्वास, क्रान्ति की प्रलय-लहर मस्तानी।
कंठ भले हों कोटि-कोटि, तेरा स्वर उनमें गूँजा
हथकड़ियों को पहन राष्ट्र ने पढ़ी क्रान्ति की पूजा।

बहिनों के हाथों जगमग है प्रलय-दीप की थाली;
और हमारे हाथों है—माँ के गौरव की लाली।

[पटना : 1935, समर्पण]
(श्री बेनीपुरी को, गांधी-जयंती के लिए)

मूरख कहानी

श्याम पुतली और उसमें खूब पानी।
श्याम केशों पर फली है तब जवानी।

लटक कर लट चूम बैठी ओठ उनके,
मुंहलगों की है बड़ी मूरख कहानी।

श्याम लट हैं, श्याम पुतली, श्याम की छवि,
रूप पर थी क्या यही स्याही गिरानी?
स्वर्ग में भुज-बाहु के चुप्पी कहाँ की?
ज़िन्दगी को मौत में गूंथो न रानी!

[खण्डवा : 1935, युगचरण]

ऊषा के संग

ऊषा के संग, पहिन अरुणिमा मेरी सुरत बावली बोली—
उतर न सके प्राण सपनों से, मुझे एक सपने में ले ले।
मेरा कौन कसाला झेले?

तेरे एक-एक सपने पर सौ-सौ भग न्यौछावर राजा।
छोड़ा तेरा जगत-बखेड़ा चल उठ, अब सपनों में खेलें?
मेरा कौन कसाला झेले?

देख, देख, उस ओर 'मित्र' की इस बाजू पंकज की दूरी,
और देख उसकी किरनों में यह हँस-हँस जयमाला मेले।
मेरा कौन कसाला झेले?

पंकच का हँसना,
मेरा रो देना,
क्या अपराध हुआ यह?
कि मैं जन्म तुझमें ले आया
उपजा नहीं कीच के ढेले।
मेरा कौन कसाला झेले?

तो भी मैं ऊषा के स्वर में फूल-फूल मुख-पंकज धोकर—
जी, हँस उठी आँसुओं में से छुपी वेदना में रस घोले।
मेरा कौन कसाला झेले?

कितनी दूर ?
कि इतनी दूरी ?
ऊगे भले प्रभाकर मेरे,
क्यों ऊगे ? जी पहुँच न पाता
यह अभाग अब किससे खेले ?
मेरा कौन कसाला झेले ?

प्रातः आँसू ढुलकाकर भी खिली पंखुड़ियाँ, पंकज किलके,
मैं भाँवरिया खेल न जानी अपने साजन से हिल-मिल के।
मेरा कौन कसाला झेले ?

दर्पण देखा, यह क्या दीखा ? मेरा चित्र, कि तेरी छाया ?
मुसकाहट पर चढ़ कर बैरी रहा बिखेर चमक के ढेले,
मेरा कौन कसाला झेले ?

यह प्रहार ? चोखा गठबंधन ! चुंबन में यह मीठा दंशन।
'पिये इरादे, खाये संकट, इतना क्या कम है अपनापन ?
बहुत हुआ, ये चिड़ियाँ चहकीं, ले सपने फूलों में ले ले।
मेरा कौन कसाला झेले ?

[1935, हिमतरंगिनी]

मरण-ज्वार

प्रहारक, बात हो कि हो बाण, चीज क्या, आर-पार जो न हो ?
दान क्या, भिखमंगों के स्वर्ग ! प्राण तक तू उदार जो न हो ?

फेंक वह जीत, या कि वह हार, मिला बलि में प्रहार जो न हो ?
चुनौती किसे ? और किस भाँति ? कि अरि के कर कुठार जो न हो ?

हार क्या ?—कलियों का जी छेद, बिंधा उनमें दुलार जो न हो ?
प्यार क्या ? खतरों का झूलना, झूलना बना प्यार जो न हो ?

लौह बन्धन, कि वार पर वार, मधुर-स्वर क्यों ? सितार जो न हो ?
रखे लज्जा क्यों सन्त कपास ! पेर कर, तार-तार जो न हो ?

दिखे हरियाली ? मेघ श्याम, कृपक चरणोपहार जो न हो ?
शूलियाँ बनें प्रश्न के चिह्न, देश का चढ़ा प्यार जो न हो ?

तुम्हारे मेरे बीचों-बीच, प्रणय का, बँधा तार जो न हो?
अरे हो जाय रुधिर बेस्वाद, लाड़ला मरण-ज्वार जो न हो?

[1935, हिमकिरीटिनी]

गीतों के राजा

मेरे गीतों के राजा! तुम मेरे गीतों में वास करो।

थक चुका, कि मैं कैसे डोलूँ! इन गीतों के बेगाने में,
मर चुका, कि मैं किससे बोलूँ? इन गीतों के वीराने में!

मेरी उसाँस की दुनिया का अब और न सत्यानास करो!
मेरे गीतों के राजा! तुम मेरे गीतों में वास करो।

नभ रिमझिम-रिमझिम बरस उठा, सूरज का किरन-जाल छाया,
बहते बादल पर इन्द्रधनुष सतरंगी कविता बन आया;

मिट गया छनक भर में फिर क्यों? मेरा मत यों उपहास करो,
मेरे गीतों के राजा! तुम मेरे गीतों में वास करो।

नभ साफ हुआ, तारे चमके, निशि ने चमकीले गान लिखे,
काले अन्तस में अमर चमक वाले अपने अरमान लिखे;

क्यों ऊषा झाड़ू फेर चली? नभ पर थोड़ा विश्वास करो!
मेरे गीतों के राजा! तुम मेरे गीतों में वास करो।

फिर कैसे चमके गीत कि हाँ, रवि ने नभ की गोदी भर दी,
दाएँ-बाएँ, ऊपर-नीचे, अणु-अणु प्रकाश-कविता रच दी;

'कविता पोंछी'—भेजा क्यों दल-बल अन्धकार? न निराश करो!
मेरे गीतों के राजा! तुम मेरे गीतों में वास करो।

तुम रहो न मेरे गीतों में तो गीत रहें किसमें बोलो?
तुम रहो न मेरे प्राणों में तो प्राण कहें किससे बोलो?

मेरी कसकों में कसक-कसक मेरी खातिर वनबास करो!
मेरे गीतों के राजा! तुम मेरे गीतों में वास करो।

[खण्डवा : 1935, हिमकिरीटिनी]

पूजा

मेरे राजा, मत मान करो मुझसे पूजा कैसे होगी ?
मेरे राजा, मत मान करो मुझसे पूजा कैसे होगी ?

तरु-बेलों की बाँहें मरोड़--उनका फूला जी तोड़-तोड़,
तुझ पर वारूँ तब मेरे जी से—तेरे जी का जुड़े जोड़,

मेरे कोमल ! किस कीमत पर यह कर्कशता किससे होगी ?
मेरे राजा, मत मान करो मुझसे पूजा कैसे होगी ?

जगते जीवन में तुम गाते—सपनों के गीतों में आते,
मेरी गाढ़ी निंदिया-रानी की गाढ़ मधुरता बन जाते;

ऐ मेरी साँस, तुम्हें विलगा दूँ ? वह पूजा किसकी होगी ?
मेरे राजा, मत मान करो मुझसे पूजा कैसे होगी ?

चढ़ चुकीं हिलोरें तुम पर वे जो-जो मेरे जी में आयीं,
मेरी करनी के काँटों पर तेरी चुम्बन कलियाँ छायीं,

जब निस-दिन अलख जगाता हूँ तब नयी प्रार्थना क्या होगी ?
मेरे राजा, मत मान करो मुझसे पूजा कैसे होगी ?

जी में ठोकर खा एक बार, मेरी आँखों में बार-बार—
बन कर सेना तरलाई की तुम चढ़ आते मेरे उदार !

साजन ! जो तुम्हें बहा दूँ तो, फिर अंजलियाँ किसकी होंगी ?
मेरे राजा, मत मान करो मुझसे पूजा कैसे होगी ?

ये कोटि-कोटि भावना-पुंज विह्‌रित हो-हो जी के निकुंज,
अग-जग में फैले जाते हैं, छोटा पा मेरा प्राण-कुंज;

जो प्राण चढ़ें तो शेष बचे गीतों की धुन कैसी होगी ?
मेरे राजा, मत मान करो मुझसे पूजा कैसे होगी ?

मैं कैसे तुम्हें फेंक डालूँ तुम निःश्वासों पर छाते हो,
मैं कैसे तुम्हें गिरा डालूँ तुम आँसू बनकर आते हो !

जो साँस और आँसू दोनों हों बन्द, अर्चना क्या होगी ?
मेरे राजा, पत मान करो मुझसे पूजा कैसे होगी ?

मैंने तूली ली, और भैरवी का स्वर बनकर तुम धाये,
जो मैंने स्वर साधा तो तुम पुतली पर चित्रित हो आये;

जब चित्र और गीतों, दोनों में बन्द न कर लूं ऐ दिलबर,
तब तुम्हीं बताओ प्राण ! सजल प्राणों अर्चा कैसे होगी ?
मेरे राजा मत मान करो मुझसे पूजा कैसे होगी ?

[खण्डवा : 1935, हिमकिरीटिनी]

स्मृति

विधि हुआ बावला मेरे घर ! दिल फटा, किन्तु स्मृति रुकी रही,
यह गयी कौनसी जगह ठहर ? विधि हुआ बावला मेरे घर !
बह गयी न यह क्यों आँसू में ? उड़ गयी न यह क्यों साँसों में ?
क्यों हुई न जी में चूर-चूर ? यह कसक रही है इधर किधर ?
विधि हुआ बावला मेरे घर !
हूक में सिहर रसवती बनी अश्रु में कि 'बेबसवती' बनी
कलम पर स-रसवती बनी जी लूं अपना शोणित पीकर !
विधि हुआ बावला मेरे घर !
लेखनी घाव तेरे गहरे कब भरे ?—हरे, वे रहे हरे !
मम रक्त - बिन्दुओं पर, काली बूंदों के छाले पड़े उतर !
विधि हुआ बावला मेरे घर !
स्मृति के, कूंची, तेरे नश्तर ! कागज पर हो या पत्थर पर,
ये ढीठ बसाते आये हैं, बहती आँखों में अपने घर !
विधि हुआ बावला मेरे घर !
टीसों की भी क्या सूची हो ? खोलूं किस तरह उसाँसों को ?
ये बिन सोये ही, बेकाबू—सपने, आते हैं उतर-उतर
विधि हुआ बावला मेरे घर !
कितने कोमल सपने तेरे ? कितनी कठोर तेरी टाँकी ?
फिर पत्थर पर ? किस लालच से ? यह बना गयी बाँकी झाँकी ?
बस, अब मूरत बन गयी ठहर ! विधि हुआ बावला मेरे घर !
विधि हुआ बावला मेरे घर !
पत्थर में तुझे दिखा मोहन, खोदा, ढूंढ़ा; तूने निज धन !
पर अब प्रहार क्यों ? क्रूर, ठहर—सिर झुका, पूज अपना दिलवर,
भेजे से इसे उतार चुका, अब इसे सँभाल कलेजे पर !
विधि हुआ बावला मेरे घर !

[1935, हिमकिरीटिनी]

यह बरस-गाँठ

किस तरुणी के प्रथम-हृदय-अर्पण के साहस-सी ये साँसें,
और तरुण के प्रथम-प्रेम-सी जमुहाती, अटपटी उसाँसें,

गई साँम के लौट-लौट आने का यह
करोड़वाँ-सा क्षण
वह क्षण जो बनने आया है
परम याद के कर का कंकण।

टेढ़े पल,
उलझी घड़ियाँ,
काले दिन, ये—
मटमैली रातें;

बन्दन, बलि, बन्दीगृह जिन पर
बोते रहे विषग सौगातें।

उन साँसों की एक डोर का
एक छोर,
बरस-गाँठ !
तेरी यह बरस-गाँठ !

[बुरहानपुर : 4 अप्रैल 1936, समर्पण]

मृत्यु

अरी ओ दो जीवन की मेल,
सखि तेरा आगम है उनसे,
मुक्त प्रणय का खेल।

अरमानों की फटी चदरिया क्यों बिगड़े सिलने में,
दो बिछुड़ी पलकों के श्याम, चिन्ता क्यों मिलने में !

चल प्यारे से मिलें रँगीली, तू पगली मैं पगली,
तू पीछे मैं आगे बहना, तू पहुँची मैं अँगुली।

ओ मेरे गोरे जीवन की सुन्दर चादर काली,
ओ मेरे सौभाग्य-सदन के आमन्त्रण की लाली।

पतन - पाप - पीड़ा के पथ के बन्द किये द्वार,
जीवन ले, जीवन धन देने, आई तू सुकुमार।

चिन्ताओं को चिता, कब्र ओ दूषित अरमानों की,
रवि-किरणों की पुत्रि, जननि जगती के बलिदानों की।

ओ माधव की मधुर पत्रिका के शब्दों की स्याही,
मेरे हित बन गई, सुनहली घड़ियों की तरुणाई।

कह दे जाकर, उनसे ऐ सखि, लगता जगत अकेला,
कहीं और को मत दे दें यों मेरे दर्शन की बेला।

जी में यौवन, विरह विकम्पन, बिन्दु-बिन्दु में अर्पण,
नैहर में कब तक दिन बीते—आ ले जावें मोहन।

[1936, युगचरण]

खोया हुआ मेरापन

ढूंढ़ने चलें, चलो मधुवन
मुझे लाना है मेरापन !

किलकते उस दिन देखा था मचलते गलियों में पाया
निगोड़ी भीड़ लगी हा ! हा !! तोतली बोली में गाया
यहीं, रेवा के कुंजों में सुना था वह आया, आया,
हाय ! सन्ध्या होने आई किन्तु वह हाथ नहीं आया;
चाह से भरी हटीली आह ! आह से बिंधा हुआ यौवन—
इसे लौटा लो, आग लगे, मुझे ला दो वह मेरापन !

आँख में आँख गड़ा प्यारे पुतलियाँ मेरी मत छीनो,
समय पर, शैशव के, बिखरे—मधुर पद-चिह्न, नहीं बीनो !
देर मत लगे, दूर मत हो, श्वास की डोरी मत चुक जाय,
और वह मेरा भोलापन किसी के जी में मत छुप जाय;
हाय ! कहते हैं, बाल सफेद, और रोता है चंचल मन—
श्याम में मिला हुआ वह हाय नहीं लौटेगा मेरापन !

बिखरकर मेरे कंधों पर फूल ! क्यों करते हो उपहास,
अरे ! तुम प्रेम-ब्रोल अनमोल कहाँ ? आते हो किसके पास ?

अधर के कम्पनमय अनुराग, लगे मत मुझ पर तेरे दाग
जवानी की अल्हड़ मुसकान लगाये मत अन्तर में आग
बावली जग की बंसरिया, ढूंढ़ती है तू जीवन-धन,
अरी ! मैंने तो खो डाला मधुर मस्ताना मेरापन !

निर्झरों तट के काँटों में खेलता कैसे होगा वह ?
नर्मदा के गहरे जल में तैरता कैसे होगा वह ?
कौन जा कहे कि कर दो बंद खेल अब आँखमिचौनी का,
जरा लौटो, थोड़ा सा चढ़ो यार ! पर्वत अनहोनी का;
सयाने रहो तुम्हीं सुकुमार, हँसो मत कहकर पागलपन,
न छूना उस दिन तक तुम मुझे न लौटे जब तक मेरापन !

सखे, यह जर्जरता की जननि ज्ञान की गठरी फेंक चलूँ,
आदरों की चादर दूं फाड़ फेंक यह वृद्ध विवेक चलूँ,
कीर्ति की जंजीरें दूं तोड़, बुढ़ापा चलो ढकेल चलूँ;
लगा गौरव-रौरव में आग आज प्राणों पर खेल चलूँ।
नर्मदा वह ही बहती है, वही बहता है मधुर पवन
आह, तब कौन छीन ले गया बताओ मुझ से मेरापन !

[1936, माता]

बोल राजा

बोल राजा, स्वर अटूटे
मौन का अब बाँध टूटे

जी से दूर मान बैठी थी जी से कैसे दूर ? बता तो ?
ऐ मेरे बनवासी राजा ! दूरी बनी कुसूर ? बता तो ?

उठ कि भू पर चाँद टूटे
बोल राजा, स्वर अटूटे
मौन का अब बाँध टूटे ?

उस दिन, जिस दिन तुम हँस उट्ठे, मैंने पुनर्जन्म को पाया,
फिर मेरे जी में तुम जनमे मैं फिर नीला-सा हो आया,

अब वियोगिन साँझ टूटे
बोल राजा, स्वर अटूटे,
मौन का अब बाँध टूटे !

जीवन के इस बगीचे में सुमन खिले, फल भी तो झूले,
पर मैंने सब फेंक दिये वे फले-फूले, वे फले-फूले!

प्राण तू मुझसे न छूटे,
बोल राजा, स्वर अटूटे,
मौन का अब बाँध टूटे!

मेरे मानस में संकट के कंज शीश ऊँचा कर आये,
तुतलाने का वचन दिये मेरी गोदी में तुम भर आये,

बोल अपने कर न झूठे,
बोल राजा, स्वर अटूटे
मौन का अब बाँध टूटे!

जी की माला पर लिख दूँ मैं कैसे तेरा निकाला!
मेरी हर धक-धक खिल उट्ठी फिर क्यों चुनूँ फूल की माला?

सुमन के छाले न फूटे,
बोल राजा, स्वर अटूटे
मौन का अब बाँध टूटे!

जबकि मौन से भी ध्वनि झरती तब ध्वनि की ध्वनि रोक न राजा
चल कि प्रलय भाँवरिया खेलें! प्राणों के आँगन में आ जा;

आज मैं बन लूँ बधूटी
'बाँध-गाँठ', कि गाँठ छूटी!
काढ़ जी पर बेल-बूटे
बोल राजा, स्वर अटूटे
मौन का अब बाँध टूटे!

[1936, हिमतरंगिनी]

नजर

भूमि से नभ तक हृदय की एक चिड़िया डोलती है,
और वाणी के बिना ही, लाख बातें बोलती है।

तारकों से जूझती सी इन्द्रधनु से बूझती-सी
और श्यामा पुतलियों से श्याम नभ तक सूझती-सी

चढ़न से हँस मोड़ लेती, थकन से कि मगाड़ [illegible],
सूझ के नभ-यान को रस-दान करती हाड़ [illegible]ती,
पुतलियों में ज्वार जग पर छवि सुधा-सी घोलती है।
भूमि के नभ तक हृदय की एक चिड़िया डोलती है।

हृदय में सपने जगाती, बाग में कलियाँ उठाती,
कुन्दकलियों के, कसक के, चित्र अनुपम-खींच लाती,
विश्व-विभु के चित्र लाती, हृदय-चित्रों से मिलाती,
झपकने वाली पलक छवि, धार को कब काट पाती?
प्राण के डोरों चढ़ी, यह पंख प्रति पल खोलती है।
भूमि से नभ तक हृदय की एक चिड़िया डोलती है।

चित्रकारिन है कि इसके, चित्र बनते हैं प्रति क्षण,
चाह चौगन, आह तीक्षण और उसके चित्र अनगिन।
पंख-हीना उड़ रही है, चरण-हीना चल रही है,
आह विभु संकेत-सी छन-छन स्वरूप बदल रही है,
एक चित्र भरा कि बिना ठहरे, नई छवि खोलती है।
भूमि से नभ तक हृदय की एक चिड़िया डोलती है।

खीझ में यह लाल होती ठोकरों में काल होती
द्वेष की डोरों चढ़ी यह एक फुंकृत व्याल होती,
थकन में बेहाल होती पिय मिले कि निहाल होती।
उजड़ते-बसते जगत के चित्र मिले, विशाल होती।
चित्र बनते हैं कि जब दर्शन तुला पर तौलती है।
भूमि से नभ तक हृदय की एक चिड़िया डोलती है।

बना निज काला बसेरा साँझ छुप करती सबेरा
आँकती है विश्व छन में जो रखे हैं स्वल्प घेरा
नित्य खारी बूँद पीती किन्तु मीठे चित्र देती
अश्रु देती, दृश्य देती, शत्रु देती, मित्र देती।
और काली कुंज गलियों चमकता जग ढोलती है।
भूमि से नभ तक हृदय की एक चिड़िया डोलती है।

जब न साजन विश्व में मिलता, पकड़ लाती हृदय से,
मूँद दूँ या खोल दूँ पट यह सदा स्वच्छन्द जय से।

घटज अंजुल से घटा है पर न इसका सिन्धु सूखे
वह घना चित्रित बने जो इस नटी को कसक दूखे।

मोतियों की सृष्टि करती, मोतियों की वृष्टि करती,
और तारों में सजा कर मोतियों के मोल भरती,

पर कभी निज श्याम-मन्दिर, शुक्लता न टटोलती है।
भूमि से नभ तक हृदय की एक चिड़िया डोलती है।

अमित डोरे छोड़ती है अमित बन्धन तोड़ती है
लक्ष से प्रतिपल मचल कर अमर नाता जोड़ती है।

छन बनाती है अमर छबि छन अमित छबि तोड़ती है,
एक सम्पुट-देश में यह कोटि छबि-गृह जोड़ती है।

चित्र जो रूठा कि खींचा, चित्र जो भाया कि खींचा,
आज ठुकराया कि खींचा, कल पुनः आया कि खींचा।

खींच की भागीरथी है, एक धारा ढोलती है।
भूमि से नभ तक हृदय की एक चिड़िया डोलती है।

वे कराहें भर रहे हैं जिन्हें छूते डर रही यह
वे अभागे मर रहे हैं जिन्हें आहत कर रही यह,

जो गिरे इसके करों से वे गिरे अस्तित्व खोकर
जो चढ़े, इसके सहारे चढ़ गये आकाश के सर

बिना स्वरों वाली, मधुरतम बोल विधि के बोलती है।
भूमि से नभ तक हृदय की एक चिड़िया डोलती है।

आज मेरी मधुर चिड़िया, तुम्हें पाँखों पर चढ़ाकर,
और मानो मैं कि तुमको, स्वयं आँखों पर चढ़ाकर,

पुतलियों पर पक रहे से, मधुर दाखों पर चढ़ाकर,
और ऊँचे सीस के अरमान लाखों पर चढ़ा कर।

प्रलय की आशा तुम्हें जी पर लिये हिंडोलती है।
भूमि से नभ तक हृदय की एक चिड़िया डोलती है।

यह गरीबिन है नजर है, नित्य बहता एक घर है,
क्षणिक है उत्थान जिसका, और क्षण के प्रथम प्रलय है।

नित्य ही खाली खजाना, नित्य अगणित कोष भरते,
एक बाँकी चाल से नित, कोटि जीते कोटि मरते।

पा लिया तुमको कि यह उन्नत्त पाँखें खोलती है।
भूमि से नभ तक हृदय की एक चिड़िया डोलती है।

[त्रिपुरी कैंप : 1938, युगचरण]

आज नयन के बँगले में

आज नयन के बँगले में
संकेत पाहुने आये री सखि !
जी से उठे
कसक पर बैठे
और बेसुधी
के बन घूमे
युगल पलक
ले चितवन मीठी
पथ-पद-चिह्न
चूम पथ भूले !
दीठ डोरियों पर
माधव को
बार-बार मनुहार थकी मैं
पुतली पर बढ़ता सा यौवन
ज्वार लुटा न निहार सकी मैं !
दोनों कारागृह पुतली के
सावन की झर लाये री सखि !
आज नयन के बँगले में
संकेत पाहुने आये री सखि !

[श्राद्ध-तिथि : 1938, हिमतरंगिनी]

हाँ याद तुम्हारी

हाँ, याद तुम्हारी आती थी, हाँ, याद तुम्हारी भाती थी,
एक तूली थी, जो पुतली पर तसवीर सी खींचे जाती थी;

कुछ दूख सी जी में उठती थी, मैं सूख सी जी में उठती थी,
जब तुम न दिखाई देते थे मनसूबे फीके होते थे;

पर ओ, प्रहर-प्रहर के प्रहरी,
ओ तुम, लहर-लहर के लहरी,
साँसत करते साँस-साँस के
मैंने तुमको नहीं पुकारा,

तुम पत्ती-पत्ती पर लहरे तुम कली-कली में चटख पड़े,
तुम फूलों-फूलों पर महके, तुम फलों-फलों में लटक पड़े,
जी के झुरमुट से झाँक उठे, मैंने मति का आँचल खींचा,
मुझको ये सब स्वीकार हुए, आँखें ऊँची, मस्तक नीचा;

पर ओ राह-राह के राही,
छू मत ले तेरी छल-छाँही,
चीख पड़ी मैं यह सच है,
पर मैंने तुमको नहीं पुकारा !

तुम जाने कुछ सोच रहे थे, उस दिन आँसू पोंछ रहे थे,
अर्पण की द्रव दरस लालसा मानो स्वयं दबोच रहे थे,
अनचाही चाहों से लूटी, मैं इकली, बेलाख, कलूटी
कसकर बाँधी आनें टूटीं, दिखें, अधूरी तानें टूटीं,

पर जो छंद-छंद के छलिया
ओ तुम, बंद-बंद के बन्दी,
सौ-सौ सौगन्धों के साथी
मैंने तुमको नहीं पुकारा !

तुम धक्-धक् पर नाच रहे हो, साँस-साँस को जाँच रहे हो,
कितनी अल: सुबह उठती हूँ, तुम आँखों पर चू पड़ते हो;
छिपते हो, व्याकुल होती हूँ, गाते हो, मर-मर जाती हूँ,
तूफानी तसवीर बनें, आँखों आये, झर-झर जाती हूँ,

पर ओ खेल-खेल के साथी,
बैरन नेह-जेल के साथी,
निज तसवीर मिटा देने में
आँखों की उँडेल के साथी,
स्मृति के जादू भरे पराजय !
मैंने तुमको नहीं पुकारा !

जंजीरें हैं, हथकड़ियाँ हैं, नेह सुहागिन की लड़ियाँ हैं,
काले जी के काले साजन काले पानी की घड़ियाँ हैं;

मत मेरे सीखचे बन जाओ, मत जंजीरों को छुमकाओ,
मेरे प्रणय-क्षणों में साजन, किसने कहा कि चुप-चुप आओ;

मैंने ही आरती सँजोई,
ले-ले नाम प्रार्थना बोली,
पर तुम भी जाने कैसे हो,
मैंने तुमको नहीं पुकारा !

[1938, हिमतरंगिनी]

अमर राष्ट्र

छोड़ चले, ले तेरी कुटिया, यह लुटिया-डोरी ले अपनी,
फिर वह पापड़ नहीं बेलने, फिर वह माला पड़े न जपनी।

यह जाग्रति तेरी तू ले-ले, मुझको मेरा दे-दे सपना,
तेरी शीतल सिंहासन से सुखकर सौ युग ज्वाला तपना।

सूली का पथ ही सीखा हूँ, सुविधा सदा बचाता आया,
मैं बलि-पथ का अंगारा हूँ, जीवन-ज्वाल जलाता आया।

एक फूँक, मेरा अभिमत है, फूँक चलूँ जिससे नभ जल थल,
मैं तो हूँ बलि-धारा-पन्थी, फेंक चुका कब का गंगाजल।

इस चढ़ाव पर चढ़ न सकोगे, इस उतार से जा न सकोगे,
तो तुम मरने का घर ढूँढ़ो, जीवन-पथ अपना न सकोगे।

श्वेत केश ?—भाई होने को—हैं ये श्वेत पुतलियाँ बाकी,
आया था इस घर एकाकी, जाने दो मुझको एकाकी।

अपना कृपा-दान एकत्रित कर लो, उससे जी बहला लें,
युग की होली माँग रही है, लाओ उसमें आग लगा दें।

मत बोलो वे रस की बातें, रस उसका जिसकी तरुणाई,
रस उसका जिसने सिर सौंपा, आगी लगा भभूत रमाई।

जिस रस में कीड़े पड़ते हों, उस रस पर विष हँस-हँस डालो;
आयो गले लगो, ऐ साजन ! रेतो तीर, कमान सँभालो।

हाय, राष्ट्र-मन्दिर में जाकर, तुमने पत्थर का प्रभु खोजा !
लगे माँगने जाकर रक्षा और स्वर्ण-रूपे का बोझा !

मैं यह चला पत्थरों पर चढ़, मेरा दिलबर वहीं मिलेगा,
फूंक जला दें सोना-चाँदी, तभी क्रान्ति का सुमन खिलेगा।

चट्टानें चिंघाड़ें हँस-हँस, सागर गरजे मस्ताना-सा,
प्रलय राग अपना भी उसमें, गूँथ चलें ताना-बाना-सा।

बहुत हुई यह आँख-मिचौनी, तुम्हें मुबारक यह वैतरनी,
मैं साँसों के डाँड़ उठाकर, पार चला, लेकर युग-तरनी।

मेरी आँखें, मातृ-भूमि से नक्षत्रों तक, खींचें रेखा,
मेरी पलक-पलक पर गिरता जग के उथल-पुथल का लेखा!

मैं पहला पत्थर मन्दिर का, अनजाना पथ जान रहा हूँ,
गड़ूँ नींव में, अपने कन्धों पर मन्दिर अनुमान रहा हूँ।

मरण और सपनों में होती है मेरे घर होड़ा-होड़ी,
किसकी यह मरजी-नामरजी, किसकी यह कौड़ी-दो कौड़ी?

अमर राष्ट्र, उद्दंड राष्ट्र, उन्मुक्त राष्ट्र! यह मेरी बोली
यह 'सुधार' 'समझौतों' वाली मुझको भाती नहीं ठठोली।

मैं न सहूँगा—मुकुट और सिंहासन ने वह मूछ मरोरी,
जाने दे, सिर लेकर मुझको, ले सँभाल यह लोटा-डोरी!

[खण्डवा : 1938, हिमकिरीटिनी]

यह किसका मन डोला

यह किसका मन डोला?

मृदुल पुतलियों के उछाल पर, पलकों के हिलते तमाल पर,
निःश्वासों के ज्वाल-जाल पर, कौन लिख रहा व्यथा कथा?
किसका धीरज 'हाँ' बोला? किस पर बरस पड़ी यह घड़ियाँ
यह किसका मन डोला?

करुणा के उलझे तारों से, विवश बिखरती मनुहारों से,
आशा के टूटे द्वारों से—झाँक-झाँक कर, तरल शाप में—
किसने यों वर घोला कैसे काले दाग पड़ गये!
यह किसका मन डोला?

फूटे क्यों अभाव के छाले, पड़ने लगे ललक के लाले,
यह कैसे सुहाग पर ताले! अरी मधुरिमा पनघट पर यह—
घट का बंधन खोला ? गुन की फाँसी टूटी लख कर
यह किसका मन डोला ?

अन्धकार के श्याम तार पर, पुतली का वैभव निखार कर,
वेणी की गाँठें सँवार कर, चाँद और तम में प्रिय कैसा—
यह रिश्ता मुँह बोला ? वेणु और वेणी में झगड़ा
यह किसका मन डोला ?

बेचारा गुलाब था चटका उससे भूमि - कम्प का झटका
लेखा, और सजनि घट-घट का यह धीरज, सतपुड़ा शिखर—
सा स्थिर, हो गया हिंडोला, फूलों के रेशे की फाँसी
यह किसका मन डोला ?

एक आँख में सावन छाया, दूजी में भादों भर आया,
घड़ी झड़ी थी, झड़ी घड़ी थी गरजन, बरसन, पंकिल, मलजल,
छुपा 'सुवर्ण खटोला' रो रो खोया चाँद हाय री!
यह किसका मन डोला ?

मैं बरसी तो बाढ़ मुझी में ? दीखे आँखों, दूखे जी में
यह दूरी करनी, कथनी में दैव, स्नेह के अन्तराल से
गरल गले चढ़ बोला मैं साँसों के पद सुहलाती ?
यह किसका मन डोला ?

[त्रिपुरी कैम्प : नवम्बर 1938, हिमतरंगिनी]

गान

यह प्रलय का कौन दिन ? प्रिय कौन-सा मधु गान ?
गान ? जब रिपु हो जगाता भारतीय मसान ?

गान ?—जब करुणा बनी हो वीरता, अनमोल ?
वीरता जब मरण न्योते शीश उच्च अडोल ?

गान ?—जिसमें प्रलय रोवे, प्यार क्यों मुसकाय ?
गान ?—जिसमें प्रलय झाँके, फिर प्रणय कब आय ?

गान ?—जिस पर हों पड़े दुहराहटों के दाग ?
गान ?—जिसकी ललक से बुझ जायँ अमर चिराग।

प्राण जो माँगे न, तो क्या प्राण-धन का गान ?
प्राण जो दे-दे न वह भी प्राण-धन की तान ?

गान ? जब मस्तक उठा, काँपा न नभो वितान !
भिनभिनाती मक्खियाँ भी लिख रही हैं गान !

[खण्डवा : 1939, हिमकिरीटिनी]

वृक्ष और वल्लरी

वृक्ष, वल्लरि के गले मत मिल, कि सर चढ़ जायगी यह,
और तेरी मित भुजाओं पर अमित हो छायगी यह।
हरी-सी, मनभरी-सी, मत जान, रुख लख, राह लख तू
मधुर तेरे पुष्प-दल हों, कटु स्वफल लटकायगी यह।
भूल है, पागल, गिरी तो यह न चरणों पर रहेगी
निकट के नव वृक्ष पर, नव रंगिणी बल खायगी यह।
वृक्ष, तेरे शीश पर के वृक्ष से लाचार है तू ?
किन्तु तेरे शीश से, उस शीश पर भी जायगी यह।
यह समर्पण-ऋण चुकाना दूर, मानेगी न छन भर
तव चरण से खींच कर—रस और को मंहकायगी यह।
मत कहो इसको अभागिन, यह कभी न सुहाग खोती,
लिपटना इसकी विवशता है, लिपटती जायगी यह।
बस निकट भर ही पड़े कि न बेर या कि बबूल देखे
आम्र छोड़ करील पर आगे बढ़ी ही जायगी यह।
तू झुका दे डालियाँ चढ़ पाय फिर क्यों शीश पर यह;
फलित अरमानों भरी तेरे चरण आ जायगी यह।
फेंक दे तू भूमि पर सब फूल अपने और इसके
हुआ कृष्णार्पण कि तेरी बाँसुरी बन जायगी यह !
प्यार पाकर सिर चढ़ी, तो प्यार पाकर सूखती है,
कलम कर दे लिपटना फिर सौ गुनी लिपटायगी यह।

नदी का गिरना पतन है वल्लरी का शीश चढ़ना,
पतन की महिमा बनी तब शीश पर हरियायगी यह।
मत चढ़ा चंदन चरण पर मत इसे व्यंजन परोसे
कुंभिपाकों ऊगती आई; वहीं फल लायगी यह।
सहम मत, तेरे फलों का कौन-सा आलम्ब बेली?
तू भले, फल दे, न दे, अपनी बहारों आयगी यह।
किस जवानी की अँधेरी में बढ़े जा रहे दोनों
बन्द कलियाँ, बंद अँखियाँ कौन-सा दिन लायगी यह।
फेंक कर फूलों इरादे, भूमि पर होना समर्पित,
सिर उठाकर पुण्य भू का पुण्य-पथ समझायगी यह।
एक तेरी डालि छूटे, दूसरी गह ले गरब से
डालि जो टूटी, कि अबला सिद्ध कर दिखलायगी यह।
मेंह की झर है न तू, जो मौसमों में बरस बीते,
नेह की झर सूखकर तुझको अवश्य सुखायगी यह।
तू तरुणता का संदेशा भूमि का विद्रोह प्यारे,
शीश पर तू फूल ला, बस चरण में बस जायगी यह।
या कि इसको हृदय से ऐसी लपेट कि दाँव भूले
सूर्य की संगिनि दुपहरी सी स्वयं ढल जायगी यह!
रे नभोगामी, न लख तू रूप इसका, रंग इसका,
तू स्वयं पुरुषार्थ दिखला, तब कला बन जायगी यह।
लता से जब लता लिपटे? गर्व हो? किस बात का हो?
तू अचल रह, स्वयं चल कर ही चरण पर आयगी यह।
भूमि की इच्छा, मिलन की साध, मिटने की प्रतीक्षा—
तब अमित बलशालिनी है जब तुझे पा जायगी यह!
चढ़न है विश्वास इसका, लिपटना इसकी परमता,
जो न चढ़ पाई कहीं तो नष्ट मुरझा जायगी यह।
पहिन कर बन्धन, न बन्धन में इसे तू जान गाफिल,
जिस तरह फैली कि नव-बन्धन बनाती जायगी यह।

डालियाँ संकेत विभु के वल्लरी उन्माद भाषा,
लिपटने के तुक मिलाते छन्द गढ़ती जायगी यह।
और जो होना समर्पण है, इसी की साध बनकर
शीश ले इसके फलों को तब बहारों आयगी यह !
[व्योहार-निवास, जबलपुर : 1939, समर्पण]

वह टूटा…तारा

वह टूटा, जी जैसा तारा ! कोई एक कहानी कहता
झाँक उठा बेचारा ! वह टूटा, जी जैसे तारा !

नभ से गिरा, कि नभ में आया ! खग-रव से जन-रव में आया,
वायु-रुँधे सुर-मग में आया, अमर तरुण तम-जग में आया,
मिटकर आह, प्राण-रेखा से श्याम अंक पर अंक बनाता,
अनगिनती ठहरी पलकों पर, रजत-धार से चाप सजाता ?
चला बीतती घटनाओं-सा,—नभ-सा, नभ से—बिना सहारा।
और कहानी वाला चुपके काँख उठा बेचारा !
वह टूटा, जी जैसा तारा !

नभ से नीचे झाँका तारा, मिले भूमि तक एक सहारा,
सीधी डोरी डाल नजर की देखा, खिला गुलाब बिचारा,
अनिल हिलाता, अनल रश्मियाँ उसे जलातीं, तब भी प्यारा—
अपने काँटों के मंदिर से स्वागत किये, खोल जी सारा,
और कहानी वाली आँखों—उमड़ी तारों की दो धारा,
वह टूटा, जी जैसा तारा !

किन्तु फूल भी कब अपना था ? वह तो बिछुड़न थी, सपना था,
झंझा की मरजी पर उसको बिखर-बिखर ढेले ढँपना था !
तारक रोया, नभ से भू तक सर्वनाश ही अमर सहारा,
मानो एक कहानी के दो खंडों ने विधि को धिक्कारा
और कहानी वाला बोला—तीन हुआ जग सारा।
वह टूटा, जी जैसा तारा !

अनिल चला कुरबानी गाने, जग-दृग तारक-मरण सजाने,
खींच-खींच कर बादल लाने, बलि [illegible] इन्द्र-धनुष पहिचाने,

टूटे मेघों के जीवन से कोटि तरल तर तारे,
गरज, भूमि के विद्रोही, भू के जी में उकसाने,
और कहानी वाला चुप, मैं जीता ? ना मैं हारा !
वह टूटा, जी जैसा तारा !

मरुत न रुका नभो मंडल में, वह दौड़ा आया भूतल में,
नभ-सा विस्तृत, विभु-सा प्राणद, ले गुलाब-सौरभ आँचल में—
झोली भर-भर लगा फुटाने सुर नभ से उतरे गुण गाने,
उधर ऊग आये थे भू पर, हरे राज-द्रोही दीवाने !
तारों का टूटना पुष्प की—मौत, दूखते मेरे गाने,
क्यों हरियाले शाप, अमर भावन बन, आये मुझे मनाने ?
चौंका ! कौन ? कहानी वाला ! स्वयं समर्पण हारा
वह टूटा, जी जैसा तारा !

तपन, लूह, घन-गरजन, बरसन चुम्बन, दृग-जल, घन-आकर्षण
एक हरित ऊगी दुनिया में डूबा है कितना मेरापन ?
तुमने नेह जलाया नाहक, नभ से भू तक मैं ही मैं था !
गाढ़ा काला, चमकीला घन हरा-हरा, छन लाल-लाल था !
सिसका, कौन ! कहानी वाला ! दुहरा कर ध्वनि-धारा !
वह टूटा, जी जैसा तारा !

त्रिपुरी कैम्प : दिसम्बर 1939, हिमतरंगिनी]

जागना अपराध

जागना अपराध !
इस विजन बन-गोद में सखि
मुक्ति-बन्धन-मोद में सखि,
विष-प्रहार-प्रमोद में सखि,
मृदुल भावों
स्नेह दावों
अश्रु के अगणित अभावों का शिकारी—
आ गया विधि व्याध;
जागना अपराध !
बंक वाली, भौंह काली,
मौत, यह अमरत्व ढाली,

करुण धन सो
तरल घन सी
सिसकियों के सघन बन सी,
श्याम - सी,
ताजे, कटे से,
खेत सी असहाय,
कौन पूछे ?
पुरुष या पशु
आय चाहे जाय.
खोलती सी शाप,
कसकर बाँधती वरदान—
पाप में—
कुछ आप खोती
आप में—
कुछ मान।
ध्यान में, धुन में,
हिये में, घाव में,
शर में,
आँख मूँदे,
ले रही विष को,—
अमृत के भाव !
अचल पलक,
अचंचला पुतली
युगों के बीच,
दबी - सी,
उन तरल बूंदों से
कलेजा सींच,
खूब अपने से
लपेट - लपेट
परम अभाव,
चाव से बोली,
प्रलय की साध—
जागना अपराध !

[त्रिपुरी कैम्प : जनवरी 1939, हिमतरंगिनी]

यौवन का पागलपन

हम कहते हैं बुरा न मानो, यौवन सुनहली मधुर छाया !

सपना है, जादू है, छल है ऐसा
पानी पर बनती मिटती रेखा-सा
मिट-मिट कर दुनिया देखे रोज तमाशा

यह गुदगुदी, यही बीमारी
मन हुलसावे, छीजे काया।

हम कहते हैं बुरा न मानो, यौवन मधुर सुनहली छाया !

वह आया आँखों में दिल में छुपकर,
वह आया सपने में, मन में, उठकर,
वह आया साँसों में से रुक-रुककर

हो न पुरानी, नई उठे फिर
कैसी कठिन मोहनी माया।

हम कहते हैं, बुरा न मानो, यौवन मधुर सुनहली छाया !

[खण्डवा : 1940, समर्पण]

धरती तुझसे बोल रही है

धरती बोल रही है—धीरे धीरे धीरे मेरे राजा,
मेरा छेद कलेजा हल से फिर दाना बन स्वयं समा जा।

माटी में मिल जा ओ मालिक
माँद बना ले गिरि-गिह्वर में,
एक दहाड़, करोड़ गुनी हो,
गूँजे नभ की लहर लहर में।

हरी हरी दुनिया के स्वामी,
लाल अँगारों के कमलापति,
मुट्ठी भर हड्डियाँ? नहीं, यह
जग की हल-चल तेरी सम्पत्ति।

रे इतिहास फेंक सत्तावन
वाली वह तलवार पुरानी,

आज गरीबी की ज्वालामय
साँसों पर चढ़ने दे पानी।

उत्सव क्या ? सूली पर चढ़ना; क्या त्योहार ? मौत की बेला !
खेला कौन ? अरे प्रलयंकर, तू अपने परिजन से खेला।

नेता-अनुयायी का रौरव,
वक्ता-श्रोता का यह रोना।
ओ युग ! तेरे हाथों देने,
आये मूरख चन्द्र - खिलौना।

तेरे घिसते दाँतों की मचमची, गठानें खोल रही है,
धीरे-धीरे मेरे राजा, तुझसे धरती बोल रही है।

[खण्डवा : 1940, समर्पण]

कुलवधू का चरखा

चरखे, गा दे जी के गान !

इक डोरा-सा उठता जी पर, इक डोरा उठता पूनी पर
दोनों कहते बल दे, बल दे, टूट न जाये तार बीच में,

टूट न जाये तान, चरखे, गा दे जी के गान !

उजली पूनी, उजले जीवन, है रंगीन नहीं उनका मन,
यह सितार-सा तारों का धन, तार-तार भावी का स्वर-धन,

चिर - सुहाग पहचान, चरखे, गा दे जी के गान !
तार बने, तारों की उलझन, तार बने जीवन की पहरन,

ढाँके इज्जत, ढाँके दो मन, दो डोरों के गठबन्धन से,
बँधे हृदय - महमान, चरखे, गा दे जी के गान !

[खण्डवा : 1940, समर्पण]

ओ तृण-तरु-गामी

सिर से पाँव, धूलि मे लिपटा, सभ्यों में लाचार दिगम्बर,
बहते हुए पसीने से बनती गंगा के ओ गंगाधर;
ओ बीहड़ जंगल के वासी, अधनंगे ओ तृण-तरु-गामी
एक-एक दाने को रोते, ओ सारी वसुधा के स्वामी !

दो आँखों से मरण देखते
लाल नेत्र तीजा नेत्र बिन खोले
ओ साँपों के भूषणधारी
धूर्त जगत् में ओ बंभोले !

गिरि-पति, गिरि-जा को संग लेकर, बजा प्रलय डमरू प्रलयंकर,
तेरा प्रलय देखने आया, दिखा मधुर-ताण्डव ओ नटवर !

[खण्डवा : 1940, समर्पण]

युग-धनी

युग - धनी, निश्चल खड़ा रह !

जब तुम्हारा मान, प्राणों
तक चढ़ा, युग-प्राण लेकर,
यज्ञ-वेदी फल उठी जब
अग्नि के अभिमान लेकर ।

आज जागा, कोटि कण्ठों का—
बटोही मान लेकर,
ढूँढ़ने आ गयी बन्धन - मुक्ति—
पथ पहचान लेकर ।

जब कि उर्मि उठी, हृदय - हृद
मस्त होकर लहलहाया,
रात जाने से बहुत पहले
सवेरा कसमसाया ।

किन्तु हम भूले तुझे ही
जब हमें रण - ज्वार आया,

एक हमने शंख फूंका।
एक हमने गीत गाया।
गान तेरा है कि बस अभिमान मेरा,
रूप तेरा है कि है दृग-दान मेरा,
तू महान प्रहार ही सह,
युग-धनी, निश्चल खड़ा रह।

[नागपुर : 1940, समर्पण]

नन्हे महमान

महमान मेरे नन्हे से ओ महमान!
हम दोनों का मेल है तू ही,
जग का जीवन-खेल है तू ही,
नेह सीखचों जेल है तू ही,
ओ अम्मा के राजदुलारे,
साजन की मुसकान।
महमान मेरे नन्हे-से ओ महमान।
माँ की सब तरुणाई वारी,
'उनकी' लापरवाही वारी,
नाना की धन-दौलत वारी,
ओ गरीब के अमीर छोरे
दुख सुख की पहचान।
महमान मेरे नन्हे-से ओ महमान!
हरियाले दो-मन पर फूला,
हम दो खम्भों पर तू झूला,
अरे कौन-सा रास्ता भूला,
नाना-सा धनवान, पिता-सा—
या होगा नादान!
महमान मेरे नन्हे-से ओ महमान!

[खण्डवा : 1940, समर्पण]

यह लाशों का रखवाला

उनसे सपने हरियाता मेरी सूझों का पानी
मुझसे बलि-पन्थ हरा है, मुझ पर दुनिया दीवानी !

एकान्त हमारा, विधि से विद्रोहों की मस्ती है,
उन्माद हमारा, शत-शत अरमानों की बस्ती है।

हमने दुनिया खो डाली, तब जग ने हमको पाया !
हम अपने पर हँस उट्ठे, तब कहीं जगत रो पाया !

ईटों, पाषाणों का नर, ईमान न जीने देगा,
यह लाशों का रखवाला, नव-प्राण न जीने देगा !

[ट्रेन में, होशंगाबाद : 1940, समर्पण]

युग-ध्वनि

आग उगलती उधर तोप लेखनी इधर रस-धार उगलती,
प्रलय उधर घर-घर पर उतरा, इधर नजर है प्यार उगलती !
उधर बुढ़ापा तक बच्चा है, इधर जवानी छन-छन ढलती !
चलती उधर मरण-पथ टोली 'उनपर' इधर तबीयत चलती !
भुजदण्डों पर उधर भवानी, इधर जमाना पतित तर्क का
जग ने ठीका दे रक्खा है, उधर स्वर्ग का, इधर नर्क का !

हाय सूर से सीख न पाये
दो सूजी से आँखें देना,
विद्रोहिनी विजयिनी मीरा
कहती किसे ? जहर पी लेना ?

ओ बेमूँछों के बलिपन्थी ! आ इस घर में आग लगा चल,
ठोकर दे, कह युग ! चलता चल, युग के सर चढ़, तू चलता चल !

[खण्डवा : 1940, समर्पण]

क्रन्दन

खा रहे हो अन्न ? मरनासन्न,—
मेरी हड्डियों का स्वाद कैसा लग रहा है ?
सुलगना चाहा ? नहीं मेरे हृदय का क्रोध आज सुलग रहा है।

चूसते हो फल सँभालो—
रक्त मेरा भर रहा है सब फलों में,
और वह भी झर रहा है, जो झरा करता अभागे दृगजलों में।

कंद मत खोदो, हमारे—
हैं गड़े बच्चे उन्हीं के पास भगवान्,
वायु का स्वर है ? सिसकियाँ हैं हमारी और क्रन्दन।

तुम बड़े हो रहो,
छोटापन हमारा पर न छीनो !
रोटियाँ छोड़ो—भले ही ले चुको दुर्भाग्य ! तुम, ये लोक तीनों।

[खण्डवा : 1940, युगचरण]

मूर्छित सौरभ

जग जग में हेमन्त विहरता, तब मुझ में वसन्त क्यों आया ?

चली कँपकँपी, सी सी, सिहरन, पहन लिया कोकिल ने मम मन,
अन्तराल का अति सौरभ वन, बौर उठा बन आया मधुवन,

बौरा गीत, निठुर, आँधी बन, मेरा ढेलों पर बिखराया ?
जब जग में हेमन्त विहरता तब मुझ में वसन्त क्यों आया ?

गिरते गान फिसलता यौवन, मूर्छित सौरभ का यह कन-कन,
कौन भैरवी में भरता है, मेरी सोरठ का सूनापन ?

फिर मेरे सोये गीतों को, क्यों नभ-विहंगों ने दुहराया ?
जब जग में हेमन्त विहरता, तब मुझ में वसन्त क्यों आया ?

यह बैरन, मेरे गीतों को—लेकर, कौन चली गति-शीला ?
साँस ? समीरण ? यह खतरों पर मेरा लाड़, कि तेरी लीला ?

जी की कलियाँ कुचल-कुचल, किसने मधुवन वीरान बनाया ?
जब जग में हेमन्त विहरता, तब मुझ में वसन्त क्यों आया ?

इस बहार के मस्ताने पर, बिखरन में यह किसकी बू है?
मेरे चढ़ने में भी तू था? मेरे गिरने में भी तू है?

कलिकाएँ लौटा दे मेरी, तेरे फूलों से भर पाया।
जब जग में हेमन्त विहरता, तब मुझ में वसन्त क्यों आया?

फूलों की, साँसों की, सौरभ की, संकट की, स्वर की माला;
कसकों की, सिसकों की, घबड़ाहट की, आँसू की वनमाला—

वनमाली! किसको पहनाऊँ, जब तुझको अपराधी पाया?
जब जग में हेमन्त विहरता, तब मुझ में वसन्त क्यों आया?

बेकलियों में चटख चटख, मैंने कलियों में ज्वार लिखे थे,
तुम्हें सुनाई पड़ जाने को, मैंने मधु-चीत्कार लिखे थे,

फुला-फुला कर तुमने मेरा मिट्टी में संसार मिलाया।
जब जग में हेमन्त विहरता, तब मुझ में वसन्त क्यों आया?

मिट कर ऊग उठूँगा मोहन, वह निशि आई, वह दिन छाये?
काली मिट्टी पर हरियाली? लो, रोको, वे अंकुर आये!

तुम क्या रोकोगे मनमोहन, अमर ऊगना मैंने पाया।
जब जग गें हेमंत विहरता, तब मुझ में वसन्त क्यों आया?

[1940, युगचरण]

दूख उठी पाँसुरी

(1)

बज उठी बाँसुरी की दूख उठी पाँसुरी
चाह के, अचाह के
राह, बदराह के
खीझ के सराह के

मन के द्वैछिद्र छेद दिये बाँस-बाँस पर
उसका पतन सज उठा साँस-साँस पर
प्राण - हीन कर मुझे ओठो पै बिठा लिया!
फूंकी निज साँसें, कहा—तुमको जिला दिया!

खाली देख मेरा अंग अंग-अंग छा गये,
मेरे छेद - छेद निज अँगुली लगा गये !
काठ-काट फरसों बनाई गई काम की,
हाट-हाट बेची बंसी—ले लो थोड़े दाम की !

मेरे स्वर मानो सारा वंश-वंश रो उठा,
वंश के स्वभाव में अटूटता थी, खो उठा,
मैं जो दीखती थी वन-भू में आसमान में,
काट-पीट जमी स्वर-बधिक दुकान में !

कृष्ण था कलेजा, कृष्ण —हाथ, कृष्ण काम थे,
यों तो विश्व-कोणों में, हाँ बड़े-बड़े नाम थे !
कृष्ण-ध्वनि पै थी मेरी उज्ज्वलता निरुपाय,
जला-जला कृष्ण छेद—मुझ पै बनाये हाय !

कृष्ण कृत्य जो न सहे जाते कभी राम से,
मुझमें बजाये गये भिन्न-भिन्न नाम से !
सिर छेद, पाँव काट, कर मुझे छोटी सी,
जेब में छिपा के बोले, जी से लग, वल्लभे !

(2)

मेरे छेद उनके ही वासना प्रतीक थे—
छू उठे लगा दी षट्-रिपु-सी अँगुलियाँ !
शौर्य था, न जोश था, न रोष था, न तेज था
साँसें बोतीं—रुदन, उगलती थीं अँगुलियाँ।

विरहा जो गाया तो मुझे भी वन याद आया,
करुणमयी मैं, सुहलाती थी अँगुलियाँ !
मैं भी मरी जी उठी-सी कराती कराह आह,
प्राणों से भी प्यारी मुझे भाती थीं अँगुलियाँ।

बल-मद काट लाया भूल गई याद-सी,
मीठी मदहोशी को बढ़ाती थीं अँगुलियाँ !
धन-मद मुझको खरीद लाया हाट से
ओठों के महल पै चढ़ाती थीं अँगुलियाँ।

रस-मद रागमयी वासना से झूम उठा;
अंग-अंग जूठे कर जाती थीं अँगुलियाँ !

मेरी सुधि मेरा अभिमान, मेरी दृढ़ता
यदि मत आये, बहकती थीं अँगुलियाँ !
मेरी दासता न छूटे सदा रहूँ हाथ में,
साँसें धीमी आतीं—बल खाती थीं अँगुलियाँ !
नाशक की मरजी पै गूंजूं या कि चुप रहूँ,
ओठों के सुरों में समझाती थीं अँगुलियाँ !

मेरा गर्व, मेरा द्रोह मेरी आत्म-ताड़ना—
सो जाते थे, जब जग जाती थीं अँगुलियाँ ?
मेरी बेबसी का, गरीबी का, आत्म-ताड़ना का
ओठों की दलाल गीत गाती थीं अँगुलियाँ !

(3)

किन्तु मैं अमर हूँ, अमर मेरी तान है,
अमर है ऊगना, अमर हरियाली है।
अमर उठान है,
अमर झकझोरने हैं,

अमर हवा में मेरी प्रभुता निराली है !
मेरी गरीबी पै गर्व ठहरा है हिंसकों का,
मेरी बेबसी पै नाशकों ने खेल खेले हैं,
मेरे अंग - अंग कट—
जाने में उमंगी रहें।

मेरी अल्पता ने रंगियों के रंग झेले हैं !

घातक की मौज, जी की दूखती-सी पाँसुरी,
वंश की विवशता हूँ, मानव की बाँसुरी।
बज उठी बाँसुरी, कि दूख उठी पाँसुरी।

[ड्रीमलैण्ड, कानपुर : 1940, युगचरण]

यह भी न बने, वह भी न बने

यह भी न बने, वह भी न बने—कैसी बैरन लाचारी है !
यह भी न छुटे, वह भी न माने—कैसी कोमल बीमारी है !

गुस्ताख जवानी जाने क्या माँ-बापों का मन कैसा है ?
सौतन चाहें पहचाने क्या दिलवर का दिल किस जैसा है ?

दोनों की ललक जगा दी है, दोनों आगें सुलगा दी हैं,
मैं दोनों नहीं छोड़ सकती, मैंने तो मुहर लगा दी है।

मेरा प्रियतम भी पास रहे, मेरे 'पापा' भी दूर न हों,
मेरी पलकों की गोदों से, मेरी पुतली भी दूर न हो।

जिद मानूँ तो ? पापिन बेटी ! जिद छोड़ूँ तो दिलवर छूटे,
उनको छोड़ूँ तो कुल टूटे, इनको छोड़ूँ तो दिल टूटे !

घर-घर की प्रेम कहानी तू कितनी कुटिला हत्यारी है !
साजन की दुनिया, तुझको कैसे छोड़ूँ, कितनी प्यारी है !

यह भी न बने,
वह भी न बने।

[खण्डवा : 1940, युगचरण]

गीत

जीवन में यह भी होना था !

जिसने आकर जी में मेरे,
धूम मचा दी प्रेम प्रेम की
जिसने तुझ पर अर्पित होकर
आन छोड़ दी कठिन नेम की

जिसको पाकर तुझको पाया,
जीवन का वरदान सजाया,

उसको रे वैभव तेरे हित इस प्रकार पाकर खोना था।
जीवन में यह भी होना था !

इन आँखों में वे आँखें हैं,
जो जीवन-प्रभात में आये,
इन खिलवाड़ों खेल रहे वे,
जिन पर मैंने प्राण चढ़ाये।

वह हँसना कितना महँगा था,
जिस पर जीवन भर रोना था !
जीवन में यह भी होना था !

[खण्डवा : 1940, युगचरण]

जवानी

प्राण अन्तर में लिये, पागल जवानी ! कौन कहता है
कि तू विधवा हुई, खो आज पानी ?

चल रहीं घड़ियाँ चले नभ के सितारे,
चल रहीं नदियाँ, चले हिम-खंड प्यारे;
चल रही है साँस, फिर तू ठहर जाये ?
दो सदी पीछे कि तेरी लहर जाये ?

पहन ले नर-मुंड-माला, उठ, स्वमुड सुमेरु कर ले;
भूमि-सा तू पहन बाना आज धानी
प्राण तेरे साथ हैं, उठ री जवानी !

द्वार बलि का खोल चल, भूडोल कर दें,
एक हिम-गिरि एक सिर का मोल कर दें,
मसल कर, अपने इरादों-सी, उठा कर,
दो हथेली हैं कि पृथ्वी गोल कर दें ?

रक्त है ? या है नसों में क्षुद्र पानी !
जाँच कर, तू सीस दे-देकर जवानी ?

वह कली के गर्भ से, फल-रूप में, अरमान आया !
देख तो मीठा इरादा, किस तरह, सिर तान आया !
डालियों ने भूमि रुख लटका दिये फल, देख आली !
मस्तकों को दे रही संकेत कैसे, वृक्ष-डाली !

फल दिये ? या सिर दिये ? तरु की कहानी—
गूँथकर युग में, बताती चल जवानी !

श्वान के सिर हो—चरण तो चाटता है !
भोंक ले—क्या सिंह को वह डाँटता है ?
रोटियाँ खायीं कि साहस खा चुका है,
प्राणि हो, पर प्राण से वह जा चुका है।

तुम न खेलो ग्राम-सिंहों में भवानी !
विश्व की अभिमान मस्तानी जवानी !

ये न मग है, तव चरण की रेखियाँ हैं,
बलि दिशा की अमर देखा-देखियाँ हैं।

विश्व पर, पद से लिखे कृति लेख हैं ये,
धरा तीर्थों की दिशा की मेख हैं ये।

प्राण - रेखा खींच दे, उठ बोल रानी,
री मरण के मोल की चढ़ती जवानी।

टूटता-जुड़ता समय—'भूगोल' आया,
गोद में मणियाँ समेट खगोल आया,
क्या जले बारूद ?—हिम के प्राण पाये!
क्या मिला ? जो प्रलय के सपने न आये।
धरा ?—यह तरबूज है दो फांक कर दे,

चढ़ा दे स्वातन्त्र्य-प्रभु पर अमर पानी।
विश्व माने—तू जवानी है, जवानी!

लाल चेहरा है नहीं—फिर लाल किसके?
लाल खून ? अरे, कंकाल किसके?
प्रेरणा सोयी कि आटा-दाल किसके?
सिर न चढ़ पाया कि छापा-माल किसके?

वेद की वाणी कि हो आकाश-वाणी,
धूल है जो जग नहीं पायी जवानी।

विश्व है असि का ?—नहीं संकल्प का है;
हर प्रलय का कोण काया-कल्प का है;
फूल गिरते, शूल शिर ऊँचा लिये हैं;
रसों के अभिमान को नीरस किये हैं!

खून हो जाये न तेरा देख, पानी,
मरण का त्योहार, जीवन की जवानी।

[पत्नी की श्राद्ध-तिथि : 1940, हिमकिरीटिनी]

वृद्धत्व

कौन कहता है कि तुम
वृद्धत्व मेरे पास आये!
जब गदर आया, उभड़ आई,
जगत के त्रास आये!

हृदय से आँखों, अँगुलियों—
पर, भविष्य उतर रहा है,
रूढ़ि दुहराने यहाँ, किस—
तरह फिर इतिहास आये ?
कौन वर बाकी रहा, जब
देवता उन्मेष आये ?
कौन स्वागत ? अमर करने
'प्रलय' जब इस देश आये !

[1941, माता]

मैंने वृथा धूनी रमाई

तेरे हजार हाथ हैं कहते हैं पारखी,
मैंने वृथा ही द्वार पै धूनी रमा रखी।

दो हाथ मेरे हैं मुझे उनका घमंड है
मेरी हथेलियों से जगत खंड-खंड है;
मेरी निगाह लाती हैं परिवर्तनों के भेद,
सूझों से मेरी बनते हैं कुरआन और वेद,
मेरी कदम के दम से है धरती हरी-हरी,
मेहनत से मेरी रहती है, दुनिया भरी-भरी।

धनियों के चोचलों के लुभावन बरस पड़े,
शासन के खजानों के सुहावन बरस पड़े,
तलवार, तोप सारे सतावन बरस पड़े,
मेरे घनों से धन के ये सावन बरस पड़े।

मेरी कलाइयों में तरसती रही कला,
तूने अमीरी, कह मुझे कितना नहीं, छला ?
कवि के 'मरण' से उनके 'वरण' खेलते रहे,
'प्राणों से' हाय चीर हरण खेलते रहे !

मैंने वृथा ही द्वार पर धूनी रमा रखी
उनके हजार हाथ हैं कहते हैं पारखी।

[1941, माता]

मैंने जब गान लिखे

एक प्राण, एक जोड़
एक चाह, एक होड़

जब मैंने गान लिखे, गति ने अरमान लिखे,
मेरे शत वन्दन में शिर ने वरदान लिखे;
तब बोलो बीती सी लौट क्यों उठी मरोर?
एक प्राण, एक जोड़, एक चाह, एक होड़।

तुम आये, तुम बोले, मेरे बन्धन खोले!
दूर-पास दृग डोले; जगमग पर पग डोले;
यह कैसा विभ्रम है तुमको मैं रहा छोड़?
एक प्राण, एक जोड़, एक चाह, एक होड़।

जब मैं अभिमान करूँ तेरा कलगान करूँ;
जब हिम के शिखरों चढ़, चाँदी पर सोने की—
किरनों को बोने की, पहिली पहिचान करूँ;
तब न क्यों उठे अपार दीप-दान के निचोड़,
एक प्राण, एक होड़, माँग रहा हाथ जोड़
एक प्राण, एक होड़।

[1941, माता]

मोम-दीप मेरा

सूझ का साथी—
मोम-दीप मेरा!

कितना बेबस है यह,
जीवन का रस है यह
छनछन, पलपल, बलबल
छू रहा सबेरा,
अपना अस्तित्व भूल
सूरज को ढेरा—
मोम-दीप मेरा!

कितना बेबस दीखा

इतने मिटना सीखा
रक्त-रक्त, बिन्दु-बिन्दु
झर रहा प्रकाश सिन्धु
कोटि-कोटि बना व्याप्त
छोटा - सा घेरा !
मोम-दीप मेरा !

जी से लग, जेब बैठ
तम-बल पर जमा पैठ
जब चाहूँ जाग उठे
जब चाहूँ सो जावे,
पीड़ा में साथ रहे
लीला में खो जावे !
मोम-दीप मेरा !

नभ की तम गोद भरे—
नखत कोटि; पर न झरे
पढ़ न सका, उनके बल
जीवन के अक्षर ये,
आ न सके उतर-उतर
भूल न मेरे घर ये !
इन पर गर्वित न हुआ
प्रणय गर्व मेरा
मेरे बस साथ मधुर—
मोम-दीप मेरा !

जब चाहूँ मिल जावे
जब चाहूँ मिट जावे
तम से जब तुमुल युद्ध—
ठने, दौड़ जुट जावे
सूझों के रथ-पथ का
ज्वलित लघु चितेरा !
मोम-दीप मेरा !

यह गरीब, यह लघु-लघु
प्राणों पर यह उदार

बिन्दु - बिन्दु
आग - आग
प्राण - प्राण
यज्ञ - ज्वार
पीढ़ियाँ प्रकाश - पथिक
जग - रथ-गति - चेरा !
मोम - दीप मेरा !

[1941, हिमतरंगिनी]

यह बारीक खयाली देखी ?

यह बारीक खयाली देखी ?
पौधे ने सिर ऊँचा करके, पत्ते दिये, डालि दी, फूला,
और फूलकर, फल बन, पक कर, तरु के सिर चढ़ झूले झूला,
तुमने रस की परख बड़ी की
रस पर रीझे, रस को पाया,
पर फल की मीठी फाँकों में माली की पामाली देखी ?
यह बारीक खयाली देखी ?
जब नदियों का प्यार समेटे ज्वार एक सागर को धोया,
वहाँ किसी ने नमक, किसी ने मोती, मूँगे; घर भर लाया,
जगे जौहरी बनकर, लाखों
पाये, महल बनाये, भोगे,
पनडुब्बे की पर क्या तुमने सूखी आँतें खाली देखीं ?
यह बारीक खयाली देखी ?
तुमही ने मलार गाया था, बादल घहर-घहर घिर आये,
तुम हँस उठे जब कि धान के खेतों पर वैभव लहराये,
तुम जहाज ले ले कर दौड़े
चावल लूटा, घर ले आये,
पर किसान की क्या भूखे बच्चों वाली घर वाली देखी ?
यह. बारीक खयाली देखी ?

[प्रिंसिपल हीरालालजी खन्ना का निवास,
मनीराम बगिया, कानपुर : 1942, समर्पण]

आराधना की बेली

अमर आराधना की बेल, फूल जा, तू फूल जा !

श्याम नभ से नेह के जी का सलोना खेत पाकर
चमकते उन ज्योति-कुसुमों का बगीचा-सा लगाकर

चार चाँद लगा प्रलय में, एक शशि को भूल जा।
अमर आराधना की वेल, फूल जा, तू फूल जा !

खुले ये छोड़ रक्खे हैं, कि कितना साहसी अम्बर
जगत तो बँट चुका सीमा नगर में द्वार में घर-घर !

बेकलेजे बेसहारा तारकों को भूल जा।
अमर आराधना की बेल, फूल जा, तू फूल जा !

गगन का गान मत गा तू, धरा की जीत पर हँस री,
अमर की तू हँसी है तो सजग हो मौत को डँस री,

तू भले ही विश्व के अनुकूल जा, प्रतिकूल जा।
अमर आराधना की बेल, फूल जा, तू फूल जा !

चमक की हाट नभ हैं? हो; न तू रख हाट में अपने,
न ये आँसू, न ये कसकें; न ये बलियाँ, न ये सपने,

गगन तो प्रतिबिम्ब है तर हृदय-भावों सजा।
अमर आराधना की बेल, फूल जा, तू फूल जा !

जग में गलियाँ, नभ में गलियाँ, बँधा जगत पथ से चलने को,
सूरज की सौ-सौ किरनों में, विवश, प्रकाशोन्मुख जलने को

तू अपना प्रकाश पा ले, जी की जमना के कूल जा।
अमर आराधना की बेल, फूल जा, तू फूल जा।

[खण्डवा : 1942, समर्पण]

मेरी रसवन्ती !

प्रीति ने पुण्य की बेलि के पुष्प का स्वाद ले ले, चढ़ाया जिसे चाव से,
चिन्तना से चरित्रान्विता चाँद की चाँदनी में जगाया मनोभाव से,

सृष्टि ने नम्र होके बनाया स्वयं को, जहाँ चारुचित्रा नटी नर्तकी !
विश्व ने फैल के रूप धारे कई, कल्पना कामिनी रूठ भागी थकी !

सान्त ने नेति कह हार खाई जहाँ और आया वहाँ जो स्वयं 'ईश' है !
जो जगाता, बनाता, मिलाता हुआ खूब भाता, झुकाता स्वयं शीश है !

कोटि में एक को, एक में कोटि को, दिव्य दर्शानुवर्ती बनाती हुई
लोचनों में सदा दूर जाती हुई, आँसुओं में निकट हो नहाती हुई।

भूत में से लिये पीढ़ियों का नशा, भाव की प्राण-माला चुराती हुई !
किन्तु दीखा जहाँ वर्तमानत्व तो, सूझ की सीढ़ियाँ सी लगाती हुई !

हाँ बुलाती हुई भाव की देवता को, भविष्यानुगामी बनाती हुई,
स्फूर्ति की सी परी, पूर्ति की माधुरी, मंगलों की महामोददा शैलजा !

जा जहाँ, मौन हो, तर्क मीठा बना, जा जहाँ मस्त हो भाव भाषा बने;
विश्व की सृष्टि की नेह-आशा बने, प्राण से खेलने का तमाशा बने !

नेह की रंगिनी, प्राण की संगिनी आ हिये की सलोनी मनोदेवता
साध की साधिका, विश्व 'आराधिका' तू घनश्याम की हार-विद्युल्लता !

याद के झूलने में झुलाता रहूँ, आह में चाह का रक्त छाता रहे,
ले तुझे प्राण को मैं तिराता रहूँ, आँसुओं डूबना नित्य भाता रहे !

शीश की सीढ़ियाँ, शीश दे दे बने, शीश ले ले सजें क्रांति की थालियाँ
दीप से दीप की कोटि प्राणों बनीं भूमि देखे, जगीं आज दीवालियाँ।

आग से—आग की मंत्रणा से—कहा भाग की देवता को जगाने चलो,
लाख लाशों चरण धर चली आयगी मुक्ति की मानवी को मनाने चलो।

एक ललकार दो, जाग जाये धरा, क्या धरा है ? दुलारो न दुर्भाग को;
आ गई देवता, आरती ले चलो लो, जगाने चलो प्राण की आग को !

रक्त का पथ लिये, प्राण का रथ लिये शक्ति के देश में मुण्डमाली बना,
सूझ के मस्त उद्दण्ड अश्वों चढ़ा आ रहा है, कला की 'बनी' का 'बना' !

[1943, माता]

गीत की कोमल कड़ी

जो न बन पाई तुम्हारे
गीत की कोमल कड़ी।

तो मधुर मधुमास का वरदान क्या है?
तो अमर अस्तित्व का अभिमान क्या है?
तो प्रणय में प्रार्थना का मोह क्यों है?
तो प्रलय में पतन से विद्रोह क्यों है?

आये, या जाये कहीं—असहाय दर्शन की घड़ी;
जो न बन पाई तुम्हारे गीत की कोमल घड़ी।

सूझ ने ब्राह्माण्ड में फेरी लगाई,
और यादों ने सजग घेरी लगाई,
अर्चना कर सोलहों साधें सधीं हाँ,
सोलहों श्रृंगार ले सौंहें बदीं हाँ,

मगन होकर, गगन पर, बिखरी व्यथा बन फुलझड़ी;
जब न बन पाई तुम्हारे गीत की कोमल कड़ी।

याद ही करता रहा यह लाल टीका,
बन चला जंजाल यह इतिहास जी का,
पुष्प पुतली पर प्रणयिनी चुन न पाई,
साँस और उसाँस के पट बुन न पाई,

पलक की चिक, बिना प्रभु पाये, सिमट कर गिर पड़ी;
जब न बन पाई तुम्हारे गीत की कोमल कड़ी।

आ गया आलोक अंचल से निखर कर,
गिर पड़ा लावण्य आँखों से उतर कर,
रूप ने आराधना से हार पाई,
और गुण ने गगन पर सूली सजाई,

स्वप्न का उपवन सुखा—डाला, कि जब आई झड़ी;
मैं न बन पाई तुम्हारे गीत की कोमल कड़ी।

तुम नहीं आये? न आओ, याद दे दो,
फैसला छोड़ा, फकत फरियाद दे दो,
मति नहीं कहती चरण का स्वाद दे दो,
सब प्रहारों का अनंत प्रसाद दे दो,

देख ले जग, सिसक कर, आराधना सूली चढ़ी;
जो न बन पाई तुम्हारे गीत की कोमल कड़ी

और जब सावन लुभावन बरस धाया,
उन्हें निज उच्चत्व पर जब तरस आया,
भूमि का शत-शत कलेजा ऊग आया,
निर्झरों ने विवश मेघ-मलार गाया,

बोल उट्ठे "लो चलो, विष-पान की आई घड़ी;
उठो, बन जाओ हमारे गीत की कोमल कड़ी।"

[सत्यनारायण कुटीर : 1943, हिमतरंगिनी]

प्यार नहीं दोगे मुझको

'आते आते रह जाते हो', जाते जाते दीख रहे
आँखें लाल दिखाते जाते, चित्त लुभाते दीख रहे।

दीख रहे पावनतर बनने की धुन के मतवाले से
दीख रहे करुणा-मंदिर से प्यारे देश निकाले से।

दोषी हूँ, क्या जीने का अधिकार नहीं दोगे मुझको?
होने को बलिहार, पदों का प्यार नहीं दोगे मुझको?

[1943, हिमतरंगिनी]

धीमे-धीमे

यह चरण-ध्वनि धीमे-धीमे !

भाग्य खोजता है जीवन के खोये गान ललाम इसी में,
यह चरण-ध्वनि धीमे-धीमे !

अन्धकार लेकर जब उतरी नव-परिणीता राका रानी,
मानो यादो पर उतरी हो खोई-सी पहचान पुरानी;

तब जागृत सपने में देखा मेरे प्राण उदार बहुत हैं!
पर झिलमिल तारों में देखा 'उनके पथ के द्वार बहुत हैं',

गति न बढ़ाओ, किस पथ आऊँ, भूल गया अभिराम इसी में,
यह चरण-ध्वनि धीमे-धीमे !

जब स्वर्गंगा के तारों ने आँखों के तारे पहचाने
कोटि-कोटि होने का न्यौता देने लगे गगन के गाने,

मैं असफल प्रयास, यौवन के मधुर शून्य को अंक बनाऊँ
तब न कहीं, अनबोली घड़ियों तेरी साँसों को सुन पाऊँ

मंदिर दूर, मिलन-बेला—आ गई पास, कुहराम इसी में
यह चरण-ध्वनि धीमे-धीमे !

बाँट चले अमरत्व और विश्वास कि मुझसे दूर न होंगे !
मानो ये प्रभात तारों से सपने चकनाचूर न होंगे।

पर ये चरण, कौन कहता है अपनी गति में रुक जावेंगे,
जिन पर अग-जग झुकता है वे मेरे खातिर झुक जावेंगे ?

अर्पण ? और उधार करूँ मैं ? 'हारों' का दाम ? लुटी मैं !
यह चरण-ध्वनि धीमे-धीमे !

चिड़ियाँ चहकीं, तारों की-समाधि पर, नभ, चीत्कार तुम्हारी !
आँख-मिचौनी में राका-रानी ने अपनी मणियाँ हारीं।

इस अनगिन प्रकाश से, गिनती के तारे कितने प्यारे थे ?
मेरी पूजा के पुष्पों से वे कैसे न्यारे-न्यारे थे ?

देरी, दूरी, द्वार-द्वार, पथ बन्द, न रोको श्याम इसी में;
यह चरण-ध्वनि धीमे-धीमे !

हो धीमे पद-चाप, स्नेह की ज़ंजीरें सुन पड़ें सुहानी
दीख पड़े उन्मत्त, भारती, कोटि-कोटि सपनों की रानी

यहीं तुम्हारा गोकुल है, वृन्दावन है, द्वारिका यहीं है
यहीं तुम्हारी मुरली है लकुटी है, वे गोपाल यहीं है !

'गोधूली' का कर सिंगार, मग जोह-जोह लाचार झुकी मैं।
यह चरण-ध्वनि धीमे-धीमे ।

[सत्यनारायण कुटीर, प्रयाग : 1943, हिमतरंगिनी]

बंग-जननी

मैं देकर चैतन्य, भक्ति से झूल उठी थी,
राम-कृष्ण को लिये गोद में फूल उठी थी,
दिया विवेकानन्द, विश्व-मानव ने माना,
विद्यासागर दिया, रूढ़ियों ने भय माना।

मैंने बंकिम दिया कि खनक उठीं हथकड़ियाँ,
माँ वन्दिनि का गीत बना जागृति की घड़ियाँ!

जब सुरेन्द्र ललकार उठा माँ के आँगन में,
जब अरविन्द पुकार उठा विद्रोही मन में,
उठ आई, बेमूँछों वाली तरुण कहानी,
महाप्रलय की अग्नि-साध, जिसने पहचानी।

देशभक्ति से उस दिन पामर धन डोला था,
देशभक्ति से कायर विद्वज्जन डोला था!
छोटे-छोटे लड़के लिये हथेली पर सिर अपने—
उनसे, उस दिन, विश्व-बली शासन डोला था!

ले मुट्ठी में शपथ, हाथ में गीता लेकर,
बना स्वर्ग सीढ़ी कि भूल जाते शूली पर!

इसी बीच, मैंने, भारत मस्तक नत देखा,
दे न सका, जग में, अपने भावों का लेखा।
उजड़ा सूझों का जग-मग जग प्रतिभा खाली!
कहलाती थी कला रूढ़ियों की रखवाली!

इस घर पश्चिम से प्रतिभा उधार आती थी,
कविता - कला - कहानी बेशुमार आती थी,
यह कि जहाजों में भर कर उभार आती थी,
उस जूठन से, अपने घर बाहर आती थी,

तब मैं ले आई रवीन्द्र पश्चिम गति बाँधी,
वाणी भरे रवीन्द्र, प्राण जब भर दे गाँधी,

यह प्रतिभा का दिव्य दान ऊँचा उठ बोला,
और मातृ भू की संस्कृति-कृति ने मुख खोला।

हम खोले उत्तर दक्षिण पूरब पश्चिम से
और जगत का खण्ड-खण्ड तब हमसे बोला।

मैं दरिद्र थी, किन्तु सूझ दारिद्र्य हटाये,
क्षीण रही, पर सूली पर सपूत लटकाये,
मैं शिथिला—मैंने चिन्तन-रत सन्त दिये थे,
देश-बन्धु-से परम तपी सामन्त दिये थे।

उसी बंग को, आज समय क्या भूखा मारे!
वही बंग क्या आज दर-बदर हाथ पसारे?

उसी बंग के बेटे,-बेटी बेचे जावें?
महतर की गाड़ियाँ, मृतक-शव खैंचे जावें?
देश बंग की भूख, भीख को भाषा मत गिन!
पीड़ित भू को देख, पतन परिभाषा मत गिन!

इसके नौनिहाल लाशों में देख रहा तू—
फिर 'युद्धोत्तर जगत्' बनेगा—लेख रहा तू!
लगे कला में आग,—अरे गाता फिरता है?
आँसू भरे दिलों की—भरमाता फिरता है?

कला आज है, स्वयं बङ्ग के मुख में रोटी,
कला आज है, स्वयं बङ्ग के चरणों रोती,
कला आज है, सूली के घर चावल भेजें,
कला आज है, शांति-निकेतन में बल भेजें।

और कहें, कवि की वाणी में, रे अग-जग के त्राता।
"जनगण ऐक्य विधायक जय हे भारत भाग्य विधाता।"

[सत्यनारायण कुटीर, इलाहाबाद : 1943, युगचरण]

दूध की बूंदों का अवतरण

गो-स्तनों पर घूमने वाली अँगुलियाँ कह रही थीं!

दूध में मीठा न डालो उसे अपमानित न कर दो,
प्राण 'थर' बन तैरते हैं उन्हें निष्प्राणित न कर दो।

ये मलाई से दृगों के पोर, गो-स्तन खींच लायें,
बँधे धेनु-किशोर का अधिकार लूट, उलीच लायें।

दूध की धारा मृदंगिनि जन्म का स्वर रुदन बोली
कंकणों की मधुर ध्वनि ने वलयमयी मिठास घोली।

विवश उनकी रात की बाँधी, उसाँसें छूटती थीं
दूध की हर बूंद पर, तड़पन लिये थी, टूटती थीं।

और माटी की मटकिया गोद पर 'धन' सी बनी थी,
मधुर उजले प्राण भर कर प्राण के मन-सी बनी थी।

वन्य - टेकड़ियाँ छहर दुग्धायमान गुंजार करतीं,
विश्व - बालक को पिलाने दुग्ध - पारावार भरतीं।

उषा का उजला अँधेरा तारकों का रूप लेकर
दूध की हर बूँद पर कुर्बान था, तारुण्य देकर।

दूर पर ठहरे बिना वह विन्ध्य झरना झर रहा था,
मथनियों के बिन्दु-शिशु-मुख बोल अपने भर रहा था।

गगन से भू-लोक तक यह अमृत-धारा बह रही थी।
गो-स्तनों पर घूमने वाली अँगुलियाँ कह रही थीं!

[पातलपानी, विन्ध्य-निवास में : 1944, समर्पण]

तुम्हारा मिलन

तुम मिले, प्राण में रागिनी छा गई!

भूलती - सी जवानी नई हो उठी, भूलती - सी कहानी नई हो उठी,
जिस दिवस प्राण में नेह बंसी बजी, बालपन की रवानी नई हो उठी;

कि रसहीन सारे बरस रसभरे हो गये—
जब तुम्हारी छटा भा गई।
तुम मिले प्राण में रागिनी छा गई!

घनों में मधुर स्वर्ण-रेखा मिली नयन ने नयन रूपरेखा, मिली—
पुतलियों में डुबा निज नजर की कलम नेह के पृष्ठ को चित्रलेखा मिली;

बीतते-से दिवस लौटकर आ गये
बालपन ले जवानी सँभल आ गई

तुम मिले प्राण में रागिनी छा गई!

तुम मिले तो प्रणय पर छटा छा गई ! चुम्बनों, सांवली-सी घटा छा गई,
एक युग, एक दिन, एक पल, एक क्षण पर गगन से उतर चंचला, आ गई !

प्राण का दान दे, दान में प्राण ले
अर्चना की अधर चाँदनी छा गई !

तुम मिले प्राण में रागिनी छा गई !

[सत्यनारायण कुटीर, प्रयाग : 1944, समर्पण]

तुम भी देते हो तोल-तोल

तुम भी देते हो तोल-तोल !

नभ से बिजली की वह पछाड़ फिर बूँदें बनाना गोल-गोल
नभ-पति की भारी चकाचौंध, उस पर बूंदों का मोल-तोल,

बूँदों में विधि के मिला बोल,
तुम भी देते हो तोल-तोल !

भू पर हरीतिमा का उभार, उस पर किसान की काँट-छाँट,
हिरनों की उसमें रेल-पेल, मर्कट-दल की कविता-कुलाँट,

बादल, छवि देते ढोल-ढोल,
तुम भी देते हो तोल-तोल !

टहनी बाँहों-सी झूली हो, हो हवा, किन्तु पथ-भूली हो,
चिड़ियाँ पंखों से झलती हों, आँधियाँ कठोर मचलती हों,

मीठे में कड़वा घोल-घोल,
तुम भी देते हो तोल-तोल !

[खण्डवा : 1944, समर्पण]

बेटी की बिदा

आज बेटी जा रही है,
मिलन और वियोग की दुनिया नवीन बसा रही है।

मिलन यह जीवन प्रकाश
वियोग यह युग का अँधेरा,
उदय दिशि कादम्बिनी, अपना अमृत बरसा रही है।

यह क्या, कि उस घर में बजे थे, वे तुम्हारे प्रथम पैंजन,
यह क्या, कि इस आँगन सुने थे, वे सजीले मृदुल रुनझुन,
यह क्या, कि इस वीथी तुम्हारे तोतले से बोल फूटे,
यह क्या, कि इस वैभव बने थे, चित्र हँसते और रूठे,

आज यादों का खजाना, याद भर रह जायगा क्या ?
यह मधुर प्रत्यक्ष, सपनों के बहाने जायगा क्या ?

गोदी के बरसों को धीरे-धीरे भूल चली हो रानी,
बचपन की मधुरीली कूकों के प्रतिकूल चली हो रानी,
छोड़ जाह्नवी कूल, नेहधारा के कूल चली हो रानी,
मैंने झूला बाँधा है, अपने घर झूल चली हो रानी,

मेरा गर्व, समय के चरणों पर कितना बेबस लोटा है,
मेरा वैभव, प्रभु की आज्ञा पर कितना, कितना छोटा है,
आज उसाँस मधुर लाती है, और साँस कटु है, भारी है,
तेरे बिदा दिवस पर, हिम्मत ने कैसी हिम्मत हारी है।

कैसा पागलपन है, मैं बेटी को भी कहता हूँ बेटा,
कड़वे - मीठे स्वाद विश्व के स्वागत कर, सहता हूँ बेटा,
तुझे बिदा कर एकाकी अपमानित-सा रहता हूँ बेटा,
दो आँसू आ गये, समझता हूँ उनमें बहता हूँ बेटा ।

बेटा आज बिदा है तेरी, बेटी आत्मसमर्पण है यह,
जो बेबस है, जो ताड़ित है, उस मानव ही का प्रण है यह।
सावन आवेगा, क्या बोलूँगा हरियाली से कल्याणी ?
भाई-बहिन मचल जायेंगे, ला दो घर की जीजी रानी,
मेंहदी और महावर मानो सिसक सिसक मनुहार करेंगी,
बूढ़ी सिसक रही सपनों में, यादें किसको प्यार करेंगी ?

दीवाली आवेगी, होली आवेगी आवेंगे उत्सव,
'जीजी रानी साथ रहेंगी' बच्चों के ? यह कैसे सम्भव ?

भाई के जी में उट्ठेगी कसक, सखी सिसकार उठेगी,
माँ के जी में ज्वार उठेगी, बहिन कहीं पुकार उठेगी !

तब क्या होगा झूमझूम जब बादल बरस उठेंगे रानी ?
कौन कहेगा उठो अरुण तुम सुनो, और मैं कहूँ कहानी,

कैसे चाचीजी बहलावें, चाची कैसे बाट निहारें ?
कैसे अंडे मिलें लौटकर, चिड़ियाँ कैसे पंख पसारें ?

आज वासन्ती दृगों बरसात जैसे छा रही है।
मिलन और वियोग की दुनिया नवीन बसा रही है।
आज बेटी जा रही है।

[ड्रीमलैण्ड, कानपुर : 1944, समर्पण]
(श्रीमती 'मंगला देवी' के विवाह के अवसर पर)

निराला

एक अभाव भरे
सपने सा आकर
बिखर बिखर कर जी में
क्यों वरदान
बोल जाता है
अभिलाषों की रस-लहरी में

अपनेपन का
यह धन, मैंने
मनसूबे खो-खोकर पाया।
सूरज को ढो-ढो
कर पाया,
तारों को धो-धो कर पाया

दृगद्युति
पथ गति
सँभल-सँभल कर,
चरण-चरण
वृत वरण कर उठी !
और,
मुण्डमाली की माला
उसका
कण्ठाभरण कर उठी !

सूझों के
रवि-रथ पर किसने,

आज प्राण का
तेज सँभाला,
किस रूढ़ियों की दासी ने
वैभव से दे देश-निकाला—
पागल, और
न जाने क्या-क्या
कह-कह,
कर-कर उरे प्रताड़ित,
भरमाया,
पर जग न पाया
निश्चय एक प्रचण्ड निराला !

वह आँसू का
हार नहीं,
भुजदण्डों में
संहार लिये है
प्रतिभा के मरुथल में
वह—
सूझों का पारावार लिये है।

एक अभाग
सुहाग बिंदु पर
वाणी ने,
व्याकुल पहिचाना;
यह युग-राग
समय से पहिले
आकर
दुखी हुआ मस्ताना !
विमल स्वर्ण रेखा ने
कितने,
कैसे,
कुटिल प्रहार सँभाले।
अपने मधुरिम
दीप्ति-दान में,

कितने-कितने सहे कसाले।
भूख, अनादर,
बेसमझी, बदनामी
पहरेदार बन गये;
जिन्हें शीर्ष-शोभित-सुमनावलि
समझा था,
अंगार बन गये!

हास्य उन्हें बीभत्स
और आँसू के मोती
पागलपन थे;
कवि-पशु का मधु
चूस-चूस कर,
युग-दल्लाल
सनेह मगन थे।
सिसकों को सराहते थे वे,
कसकों को प्रतिभा कहते थे;
अमर हृदय की
हुंकारों में,
सभी प्रवाह पतित बहते थे।

तुक, टूटी
तो सिर झुकते थे,
तक जुड़ती
मुसका जाते थे;
जब जीवन सन्मुख आता
बस उसे
'बेतुका' बतलाते थे!
उनकी मुसकानों में
विष था:
मधुर कृपाओं में
काँटे थे।
रस-निर्झर
उनके बाँटे थे,

पागलपन
कवि के बाँटे थे।

जिस दिन,
तोड़-फोड़ कर खँडहर
कवि उतरा, ले नई जवानी;
जिस दिन,
कूक उठी थी
सूझों के काँटों
फूलों की रानी!
जिस दिन,
शब्दों के अर्थों ने
शोधों के
डोरे पहिचाने;
जिस दिन
प्रखर परम रस कवि का
उतरा—
श्वासों पर अनजाने।
जिस दिन,
रस में आग लगाकर
विष को रस का
प्राण दिया, कवि!
जिस दिन,
सूझों के उजाड़ में
नन्दन का वरदान दिया कवि!
उस दिन,
हृदय-हीनता बोली
कौन, कहो क्या, अटपट बोला?
उस दिन,
तुक पर तुक रखकर—
जीने वाला सिंहासन डोला।

और
पेट भरने का जग,

कवि के
मरने का साधन साधे,
कृष्ण ! कृष्ण ! चिल्लाया।
पथ में,
भूल गया वह
राधे राधे !

तूने देखा
प्राण-दान तो
अपमानों की खैरातें है।
कवि के लिये
अँधेरा दिन है,
और
कालिमा की रातें हैं।
तब तूने
जाना कवि होना
एकाकी उन्मादी जीवन।
और
चल पड़ा
मरण-पन्थ पर
लेकर अपना
एकाकीपन !

आ तेरे
इन बलिदानों पर
थोड़ा चंदन
चर्चित कर दूं।
तेरे जी के घावों को, आ,
युग के
तरुण रुधिर से
भर दूँ
आ तेरी
जीवित मौतों को

जीने का
त्योहार बना दूँ
सूझों के मंदिर के गायक,
तेरी कीर्ति-रागिनी गा दूं ।

[दिसम्बर, 1944, माता]

तुम्हारा स्मरण

आज हृदय-धन याद तुम्हारी पूजामयी पुनः आई,
आज हृदय पर चित्रकार ने चित्र खींच छवि चमकाई,
आज बिखर आये आँखों से आँसू के दाने चुपचाप,
आज भक्ति के प्रभु मन्दिर में श्रद्धा बन बैठी अभिशाप !
आज याद भी दुखदायी है पथ-गति पावन धारा है,
पुतली पर, पुतली की रानी यह अभिषेक तुम्हारा है !

गीता की स्वर-रन्ध्री गाकर आकर एक सहारा दो,
वैदिक ज्ञान-धरा-धारा में लेकर, जरा किनारा दो
जिस पर सौ सौ स्वर्ग निछावर वह सुख प्यारा प्यारा दो
अपने वृत पर अटल, शान्त, तपमयी महान इशारा दो।
विमल कीर्ति फैल भूतल में जब तुम फूल उठो रानी
पूजित हो घर-घर में तेरी मधुरी वाणी कल्याणी ।

[1944, माता]

कविता कल्याणी

उस दिन आई जलधारा के तट, मेरी कविता कल्याणी।
चल-वायु-हिंडोलों पर बैठे उस दिन कुछ बादल आये थे
रंगीन, सलोने सपनों से नीले नभ पर मँडराये थे।
धारा के दादुर, गुपचुप, कुछ कानाफूसी सी करते थे
जल-कण से श्रम-कण मिल-मिलकर होड़ा-होड़ी कर झरते थे;
जिस दिन चट्टानों से, चुप-चुप वह फूट-फूट उट्ठी वाणी
उस दिन आई जलधारा के तट, मेरी कविता-कल्याणी !

कविता थी ? हाँ कविता ही थी, अपने सौरभ का भार लिये,
जी पर जागृति का ज्वार लिये, उर पर आँसू का हार लिये,

जब कोकिल का स्वर कुंठित था रागें बैरागिनियाँ होतीं,
जब के फुहार के पुष्प-गुच्छ लेकर अंगुलियाँ सिर धोतीं;
जब धारा-रानी, ओढ़, सुखी, कलकलमय थीं, साड़ी धानी,
उस दिन आई जल-धारा के तट मेरी कविता कल्याणी।

जब विधु बादल में लुक-छिप कर विधु-मुख से मानो डरता था,
जब विन्ध्या का पागल झरना बेकाबू होकर झरता था,
जल इन्द्रधनुष को छोड़-छोड़ पावस पीछा सा करता था,
जब शस्य-श्यामला भू-देवी का, आँचल हरा लहरता था;
मीठा पद-चाप, मधुर वाणी मीठा ले आँखों में पानी,
उस दिन आई जलधारा के तट मेरी कविता कल्याणी!

जब धीरे-धीरे धीरे-सा तम-अतिथि दृगों पर आता था,
उन्मुक्त कुन्तलों के नागों सा, जीवन पर मँडराता था,
जब गिन गिन कर चरण-ध्वनि अपने भावन-पथ पर जाती थी

जब तारों की बारात, व्योम के नीले रथ पर आती थी,
प्राणों को एक सहारा दे गिरने से रोके दीवानी,
बरसी जाती थी अमृत-सी मेरी वह कविता कल्याणी!

कविते! क्या जाना, अपना पथ शत-शत खो-खो कर पाना है,
सम्मानों से बच जाना है, अपमानों को अपनाना है।
उन प्रणय-प्रलय के डोरों का ताना-बाना बुन लेना है
प्राणों की रेखा, विधि-रेखा को, अमर चुनौती देना है।
यह पथ कबीर के साहब का इस पर मीरा थी दीवानी,
आओ, सूझों के रथ बैठी मानव की कविता कल्याणी।

[वर्षा ऋतु, आवना का निर्झर-तट : 1944, माता]

गा दो मालिक

मधुर-मधुर कुछ गा दो मालिक!
प्रलय-प्रणय की मधु-सीमा में जी का विश्व बसा दो मालिक!

रागें हैं लाचारी मेरी, तानें बान तुम्हारी मेरी,
इन रंगीन मृतक खंडों पर, अमृत रस ढलका दो मालिक!
मधुर-मधुर कुछ गा दो मालिक!

जब मेरा अलगोजा बोले, बल का मणिधर, रुख रख डोले,
खोले श्याम-कुण्डली विष को पथ-भूलना सिखा दो मालिक !
मधुर-मधुर कुछ गा दो मालिक !

कठिन पराजय है यह मेरी छबि न उतर पाई प्रिय तेरी
मेरी तूली को रस में भर, तुम भूलना सिखा दो मालिक !
पधुर-मधुर कुछ गा दो मालिक !

प्रहर-प्रहर की लहर-लहर पर तुम लालिमा जगा दो मालिक !
मधुर-मधुर कुछ गा दो मालिक !

[1944, हिमतरंगिनी]

गीत

मेरे युग-स्वर ! प्रभु वर दे, तू धीरे-धीरे गाये।

चुप कि मलय मारुत के जी में शोर नहीं भर जाये,
चुप कि चाँदनी के डोरों को शोर नहीं उलझाये,

मेरे युग-स्वर ! प्रभु वर दे, तू धीरे-धीरे गाये !

चुप कि तारकों की समाधि में दूख उठेगा जय-रव,
चुप कि चाँद में बिदा क्षणों की दर्शन-भूख न सम्भव।
उठो मधुर ! दरवाजे खोलो, वातायन खुल जाये,
सदियों की उजड़ी साँसों के आज प्राण-प्रभु आते,

मेरे युग-स्वर ! प्रभु वर दे, तू धीरे-धीरे गाये !

[खण्डवा : 1945, समर्पण]

ऊषा

यह बूंद-बूंद क्या ? यह आँखों का पानी,
यह बूंद-बूंद क्या ? ओसों की मेहमानी !
यह बूंद-बूंद क्या ? नभ पर अमृत उँडेला,
इस बूंद-बूंद में कौन प्राण पर खेला !

लाओ युग पर प्रलयंकरि
वर्षा ढा दें,
सद्य-स्नाता भू-रानी को लहरा दें।

ऊषा बोली, दृग-द्वार खोल दे अपने,
मैं लाई हूँ कुछ मीठे-मीठे सपने,
सपनों की साँकल से, रवि का रथ जकड़ो,
युग उठा चलो अंगुलियों पर गति पकड़ो।

मत बाँट कि ये औरों के
ये अपने,
गति के गुनाह, ये मीठे-मीठे सपने।

यह उषा निशा के जाने की अँगड़ाई,
तम को उज्ज्वल कर जब आँखों पर आई!
मैं बोला, चल समेट, तारों की ढेरी!
यह काल-कोठरी खाली कर दे मेरी!

मैं आहों में अंगार लिये
आता हूँ,
जग-जागृति का व्यापार लिये आता हूँ।

निशि ने शरमा कर पहला शशि-मुख चूमा,
तब शशि का यह अस्तित्ववान रथ घूमा,
गलबहियाँ दे, जब निशि-शशि छाये-छाये,
जब लाख-लाख तारे निज पर शरमाये।
कलियों की आँखें द्रुम-दल ने तब खोलीं,
जग का नव-जय हो गया कि चिड़ियाँ बोलीं!

इस श्याम-लता में तब-
प्रकाश के फूल-सा
सूरज आया, विद्रोही उथल-पुथल-सा।

[1945, समर्पण]

कुछ पतले-पतले धागे

कुछ पतले-पतले धागे
मन की आँखों के आगे!

वे बोले गीतों का स्वर, गीतों की बातों का घर,
हौले-हौले साँसों में टूटा है, जी जगती पर,

प्राणों पर सावन छाया, जिस दिन श्यामल घन जागे।
द्रव पतले-पतले धागे, मन की आँखों के आगे।

अपनी कीमत दो कौड़ी कर, मैं उनके पथ दौड़ी,
दृग-पथ-गति से घबराकर, प्रभु-माया हुई कनौड़ी;

ज्यों-ज्यों सूझों ने पकड़ा, त्यों-त्यों स्मृतियों से भागे।
मन की आँखों के अपने, वे सपने वाले धागे।

किस देश-निवासी हो तुम, किस काल-श्याम की भाषा,
कब उतरोगी अन्तर में, कवि की गरबीली आशा।

मैं सह लूंगा। आँखों के ये उल्कापात अभागे,
जो पा जाऊँ सूझों के, मैं पतले-पतले धागे!

क्यों नभ में ये चमकीलें, दाने बिखेर डाले हैं,
किस-दुनिया के दृग-मोती, किस श्यामा के छाले हैं।

ये इतनी टीसों के धन, मिल गये किसे मुँह माँगे?
मधु-याद-वधू के स्वर के नव पतले-पतले धागे!

[अगस्त 1945, समर्पण]

मन की साख

मन, मन की न कहीं साख गिर जाये,
क्यूं शिकायत है?—भाई हर मन में जलन है।
दृग जल-धार को निहारने का रोजगार—
कैसे करें?—हर पुतली में प्राणधन है।
व्यथा की मिठास का दिवाला कैसे काढ़े उर?
कान कहाँ जायें? लगी प्राणों से लगन है।

प्यार है दियाना उसे कुछ भी न पाना
वह तेरे द्वार धूनियाँ रमाने में मगन है।

[खण्डवा : 1945, समर्पण]

बोल नये सपने

कहानी बोल नये सपने ! अरी अभागिन, पहिले ही
क्यों ओंठ लगे कँपने ? कहानी··· ··· ··· ।

देख तो, प्राण में एक तूफान-सा लोटता-सा चला जा रहा है कहाँ ?
व्यक्ति-वामन, उठा आ रहा पैर ले, एक रक्खे यहाँ, एक रक्खे वहाँ;
शृंखला सागरों को पिन्हाता हुआ-सा गगन खेलघर-सा बनाता हुआ,
हर लहर में नया स्वाद लाता हुआ हर बहर में नया जग बनाता हुआ—

पंख खोल अपने, कहानी बोल नये सपने ।

[खण्डवा : 1945, समर्पण]

लाल टीका[1]

गीत रच कर जब उठा तब स्वप्न बोले—'और बोलो',
कृष्ण की कालिन्दिनी बोली—'उमड़' मुझमें डुबो लो !

प्रणय से मीठी मधुर ! जब बेड़ियाँ झंकार उट्ठीं
शूलियों न माँग भर कर कहा, जी में प्यार घोलो।

मैं पथिक युग के जुए में दाँव खाकर; स्वप्न धोकर,
आज दिल्ली के किले में तीन जलते दीप बोकर,

सहस अग्नि-स्फुलिंग, बंधन में बँधे, असहाय लख कर,
और चालिस कोटि-वासिनि को निपट वन्ध्या निरख कर—

कह रहा हूँ, हाय तीर—
कमान भी बोझिल हुए !
आज चालिस कोटि के
पशु-प्राण भी बोझिल हुए !

---

1. जब दिल्ली के लाल किले में, आजाद हिन्द के सैनिकों पर मुकदमा चल रहा था।

अब न युग से कह सकोगे क्यों लगा दी आग घर में?
गाँव मुर्दों का उजाड़ा, क्यों जगा दी आग घर में?

आज आँखों का नशा चढ़-चढ़, भुजा पर बोलता है,
और अमरों की अखण्ड वसुन्धरा पर डोलता है!

और यह तारुण्य है, ठिठका,—तमाशा देखता है,
जोश में आया कि लिख डाला—"महान विशेषता है !"

प्राण देकर, प्राण लेकर, प्राण का खिलवाड़ सीखें,
हम अपाहिज हैं न, जो माँगें जगत से और भीखें।

पूर्वजों के गीत झूठे
किये प्राणों को बचाकर,
रोटियों के राग गाये,
क्षुधित पुतलों को नचाकर।

बाढ़ आई निम्नगाओं में, न हममें बाढ़ आई;
ग्रीष्म ये लाई न आँखें, ये फकत आषाढ़ लाई!

चल 'सियार किशोर' सिंहों का 'किले' में मरण देखें,
तेज भाषा बोल, सब वीरत्व का, आवरण देखें!

और फिर चुपचाप, नौकरे हो, भरेगा पेट अपना !
"पीढ़ियाँ बन्धनमयी हैं" भूल वह निःसार सपना !!
प्राण का धन, तू छुपाये रह अमर रंगरेलियों में,
भूल जा माँ बन्दिनी को रोज की अठखेलियों में!

किन्तु अब उस क्षितिज पर
बेमूंछ की सेना निरख तू,
और अपने प्रणय के शव
प्रलय-रथ के तले रख तू।

मातृ-भू का बोझ, जिस दिन सूलियों ने प्राण पाया!
उस दिवस भी क्या तुझे भारत अखण्ड न याद आया?

याद भर आता रहे यह लाल टीका !
तरुण अपनाता रहे यह लाल टीका !!

[खण्डवा : 1945, समर्पण]

मानव

मुदित मराली नाच कोकिल गा गान ये,
प्रलय घन गरज उठो लरज उठो प्राण ये।

एक मनुहार है, कि नभ तार-तार हो,
बिजली पै बिजली कतार पै कतार हो।

क्रान्तिशील पथ की बनी हो चन्द्ररेखा यह,
मानव की कृतियों का लिखे आज लेखा यह,

फिर त्यौहार मने उठती जवानी का,
जलते अंगारों का, हठीले लाल पानी का,

कल तक, कल्पना का—स्वर्ग, काला पानी था
शौर्य क्या था मूर्खता ! दिमागी खींचातानी था !

उगते इरादों भरा आज का प्रभात हो,
यज्ञ-धूम्र-वेदियों-भरा, धरा का गात हो;

विवश खड़ा-सा है तना-सा आसमान ये;
मुदित मराली नाच कोकिल गा गान ये।

(2)

उठ पाषाण, तुझे देवता बना दूँ मैं
उठ बोझ ! मुक्तिदाता तुझे कहला दूँ मैं;

दे दे भर-भर भाँड तेरी निर्विकारता,
तुझ पै चढ़ा दूँ कुसुमों की सुकुमारता।

आ-आ, उठ उतर घनों की वारि-धार पर
चढ़, चढ़, चढ़ युग-पानी तलवार पर

पानी तुझे पत्थर का रूप धर आना है
ठंडी शक्ति, तेरी आग, आज आजमाना है !

(3)

आओ जी प्रतापी, तुम हो ! जरा खड़े रहो,
प्रतिभा का द्वार है जरा-सा उमड़े रहो।

मेरी अश्रुधारा में न—बहना, कड़े रहो,
सूझ के नवीन तार-तार में गढ़े रहो !

तुम पुष्प मसलोगे ? डाली काट डालोगे ?
तुम हो, कलेजा फूल-मूल का निकालोगे ?

उगती हरीतिमा ही में दहाड़ होगी क्या ?
पुष्प की सुगंधों ही पै चीर-फाड़ होगी क्या ?

तब फिर आओ, पुष्प-पुष्प को मसल डालो,
गौरव का शिर तरु-तरु का कुचल डालो

फूलों का कलेजा, उठो, खूब काट-काट दो
स्वाद की सुधा की शव-माला से भू पाट दो !

किन्तु क्या रुकेगी, ये हरीतिमा की वाहिनी ?
तुम बायें रहो, मातृ - 'भू' है इन्हें दाहिनी ?

और भय क्या हो ? भय क्यों हो ? भय है ही क्या ?
भय से बचाई तो अभागी जीत है ही क्या ?

आओ मेरे मस्तक पै तीर से तिलक करो,
आओ मेरी भुजा पै अनंत बाँधो रक्त का;

आओ मेरी वाणी पर पहरा लगा दो खूब,
देख लो तराजू पै कलेजा किसी भक्त का।

मम मंगलाचरण हठीली कष्ट-धारा हो;
मेरा श्रीगणेश हो कि तूने तीर मारा हो !

मेरा अमरत्व बस तब भी हरा रहे
मेरा शौर्य मेरी नस-नस में भरा रहे।

लिखेंगे कहानियाँ प्रतापी की जवानी की,
खून की, रवानी की, कला की, तेज पानी की

मेरी भावरंगिणी के द्वार पै कपाट दे,
मेरी दश दिशिगामिनी के पर काट दे;

फिर देख कोटि-कोटि परों मेरा झूमना,
नभ के चमकते ये रन्ध्र-रन्ध्र चूमना !

(4)

किसने कहा था उस दिन याद आई थी,
मैंने 'क्यों' कहा था और बजती बधाई थी।

'क्यों' से बँधा मानव मैं, चलता चला गया,
क्यों पै क्यों की लपटों में जलता चला गया!

मेरी पूर्ण यात्रा का यों विश्व-बिन्दु राम 'क्यों',
मेरी हार गति का अनोखा-सा विराम 'क्यों';

कल्पना कहानी बन 'क्यों' का इतिहास थी,
भावना लुभावनी थी 'क्यों' ही का विलास थी।

'क्यों' का छोर पकड़ चला ही जा रहा था मैं,
क्यों तो एक साँचा था ढला ही जा रहा था मैं,

ठीक है तो आज का हमारा कौन 'क्यों' है कहो?
आज दिन आ गया है तुम चुप मत रहो।

(5)

जानता हूँ 'क्यों' का प्रश्न बेड़ियों से जकड़ा है
वीरता को, खूब रही भीरुता ने पकड़ा है।

किन्तु शब्द क्या है? और जीवन है कौन बात ?
यानी रात्रि क्या है, कौन-सा है, पुण्य का प्रभात ?

जीवन है 'समय', चला ही चलता है यह;
क्षण चढ़ता है, फिर क्षण ढलता है यह।

कला है जीवन के गुप्त भेद चाहती है,
देता है, सराहती है, मौन में कराहती है।

कला जब नर्तकी हो, जीवन सिपाही हो;
जीवन हो पथिक, कला कुटीर खाई हो।

तब न बनेगी बात, मानव! लड़ूँगा मैं,
जीवन-कला को साँस-साँस में गढ़ूँगा मैं।

मैं तो अमर रख दूँगा कला और जीवन को!
हरा हरा रखूँगा हठीले चिर-यौवन को।

अस्ति का विध न विश्व करता रहे सदा,
प्राण-धन मेरा, ओज भरता रहे सदा।

मैं न झुकूँ, मैं न हटूँ, मैं न मिटूँ, मैं न डरूँ;
निराशा के, बाधाओं के, संकटों के प्राण हरूँ।

जीने का जवानी का—है, मैंने वर पा लिया;
जीत को, जगत पर मैंने अपना लिया।

मेरा पुरुषार्थ, पद-पद मेरे साथ है,
मैं नहीं अनाथ कौन है वो, दीनानाथ है?

प्रार्थना परम पुरुषार्थ की कहानी हो,
श्रद्धा भीरुता से नेह-युद्ध की निशानी हो;

प्रतिभा प्रवीण प्राण-डोरियों का लेखा हो,
प्यार त्याग, कर्मशीलता की स्वर्ण-रेखा हो,

मेरे बलिदान—ज्ञान-कर्म-भक्ति धार हो,
प्रणय-प्रलय, भारती की ललकार हो।

[1945, माता]

युग-तरुण से

न यों उकसा अधूरे गान मेरे, बढ़ा मत नेह, बेपहिचान मेरे;
कली जब हँस उठी तब कुछ न पाया, प्रकृति पर ओ मधुर अहसान मेरे!

य' पथ काँटों भरा है प्यार मेरे, बने हैं सूलियों से द्वार मेरे;
फलों सा शीश नीचा कर खड़े तरु, न बन उस गीत की तू तान मेरे!

मुझे है दिन न भाता, रात भाती, उजेले की विषमता है जलाती,
अँधेरा साम्य है, शुभ एक रस है, न हो गुमराह तू अरमान मेरे।

अछूती कल्पना पर प्रेम मेरा, बिना टूटे फलों का नेम मेरा
जिसे जग प्रथम देखे, सूझ वह है, दिखें प्रभु जिन क्षणों, वह है सबेरा।

न हो स्वर-भंग, जो है राग मेरा, न हो मनुहार का अनुराग मेरा।
मरण में जिन्दगी के गान पढ़ ले, मुझे पहिचान ले अभिमान मेरा।

जरा बेदाग अधरों बोल बानी न हो अनुवाद, हो अपनी कहानी
रुधिर का मोल, पानी हो न जाये, न बलि-पथ में बह जाये जवानी!

प्रणय का रथ प्रलय के पथ चला तू अहर्निशि नेह का दीपक जला तू।
अँधेरी रात पर ललचे सबेरा जरा सोरठ स्वरों को साध गा तू।

चढ़ेगी मुरलि अधरों, जानता हूँ बजेगी बीन गोदों, मानता हूँ,
य' स्वर टूटा कि खूंटी खींच दूंगा मुरव्वत मैं नहीं पहिचानता हूँ!

न उठ तू हिय-गगन से गान मेरे न उठ पुतली-नगर की शान मेरे,
अरे मैं वायु-सा उन्मुक्त बेबस बना बन्धन न बंधनवान मेरे !

भले सूरज सजावे स्वर्ण-रेखा भले जग साँस का कहलाया लेखा,
मुझे है, क्रांतिमय तम-पथ सलोना 'पलटना' मैं न देखूँगा न देखा !

घिसी-सी याद फेंको, जो न रस हो मिलन कैसा, जहाँ फीकी उकस हो
पता है, चुम्बनों का मूल्य सिर है ? चढ़े सूली, उसे प्रभु का दरस हो ।

चढ़े आओ प्रलय के गान मेरे, बँधे आओ प्रणय पहिचान मेरे,
तुम्हें मैं अंजुली भर-भर चढ़ा दूँ, कि पागल हो उठें भगवान मेरे ।

लगा दी आग हमने चाह के घर मिटा डाले बड़ों की राह के घर,
तुम्हारा मार्ग तो वह है, वहाँ से, यहाँ से मार्ग है, गुमराह के घर !

जो ओठों फड़क उट्ठा, नेत्र छाया बरसकर कर गाल पर जो तमतमाया
पिस उठ्ठे दाँत, मुठ्ठी बँध उठी, बस, सदा मैंने उसीका गीत गाया !

[मार्च, 1945 माता]

खोने को पाने आये हो

खोने को पाने आये हो ? रूठा यौवन-पथिक, दूर तक
उसे मनाने आये हो ? खोने को पाने आये हो ?

आशा ने जब अँगड़ाई ली, विश्वास निगोड़ा जाग उठा,
मानो पा, प्रात, पपीहे का—जोड़ा प्रिय बन्धन त्याग उठा,

मानो यमुना के दोनों तट ले-लेकर लहरों की बाहें—
मिलने में असफल कल-कल में—रोये ले मधुर मलय आहें,

क्या मिलन-मुग्ध को, बिछुड़न की,
वाणी समझाने आये हो ? खोने को पाने आये हो ?

जब वीणा की खूँटी खींची, बेबस कराह झंकार उठी,
मानो कल्याणी वाणी, उठ-गिर पड़ने को लाचार उठी,

तारों में तारे डाल-डाल मनमानी जब मिजराब हुई,
बन्धन की [illegible] के झूलों की जब थिरकन बेताब हुई,

तुम उसको, गोदी में लेकर,
जी भर बहलाने आये हो ? खोने को पाने आये हो ?

जब मरे हुए अरमानों की तुमने यों चिता सजाई है,
उन पर सनेह को सींचा है, आहों की आग लगाई है,

फिर भस्म हुई आकांक्षाओं की, माला क्यों पहिनाते हो?
तुम इस बीते बिहाग में सोरठ की मस्ती क्यों लाते हो?

क्या जीवन को ठुकरा—
मिट्टी का मूल्य बढ़ाने आये हो? खोने को पाने आये हो?

वह चरण-चरण, सन्तरण राग मन-भावन के मनहरण गीत
बन; भावी के आँचल से जिस दिन झाँक-झाँक उट्ठा अतीत,

तब युग के कपड़े बदल-बदल कहता था माधव का निदेश,
इस ओर चलो, इस ओर बढ़ो! यह है मोहन का प्रलय-देश

सूली के पथ, साजन के रथ—
की राह दिखाने आये हो? खोने को पाने आये हो?

[सत्यनारायण कुटीर : 1945, हिमतरंगिनी]

प्राण के बाग में

नाद की प्यालियों, मोद की ले सुरा गीत के तार - तारों उठी छा गई
प्राण के बाग में प्रीति की पंखिनी बोल बोली सलोने कि मैं आ गई!

नेह के नाथ क्या नृत्य के रंग में भावना की रवानी लुटाने चले?
साँस के पास आ, हास के देस छा, याद को झूलने में झुलाने चले!

प्रेम की जन्म-गाँठों जगी मंगला-राग वीणा प्रवीणा सखी भारती,
आज ब्रह्माण्ड की गोपिका गा उठी सूर्य की रश्मियों श्याम की आरती!

जो उँडेली कृपा झोलियाँ, प्यार के देश ने, आँसुओं में बहीं, आ गईं;
प्राण के बाग में प्रीति की पंखिनी कूक उट्ठी सबेरे कि मैं आ गई!

[वर्षा, खण्डवा : 1945, हिमतरंगिनी]

उल्लास का क्षण

मैं भावों की पटरानी,
क्या समझेगा मानव गरीब, मेरी यह अटपट बानी ?

श्रम के सीकर जब ढुलक चले,
अरमान अभागे झुलस चले,
तुम भूल गये अपनी पीड़ा, जब मेरी धुन पहचानी।

जिस दिन तुम भव पथ डोल चले,
विष का रस जी में घोल चले,
तब मैं निज डोरी खींच उठी, तुममें जग उठी जवानी।

तुमने संकट पथ वरण किये,
कारागृह कण्ठाभरण किये,
मैंने जब मृदु दो चरण दिये, तुमने बन्धन छवि जानी।

जी के हिलकोरों के शिकार
दृग मूंद उठे तुम सहस बार
तब चमकाकर पथ के फुहार, मैं बनी रूप की रानी।

तुम थकन आँसुओं घोल-घोल
कर उठे मौत से मोल - तोल
तब लेकर मैं अपना हिंडोल, अमृत झर बनकर मानी।

तुम बन शब्दों के आल - जाल,
आराध उठे गति - हरण - काल
तब मैंने मुरली ले फूंकी, गति-पथ पर प्रगति-कहानी।
मैं भावों की पटरानी।

[खण्डवा : 1946, समर्पण]

विदा

लो निकालकर फेंक दिया है मैंने गीतों को दरवाजे
इन पाषाणों पर मणियों के मैंने कितने सहे तकाजे।

मैं तो शून्य सृजन करता हूँ कैसे उनको अंक बताता
इन पथ पड़े पत्थरों में पड़ कौन जौहरी धोखा खाता !

'ओसों' की इन लघु बूंदों की धारा कैसे बनती बोलो।
अपनी इन जीवित मौतों पर कौन जिन्दगी ढलती बोलो

जब तक राग-रंग पर बलि-बलि होती हो, अलमस्त जवानी
जब तक प्रेमसियों की यादों पर ढल जाय आँख का पानी।

जब तक प्रश्न-चिह्न बनती हों सूली की असहाय पुकारें
जब तक प्राण बचा रखने को हम पशु कोटि-कोटि तन धारें

वक्तव्यों, भाषणों, बयानों, गाउनो[1] बनी गर्व की भाषा
जब तक लाल किले में मरनेवालों का लख रही तमाशा।

जहाँ तरुण शृंगार-प्रिय हों जहाँ युवक की ढीली बाहें !
हुंकारों से बदल-बदलकर कवि ले रहा प्रणय की आहें।

जहाँ तेज भाषा भर दे दे उद्धारक का पद अनजाने !
वहाँ कौन है ? किसे कहूँ मैं युग की साधों को पहिचाने।

जीने की गुलाम चाहों ने जहाँ मरण का मूल्य बिगाड़ा
बलि की रानी यहाँ पढ़े कैसे अपना अस्तित्व पहाड़ा !

लघु-लघु प्राणों की बस्ती में मैं तो प्राण देखता आया
और प्राण - हीनों को रुचि से रगड़ सदैव फेंकता आया !

वायुयान के टिकटों से क्या बलि के देश पहुँच पाओगे ?
अपने दुर्भाग्यों के रोने गीत बना कब तक गाओगे ?

दायें बायें फला एशिया आग लगी जनगण में गहरी,
मेरी माँ की बेबसियों को घूर रहा हेमांचल प्रहरी;

चाँग मिटे, सोकार्नो मिट ले, यू सा का घर बार उजाड़े
आज ऊगता सूर्य पूर्व का—डुबा, बजाते हमीं नगाड़े !

इस जग में जिन घातक प्रभुताओं ने, घर-घर आग लगायी
मासिक वेतन पर बिक उनकी पामरता हमने दुलराई।

उत्तर, दक्षिण, पूरब, पश्चिम, जहाँ गये भारती सिपाही।
भारत माँ की विमल मूर्ति पर आये पोत अनंत सियाही !

---

1. दिल्ली के लाल किले के अग्रगामी दल के नेताओं के मुकदमे में देशभक्त लोग 'गाउन' पहिनकर विकालत करने जाते थे।

ओ अज्ञात हठीले भारत के मधुमय विकसित पागलपन !
ओ बेमूँछों की दुनिया के तू किशोर, तू अल्हड़ बचपन !

उठ तू इस युद्धोत्तर जग की प्रवंचना में आग लगा दे;
ये गुलाम, ये भले आदमी ले, गंगा में डाल बहा दे।

दिन को रात बना, क्यों अगणित सपनों का भर स्वाँग रहा है,
एक स्वप्न, बस एक स्वप्न ही तो तेरा युग माँग रहा है।

श्यामल रंगों की नदियों में लाल रंग बह आये तो क्या ?
कुछ करोड़ कायर गणना का जीवन-गढ़ ढह जाये तो क्या ?

तौल-तौलकर त्याग कर रहा 'क्या पाया' सो याद कर रहा !
नये-नये बन्धन स्वीकृत कर तू भारत आजाद कर रहा !!

फेंक तराजू रे बलि-पंथी सिर के कैसे सौदे-सट्टे,
बहुत किये मीठे मुँह जग के अब उठ आज दाँत कर खट्टे।

गणित पढ़ा, पर क्या पढ़ जाना ? तू कितना, तेरे अरि कितने ?
कानूनों की पुस्तक लेकर फिर क्यों उठा रहा है फितने ?

चार दिनों की सिर्फ चाँदनी वर्षों का विश्वास न कर तू
जोड़-जोड़कर कर-पल्लव भुजदंडों का उपहास न कर तू।

सिर के ऊपर पेट चढ़ा कर, अपना सत्यानास न कर तू
'जन गण मन अधिनायक' तेरा उसे विश्व का दास न कर तू !

रोटी पा मरने से, अच्छा न था रोटियाँ खो मिट जाना ?
भूखों मरने से अच्छा क्या न था उभड़ कर खुद मर जाना ?

बूढ़े युग के बूढ़े सपने नन्हे हाथों से दफना दे
ओ, पूरब के प्रलयी-पंथी उठ चल एक भैरवी गा दे !

जन - जन अमर उभर दे मुक्त ! मुक्ति का वर दे !
तब मैं कलम उठाऊँ, तब मैं फिर कुछ गाऊँ।

[जनवरी 1946, माता]

मुक्त गगन है, मुक्त पवन है

मुक्त गगन है, मुक्त पवन है, मुक्त साँस गरबीली।
लाँघ सात लांबी सदियों को हुई शृंखला ढीली।

टूटी नहीं, कि लगा अभी तक, उपनिवेश का दाग ?
बोल तिरंगे, तुझे उड़ाऊँ या कि जगाऊँ आग ?

उठ रणराते, ओ बल खाते, विजयी भारतवर्ष !
नक्षत्रों पर बैठे पूर्वज, माप रहे उत्कर्ष !

ओ पूरब के प्रलयी पन्थी ओ जग के सेनानी !
होने दे भूकम्प कि तूने, आज भृकुटियाँ तानीं।

नभ तेरा है ?—तो उड़ते हैं वायुयान ये किसके ?
भुज-वज्रों पर, मुक्ति-स्वर्ण को देख लिया है घिसके !

तीन ओर सागर तेरा है; लहरें दौड़ी आतीं,
चरण, भुजा, कटिबन्ध देश तक, वे अभिषेक सजातीं।

क्या लहरों से खेल रहे वे हैं जलयान तुम्हारे ?
नहीं ? अरे तो हटे न अब तक लहरों के हत्यारे ?

वह छूटी बन्दूक,—गोलियाँ, क्या उधार हैं आयी ?
तो हमने, किसकी करुणा से यह आजादी पायी ?

उठ पूरब के प्रहरी, पश्चिम जाँच रहा घर तेरा ?
साबित कर, तेरे घर पहले होता विश्व सबेरा।

तुझ पर पड़ने किरनें जूठी हो जातीं, जग पाता,
जीने के ये मंत्र सूर्य से—सीखो भाग्य विधाता।

सूझों में, साँसों में, संगम में, श्रम में, ज्वारों में,
जीने में, मरने में, प्रतिभा में, आविष्कारों में।

सागर की बाहें लाघें हैं, तट-चुम्बित भू-सीमा,
तू भी सीमा लाँघ, जगा एशिया, उठा भुज-भीमा !

वह नेपाल प्रलय का प्रहरी, वह तिब्बत सुर-धामी
वह गांधार युगों का साथी, वीर सोवियत नामी।

तुझे देख उन्मुक्त आज ये, उन्नत बोल रहे हैं,
चीन, निपन, वर्मा, जावा के, मस्तक डोल रहे हैं।

आज हो गयी धन्य, प्रबल हिन्दी वीरों की भाषा,
कोटि-कोटि सिर कलम किये फूली उसकी अभिलाषा।

जग कहता है तू विशाल है, तू महान, जय तेरी,
लोक-लोक से बरस रही, तुझ पर पुष्पों की ढेरी।

तीन तरफ सागर की लहरें जिनका बने बसेरा,
पतवारों पर नियति सजाती जिसका साँझ - सबेरा

बनती हों मल्लाह-मुट्ठियाँ सतत भाग्य की रेखा,
रतनाकर रतनों का देता हो टकराकर लेखा।

उस लहरीले घर के झंडे, देश-देश में लहरें,
लहरों से जाग्रत नर-प्रहरी कभी न रुक कर ठहरें।

उठता हो आकाश, हिमालय दिव्य द्वार हो अपना,
सागर हो विजयिनी माँ तेरा, उस परसों का सपना।

चिन्तक, चिन्ता - धारा तेरी, आज प्राण पा बैठी,
रे योद्धा प्रत्यंचा तेरी, उठ कि बाण पा बैठी।

लाल किले का झंडा हो अंगुलि - निर्देश तुम्हारा,
और कटे धड़ वाला अर्पित, तुमको देश तुम्हारा।

धड़ से धड़ को जोड़ बना तू भारत एक अखंडित,
तेरे यश का गान करेंगे, प्रलय नाद के पंडित।

ब्रिटिश राज टुकड़े - टुकड़े है क्या समाज का भय है,
उठ कि मसल दे शिथिल रूढ़ियाँ तेरी आज विजय है।

तोड़ अमीरों के मनसूबे, गिन न दिनों की घड़ियाँ,
बुला रही हैं, तुझे देश की कोटि - कोटि झोपड़ियाँ।

मिले रक्त से रक्त, मने अपना त्योहार सलोना।
भरा रहे अपनी बलि से माँ की पूजा का दोना।

हथकड़ियों वाले हाथों हैं, शत - शत बन्दनवारें,
और चूड़ियों की कलाइयाँ उठ आरती उतारें।

हो नन्ही दुनिया के हाथो, कोटि - कोटि जयमाला,
मस्तक पर दायित्व, हृदय में वज्र, दृगों में ज्वाला।

तीस करोड़ धड़ों पर गर्वित, उठे, तने ये सिर हैं,[1]
तुम संकेत करो, कि हथेली पर शत - शत हाजिर हैं।

[लखनऊ : 15 अगस्त 1947, युगचरण]

1. यह कविता 15 अगस्त 1947 में लिखी गई थी। तब भारतवर्ष स्वाधीन तो हो गया था—गणतंत्र नहीं हुआ था। कविता में यह आकांक्षा प्रकट है कि एशिया के पराधीन देश मुक्त हों, भारत स्वावलम्बन के मार्ग पर प्रशस्त हो तथा भारत के पूर्व और पश्चिम दोनों से समान स्वतंत्र सम्बन्ध हों। इसमें कोई सन्देह नहीं, आने वाले वर्षों में स्वतंत्र भारत की प्रगति कवि-आकांक्षा के अनुकूल ही होती चली गई।

सीमाओं के अक्षर

वे जाते हैं[1], हम जीते हैं, किन्तु अभी घमसान काम है।

हम न जीत लिख पाये अपने विषपान से, रक्तदान से,
हम न जीत लिख पाये जग पर संघर्षों से घमसान से,

जीत हुई, पर यह न दीखती जीत राज लेने वाले की,
इस की साँस-साँस पर लिक्खी है प्रभुता देने वाले की।

यह है जीत कि इस पर हमको क्षण-क्षण पार्लिमेंट का डर है,
यह है जीत कि दो टुकड़ों की लाश बना दीखे यह घर है।

खूब बोल लेते हैं अपनी वाणी, माना भीत नहीं है,
पर तरुणों की अँगड़ाई पर लिखी नहीं है, जीत नहीं है।

वे जाते हैं, हम जीते हैं, किन्तु न रुकने का मुकाम है,
बोल बड़े उजले-उजले हैं, किन्तु कहानी श्याम-श्याम है,
सीमाओं के अक्षर पढ़ तू तरुण पड़ा घमसान काम है,
मस्तक पर मस्तक रखने की घड़ियों में तेरा मुकाम है।

बाँध दिये हैं चारों कोने, डाल दिया है चारों खाने,
फिर प्रवंचना यह है, होता है सब कुछ यह जाने माने,
दिल्ली में बसकर भी पापिन दिल्ली हम से दूर हुई है,
'बापू की कीमत'[2] जब पैदल चलने को मजबूर हुई है।

ऋतु विधान की चौरंघी पर, ढूंढ़ न अपने विजयी सपने,
अलग-अलग करके निर्भय हो, गैर गैर औ अपने-अपने।
बहुत काम है काम ढूँढ़ ले, योद्धा[1] आज पुकार रहा है,
तू न उभड़ पाया मनचाहा इससे युग लाचार हुआ है।

देश - विदेश आगी पानी में हवा, समुद्र, जमीन खड़े हैं,
क्यों धोखा अपने को देवे, तेरे झंडे कहाँ गड़े हैं।
चल उठ बोल जवाहर से, चल, तू हाजिर है, सिर हाजिर है,
वह इस घर में जी न सकेगा, जो इस रोज गैरहाजिर है।

बोल बोल मेरे युग - पन्थी,
बुला रही तर्पण की बेला,

वह - वह खेले इस आँगन में, जो अपने प्राणों ले खेला।

[खण्डवा : 1947, युगचरण]

1. एक अंग्रेज, 2. गांधीजी की नोआखली यात्रा, 3. जवाहरलाल नेहरू

तान की मरोर

तू न तान की मरोर देख, एक साथ चल,
तू न ज्ञान - गर्व - मत्त—शोर, देख साथ चल।

सूझ की हिलोर की हिलोरबाजियाँ न खोज
तू न ध्येय की धरा—गुँजा, न तू जगा मनोज।

तू न कर घमंड, अग्नि, जल, पवन, अनंग संग
भूमि आसमान का चढ़े न अर्थ - हीन रंग।

बात वह नहीं मनुष्य देवता बना फिरे,
या कि राग - रंगियों घिरा, बना - ठना फिरे।

बात वह नहीं कि—बात का निचौड़ वेद हो,
बात वह नही कि—बात में हजार भेद हो।

स्वर्ग की तलाश में न भूमि - लोक भूल देख,
खींच रक्त - बिन्दुओं - भरी, हजार स्वर्ण-रेख।

बुद्धि - यन्त्र है, चला; न बुद्धि का गुलाम हो।
सूझ अश्व है, चढ़े चलो, कभी न शाम हो।

शीश की लहर उठे—फसल कि, एक शीश दे,
पीढ़ियाँ बरस उठें हजार शीश शीश ले।

भारतीय नीलिमा जगे कि टूट - टूट बन्द
स्वप्न सत्य हों, बहार—गा उठे अमन्द छन्द।

[सत्यनारायण कुटीर, प्रयाग : 1948, समर्पण]

विभ्रम

सूझों के बोझों के विभ्रम में

आशा के आँगन, अभिलाषा के लंघन ले,
तव-कपोल-मधु-मोहित सिहरन सम्मोहन ले,
अभिनय से बेबस, चूम उठा ग्रंथि - ग्रन्थ।

अपनी अनहोनी के लघु क्रम में।
सूझों के बोझों के विभ्रम में।

मगें-रव-गुन नूपुर-स्वर, आहों में आमिष भर,
अनचाहे अर्पण को उनके चरणों धर - धर,
मूंदे उन्माद भरे अधमूंदे नाद झरे,

नयनों से चुप झांके
पुतली पर द्रव - झर का लोना आंचल ढांके,
जीवन के बीहड़ चौराहे पर,

जोह - जोह पन्थ - पन्थ !
अपनी अनजानी के प्रियतम में।
सूझों के बोझों के विभ्रम में।

मैं पुकार उठा, शून्य में पुकार पा गया,
तूने ना कहा कि आह आज ज्वार पा गया।

[खण्डवा : 1948, युगचरण]

हरे प्याले, हरी थाली

तुम्हें तो याद है केवल गगन नीला मही काली !
लो आरोगो ! हरे व्यंजन, हरे प्याले, हरी थाली !

बिखर कर सातरंगी इन्द्रधनु से नीलिमा बरसी,
जगत बोला विभव बरसा, धरा बोली, समा बरसी !

जमीं तूने कहाँ खोये गगन के प्यार के आँसू,
हरे हो - हो के ऊगे हैं, मेरे दिलदार के आँसू।

सँजो इनको, सँभाल इनको, बरस कर आ गये काले,
उठा कर ले चलीं नदियाँ चुरा कर ले चले नाले,
हृदय के ज्वार का नीला, ये दामन घन में छाया है,
सजाऊँ क्या, सँभालूं क्या, ये सावन बन के आया है।

हरी सौगात लेकर उठ पड़ी मैं प्यार को पाने,
लगा वो अपने पर छाने, लगी मैं अपने पर छाने।

नदी बोली, चलो बूंदो, समन्दर ने बुलाया है।
अजीमुश्शान गहरे प्यार के दर ने बुलाया है।
अरे छोटो, बड़ों की पीर को हरने बुलाया है।
सलोने प्यार ने, जीने नहीं, मरने बुलाया है।

दुई के भेद के दोजख में मत रुक बूँद ओ पगली !
बड़ी मौजों की बाहों, यार ने भरने बुलाया है।

[खण्डवा : 1949, युगचरण]

कमल और कलम

कमल से कलम ने कहा रे मुसाफिर !
उठा चल गगन को न पानी में तू गिर।
अँधेरा उजेले पै लिखने की स्याही,
कि प्राणों में तू पल, कि बूँदों में तू फिर !

मैं स्याही में, तू कीच में—
अस्ति बो दें,

किरन में चलो कालिमा को पिरो दें,
भले चाँद - तारों की ले तू जवानी।
रहे किन्तु वह सूर्य की ही कहानी,
प्रणय या प्रणव - रीति ठंडी भली है।
जरा देख पूरब ने रोली मली है।

कि झंकार में विश्व भर—
वाह बोले,
विजय गीत भारत का मल्लाह बोले।

[खण्डवा : 1949, युगचरण]

आज झोंपड़ियाँ अनन्त सुहागिनी हैं

जब कि प्रश्न बने स्वयं अगणित कहानी,
जब कि उत्तर हो उठे असहाय वाणी,
धूलि में श्रमकर थका इतिहास खेले,
और मुट्ठी में बँधा विश्वास खेले।

आज वे मजबूरियाँ बड़भागिनी हैं,
आज झोंपड़ियाँ अनन्त सुहागिनी हैं।

मिट चुका आकाश का सम्बल बिचारा,
मानवी ने आज आँचल के इशारे,
खोल कर दृग द्वार के दोनों किनारे,
प्रणय-ध्वनि ले प्रलय मानव को पुकारा।
चूड़ियों के वलय जी के मोल बनकर,
आज स्वागत कर रहे भूगोल बनकर।

यह पताका यह, तरंगी, यह तरंगिणि,
दो युगों के दो तटों को एक करती,
कोटि - भुज - सिर दान का उन्मेष भरती,
यह लहरती विश्व की रण - रंग - रंगिणि,
उठे यह ईमान की भुज पर भवानी,
उड़े यह बलिदान की रंगीन रानी।

यह विमल रंगीन सपनों की कहानी,
यह मधुर सूली चढ़े सीसों सुगंधित,
कोटि अरमानों भरी बलि साँस स्पन्दित,
सिर हथेली लिये अपनों की कहानी,
पूज्य बापू के चरण की स्मरण रेखा,
काल - पट पर लिख रही स्वातंत्र्य लेखा।

लाल किला—जहाँ कि दो साम्राज्य सोये,
भूमि दिल्ली की कि जिस पर कर चढ़ाई,
हर विदेशी ने स्वयं लुटिया डुबाई,
रक्त से जिसने अमिट सपने सँजोये।
छिगुनि है, बरसान है, पर्वत उठाये,
इन्द्र के सब दर्प पानी में मिलाये।

विमल वेदों की ऋचा के अर्थ खोले,
और गीता के स्वरों पर बोल तोले,
कष्ट सहतों के विमल अभिराम आये।
लौट आई ब्रज - धरा, वे श्याम आये।

आज तुलसी की हुई बानी सुहागन,
आज रावण मार कर लौटे सुखी जन,

हो गया आबाद फिर साकेत सूना,
जातियाँ घुल - मिल गयीं कह नेह दूना।

साम्राज्य मिटा कटीं कड़ियाँ पुरानी,
रामराज्य हुआ—रचो जाग्रत कहानी।
है अमिट संकल्प से आबाद दिल्ली।
आज कायाकल्प से आजाद दिल्ली।

आज यमुना के स्वरों फिर वेणु बोली,
एशिया की गोपियों ने वेणि खोली[1],
हिम शिखर को लाँघ भू ने बोल बोले,
निपन से पाताल व्याप्त रहस्य खोले।

'शस्त्र मैं लूँगा नहीं' का स्वर गुँजाये,
व्यथित गोपों को लिये गोपाल आये।

खँडहरों ने आज मंत्रों को गुँजाया,
आज फिर देवालयों ने अर्थ पाया,
ग्वाल ने गोपाल के सँग खेल खेले,
पतित-पावन ने पतित को शिर चढ़ाया।

मिल गये मन भेद की दीवार टूटी,
गा उठीं कलगान प्रकृतियाँ वधूटी,

अहह ! पापी ने हृदय में तान मारा,
प्रार्थना - पथ का पथी भगवान् मारा,
भक्ति ने यों मुक्ति की कीमत चुकाई,
तब कहीं हे देश तूने मुक्ति पाई।

चलो, पंथी चलो, बलि के द्वार खोलो,
बन्द है संसार वह संसार खोलो,
जो कि भेजे से कलेजे तक खिंची हो,
विश्व पर अपनी वही हुंकार खोलो।

प्रलय - वीणा पर हृदय की अँगुलियों से,
खुल सके तो वह अमर झंकार खोलो।

वायु पर, भू पर, जलधि पर रत्न जवानी,
जब हमारी मुक्ति ने लिक्खी कहानी,

1. एशिया के राष्ट्र स्वतंत्र हुए

मृत्यु तब लेने चली उसकी परीक्षा,
गोलियाँ जब लिख चलीं स्वातंत्र्य-दीक्षा।

मत कहो वह रह गया श्मशान बनकर,
आज वह घर - घर रमा भगवान् बनकर।
[लखनऊ : 15 अगस्त 1949, युगचरण]

एक तुम हो

गगन पर दो सितारे : एक तुम हो,
धरा पर दो चरण हैं : एक तुम हो,
'त्रिवेणी' दो नदी हैं : एक तुम हो,
हिमालय दो शिखर हैं : एक तुम हो,

रहे साक्षी लहरता सिन्धु मेरा,
कि भारत हो धरा का बिन्दु मेरा।

कला के जोड़-सी जग-गुत्थियाँ ये,
हृदय के होड़ - सी दृढ़ वृत्तियाँ ये,
तिरंगे की तरंगों पर चढ़ाते,
कि शत-शत ज्वार तेरे पास आते।

तुझे सौगन्ध है घनश्याम की आ,
तुझे सौगन्ध भारत-धाम की आ,
तुझे सौगन्ध सेवा-ग्राम की आ,
कि आ, आकर उजड़तों को बचा, आ।

तुम्हारी यातनाएँ और अणिमा,
तुम्हारी कल्पनाएँ और लघिमा,
तुम्हारी गगन-भेदी गूँज, गरिमा,
तुम्हारे बोल ! भू की दिव्य महिमा

तुम्हारी जीभ के पैरों महावर,
तुम्हारी अस्ति पर दो युग निछावर।
रहे मत-भेद तेरा और मेरा,
अमर हो देश का कल का सबेरा,

कि वह काश्मीर, वह नेपाल; गोवा;
कि साक्षी वह जवाहर, यह विनोबा
प्रलय की आह युग है, वाह तुम हो,
जरा-से किन्तु लापरवाह तुम हो।

[खण्डवा : 1950, समर्पण]

गीत

चरण चलें, ईमान अचल हो !

जब बलि रक्त-बिन्दु-निधि माँगे पीछे पलक, शीश कर आगे
सौ-सौ युग अँगुली पर जागे चुम्बन सूली को अनुरागे,
जय-काश्मीर हमारा बल हो, चरण चलें, ईमान अचल हो।
स्मरण वरण कर हिमगिरि का रथ, तुम्हें पुकार रहा सागर-पथ
अणु से कहो, अमर हैं निर्भय, बोल मूर्ख, मानवता की जय,
झण्डा है नेपाल, सबल हो, चरण चलें ईमान अचल हो।
अन्न और असि दो से न्यारा गर्वित है भूदान हमारा
सुन उस पंथी की स्वर - धारा जिसने भारतवर्ष सँवारा
'गोली'—राजघाट का वल हो, चरण बढ़ें, ईमान अचल हो।
बलि-कृति-कला 'त्रिवेणी' की छबि गूँथ रहा, अपनी किरणों रवि
उठती तरुणाई का वैभव, उतरे, बने सन्त, योद्धा, कवि।
भारत ! लोक अमर उज्ज्वल हो, चरण बढ़ें, ईमान अचल हो।

[खण्डवा : 1950, समर्पण]

झूला झूलै री

संपूरन के संग अपूरन झूला झूलै री,
दिन तो दिन कलमुँही साँझ भी अब तो फूलै री।
गड़े हिंडोले, वे अनबोले मन में वृन्दावन में,
निकल पड़ेंगे डोले सखि अब भू में और गगन में,
ऋतु में और ऋचा में कस के रिमझिम-रिमझिम बरसन,
झाँकी ऐसी सजी भूलना भी जी भूलै री
संपूरन के संग अपूरन झूला झूलै री।

रूठन में, पुतली पर जी की जूठन डोलै री,
अनमोली साधों में मुरली मोहन बोलै री,
करतालन में बँध्यो न रसिया, वह तालन में दीख्यो,
भागूँ कहाँ कलेजौ कालिन्दी में हूलै री।
संपूरन के संग अपूरन झूला झूलै री।

नभ के नखत उतर बूँदों में बागों फूल उठे री,
हरी-हरी डालन राधा मानव से झूल उठे री,
आज प्रणव ने प्रणय भीख से कहा कि नैन उठा तो,
साजन दीख न जाय सँभालो जरा दुकूलै री,
दिन तो दिन कलमुँही साँझ भी अब तो फूलै री,
संपूरन के संग अपूरन झूला झूलै री।

[खण्डवा : 1950, समर्पण]

टूटती जंजीर

एक कहता है कि जीवन की कहानी बेगुनाह,
एक बोला चल रही साँसें—सधीं, पर बेगुनाह,
एक ने दोनों पलक यों धर दिये,
एक ने पुतली झपक ली, वर दिये,
एक ने आलिंगनों को आस दी,
एक ने निर्माण को बनवास दी,
आज तारों ने नये अम्बर भरे,
टूटती जंजीर से नव-स्वर झरे।

[खण्डवा : 15 अगस्त 1951, समर्पण]

दूर गई हरियाली

एक मौत पर, दूजे दिल पर, और तीसरे 'उन पर' आली,
मेरा बस न चलाये चलता, साधें रीती, आँखें खाली!
अब तो दूर गयी हरियाली।
बिजली का सिर चढ़-चढ़ जाना, श्याम घनों का गल-गल गिरना
कैसे दो वरदान, मिले हैं, उन्हें गरजना, मेरा झरना।

ज्वारों से बेकाबू वे सखि, आहों-सी लाचारी मेरी;
आह और आंसू जैसी है प्रणय विवशता उनकी मेरी।

काले नभ में खेल रहे हैं, सूरज, चन्दा, झिलमिल तारे;
कैसे सुन्दरता खोएँगे वे पुतली के वासी प्यारे !

चिड़ियाँ चहक-चहक उठती हैं, ऊषा की लख लाली आली,
किन्तु लाल की लाली से यह जी की डाल नहीं मतवाली।

अब तो दूर गयी हरियाली।

[खण्डवा : 1951, समर्पण]

विजय की स्मरण-बेला

आ गयी है पूछने फिर यह स्मरण-बेला विजय की ?

वे कि जिनके नाम पर थीं सूलियाँ सौ-सौ सुहागिन,
वे कि जिनके गान पर थीं वेदियाँ अगणित सुगन्धित,

जो कपाली पर चढ़ाते थे, स्वयं निज मुण्ड-माला,
जो जगाते थे धरा में, प्राण की उन्मेष ज्वाला,

क्या कहानी याद है, हे
युग-चरण उनके विनय की ?
क्या कभी पहचान पाये
हो मरण-बेला प्रणय की ?

आ गयी है पूछने फिर यह स्मरण-बेला विजय की ?

(2)

सुन रहे हो अमर मुरली-नाद यमुना की लहर में ?
जो पछाड़ें खा निनादित है, कुटी, गिरि, उदधि, घर में।
युग-चरण ! तुमने गगन-पथ अब छोड़ अब ढूँढ़ा रसातल।
तब गरीबों के रुदन पर रो उठे भूतल अतल-तल।

विश्व गाये कीर्तियाँ ! बलि-मूर्तियाँ हमने भुलाईं।
याद आयी जब हमें अपनी कहानी खूब भाई।

टूटने दोगे न ये कड़ियाँ,
पराजय के विजय की ?
आ गयी है पूछने फिर,
यह स्मरण-बेला विजय की ।

(3)

चित्र जीवित कर गया मिटकर स्वयं मोहन चितेरा,
मिटा मत डाले उसे, अधिकार का उजला अँधेरा !
राजघाट-पथी, न हो पूजा महल पाषाण-पूजा,
माँगता काश्मीर हम से है, मधुर-बलि-प्राण-पूजा,

युग-चरण काले बजारों 'प्राण' मँहगे कर न देना,
माँगती है सिर कि जब इस देश की स्वातंत्र्य सेना,
और ये उठते सिपाही, और ये अनजान कलियाँ
रह सका इतिहास जीवित, ले इन्हीं की अमर बलियाँ,

सिर चढ़ें, या सिर उतारें शत्रु का, सिर खेत बोकर
मुंड-माला दो इन्हें, कवि, वेदवाणी से सँजोकर !

पी सकोगे प्राण-धारा
भारती के प्रबल पय की ?

आ गयी है पूछने फिर यह स्मरण-बेला विजय की ।

(4)

गाँव के चौपाल पर बैठे हुए कृषि-बन्धु प्यारे,
कृषक के 'ढाँचे' रहे जो जोहते, मेरे इशारे,

और उनकी घरनियाँ, वे तरनियाँ दारिद्र्य-नद की,
निस्सहाय शिकार मेरे विफल-से नेतृत्व-मद की

खेत के मोती हमें देकर, जिलाते प्राण देकर,
हम उन्हें लौटा रहे क्या ? कौन-सा सम्मान देकर ।
माँगते दुर्भाग्य-क्षय थे, निधि मिली सौभाग्य-क्षय की ।

किस तरह अधिकार ने यह
दुर्दशा कर दी विनय की ?

आ गयी है पूछने फिर यह स्मरण-बेला विजय की ।

(5)

वही तो सेना बनावें, खेत में मोती उगावें,
वही मेरी पतित प्रभुता का व्यथित बोझा उठावें,

वही कठिन सुरङ्ग खोदें, वही उठ पर्वत ढहावें,
वही पत्थर-सी भुजाओं, राष्ट्र-रथ के पथ बनावें,

गले में दारिद्र्य नागन, कमर में चिथड़ा नहीं है,
दान 'दानों' की करें निधि, पेट में टुकड़ा नहीं है !

शान है शहरों सुरक्षित ! भाग्य है 'रस-भंग' उनका,
पर्वती है धरा, पर वे पार्वती के वर नहीं हैं ?

कौन कहता है कि वे अभिशाप में शंकर नहीं हैं ?

चढ़ चुकी हैं गोलियाँ,
रण-खेत में जिन पर अनय की,
चढ़ रही क्या वन्दना,
उस देश-प्रभु पर आज जय की ?

आ गयी है पूछने फिर यह स्मरण-बेला विजय की।

[नागपुर : 15 अगस्त 1951, युगचरण]

सौ टूक कर डाला

चमक कर गिर पड़ी बिजली, जगत पर वार कर डाला,
चमक कर तुम गिरे अपना स्वयं संहार कर डाला !

गरज बादल की दे भू को हरी साडी, हरे गहने !
जो गरजे तू तो सूखें प्राण कि वे छँट कर लगें रहने !

तरल बरसात की बूँदें फिसल कर गिर पड़ीं भू पर !
तरल वे प्यार के आँसू चढ़ा कर ले गये जी पर !

हरी दुनिया उठी पानी चढ़ा ऊपर पुकारे है,
हरी दुनिया जगावे है वही जो प्राण वारे है !

भले पानी हो, जो पत्थर बना, सौ टूक कर डाला।
मिटा डाली फली दुनिया खुद अपने को मिटा डाला।

[गणेश चतुर्थी सप्ताह, सनावद : 1952, युगचरण]

जोड़ी टूट गयी

तरुणाई के प्रथम चरण में जोड़ी टूट गई,
फूल हुई रात की रानी, प्रातः रूठ गयी !

गन्ध बनी, साँसों भर आई
छन्द बनी फूलों पर छाई
बन आनन्द धूलि पर बिखरी

यौवन के तुतलाते वैभव, सन्ध्या लूट गई !
फूलों भरी रात की रानी सहसा रूठ गई।

मुसुकों भरी मनोरम बेली
यादों की डालों पर खेली
गिरी सभी साधें अलबेली

ऊँचे पर उठती अभिनवता पथ में छूट गई
फूली हुई रात रानी की, कैसे रूठ गई ?

[पातलपानी रेलवे स्टेशन, विन्ध्य-उपत्यका : 1952, समर्पण]

क्या सावन, क्या फागन

क्यों स्वर से ध्वनियाँ उधार लूँ ? क्यों वाचा के हाथ पसारूँ ?
मेरी कसक पुतलियों के स्वर, बोलो तो क्यों चरण दुलारूँ ?

स्वर से माँगूँ भीख — कि हिलकोरों में हूक उठे,
वाचा से गुहार करता हूँ देवि, कलेजा दूख उठे।

बिना जीभ के श्यामा मेरी उभय पुतलियाँ बोल रही हैं,
बोलों से जो रूठ चुके ऐसे रहस्य ये खोल रही हैं।

क्यों ऊँचे उड़ने को माँगूँ, मैं कोयल के पर अनमोले ?
जब कि वायु में मेरे सपने, अग - जग भूमण्डल पर डोले।

कौन आसरा ले कि सुरभि के—स्तन से उतरे अमृत - धारा,
जब कि फुदक उट्ठे बछड़ा वह कामधेनु का राज - दुलारा।

भले ओंठ हों बन्द किन्तु—अन्तर की गाँठें खुल जाती हैं,
क्या सावन, क्या फागन—जब सूझें बारह-मासा गाती हैं !

[खण्डवा : 1952, समर्पण]

हिमालय पर उजाला

लिपट कर गईं बलवान चाहें, घिसी-सी हो गईं निर्माल्य आहें,
भृकुटियाँ किन्तु हैं निज तीर ताने हुए जड़ पर सफल कोमल निशाने।

लटें लटकें, भले ही ओठ चूमें, पुतलियाँ प्राण पर सौ साँस झूमें।
यहाँ है किन्तु अठखेली न नवेली, हिमालय के चढ़ी सिर एक बेली।

नगाधिप में हवा कुछ छन रही है, नगाधिप में हवा कुछ बन रही है।
किरन का एक भाला कह रहा है, हिमालय पर उजाला हो रहा है।

[खण्डवा : 1952, समर्पण]

उलझी सूझ

फ़टी साड़ी के किनारों-सी तुम्हारी सूझ
यह उलझकर रह गई खोले नहीं खुलती।
कल्पनाएँ कीच में बन कीच ही बैठीं
योग क्या साधा कि ये धोये नहीं धुलतीं

कुछ तुकी, कुछ बेतुकी ये बर उड आईं
ये न गूँजीं यार ये तो काटती भर हैं।
सूझ के, श्रम के, समय के, विविधता के घर
रोज अपनी धूलि से ये पाटती भर हैं।

मौन के स्वर के चरण की मिल रही आहट
आज कुछ ऐसी भयावनि रात आई है।
कमल जब सोये, कि वे तारे उगे नभ में,
रात के घर चाँद की बारात आई है।

झोंपड़ी के ठाठ से वह चाँदनी झाँकी
पड़ रही ऊँचाइयाँ नीचाइयों के पैर।
द्वार खोलो, साथ ले लो, गीत गाने दो
चाँदनी हूँ चाँद की, मैं हूँ नहीं कुछ गैर।

[खण्डवा : 1952, युगचरण]

भारती

रवि की प्रथम किरण शिर धर कर निर्मिति के अभिषेक !
हिम - शिखरों ऊँचा उठने की ओ चमकीली साध !

धोते चरण, निछावर होते तृषितों की सुन टेक,
उतर-उतर गंगा - जमुना बनते मीठे अपराध !

धूलि - कणों से उठती है तू हरित प्राण की सेज,
वृक्षों से विद्रोही उठते धूलि - कणों के तेज !

पग-पग मग-मग डोल रही तू, तुझ पर शत शिर डोल,
माँग रहा भूदान मुसाफिर लाँघ रहा भूगोल !

चरण चल रहे भूमि - पृष्ठ पर रच, दो शिथिला रेखा !
नियति लिख रही उस रेखा पर कोटि भाग्य का लेखा !

ओ वन्या, ओ प्रतिभा धन्या, विधि कन्या, री अल्प,
दिल्ली के सिंहासन पर शोभित तेरा संकल्प !

देवि, वंग के शूली पर चढ़ते शीशों के ज्ञान,
सिद्ध करो स्वातन्त्र्य आ गया बन प्रभु का वरदान !

हिम का मुकुट पहिन लो, लो गंगा जमुना का हार !
करनफूल काश्मीर और नेपाल प्रलय शृंगार !

तेरे तार - तार पर गूँजे वह निनाद वे बोल,
करनफूल हिल उठें न जाये पर मोती का मोल !

उत्तर का वासी दक्षिण पर दक्षिण उत्तर वासी,
मीनाक्षी पंढरपुर त्रंबक चल उठ पूजें काशी !

जो कुछ पाया उस पर गर्वित है न तरुण की साँस,
ठंडे जीने पर न भरोसा करता है विश्वास !

कोटि - कोटि हृदयों में धमनी धड़क रही है जानो,
धमनी में युग प्रलय गल रहे हैं इसको पहचानो !

एक हाथ अपनी धड़कन पर एक हाथ युग की छाती पर,
कल्याणी रख कर देखो अँगुली जलती दीपक बाती पर !

फिर बोलो क्या इस जमीन पर मँडराता आदित्य वही है ?
अग-जग में जो व्याप रहा है क्या तेरा साहित्य वही है ?

फिर क्यों झिझक रही हो अंगुलि निर्देशों फौलाद गलाते ?
फिर क्यों बिता रही हो जीवन गीत वन्दनाओं के गाते ?

कृष्ण, बुद्ध, ईसा, गांधी को तुमने पृथ्वी का वर गाया,
जो विद्रोही हुआ उसी को तुमने था ईश्वर बतलाया !

फिर क्यों, चाहें आश्रय नत हो कविता बनी सिसकने निकलीं ?
फिर क्यों वीणा हुई कुंठिता फिर क्यों वाणी बिकने निकली ?

'बर' सी उठी हिमाचल शिखरों चमकी, देवों ने यश गाया,
बनी 'महावर' सी चरणों में गंगा बन भू-तल हरियाया।

हृदय-हृदय में उतर न पाओ इस बिहार को हार कहूँ क्या ?
सृजन हीन कोमलता को कोमलता का संहार कहूँ क्या ?

भावों का जिनको अजीर्ण है उनमें खेल न खेलो रानी,
भावों के भूखे शत-शत हैं उन्हें न दूर ढकेलो रानी !

जल की हो, श्रम जल की हो, शिव तो वह है जिसके सिर गंगा,
काली गौरी शिवा पार्वती उसकी हैं—जो है अधनंगा।

महलों में भर स्वाँग नृत्य की ध्वनियाँ भर मत गूँथो बानी।
टिमकी पर, डफ पर, तांडव पर चरण जमाओ, लिखो कहानी।

तरलोन्मादमयी मनमोहनि, विश्वम्भरी मनोरथ धामा।
वंशी, वीणा, धन्य - प्रवीणा· नृत्य - गान - वादन - अभिरामा।

पानी मत खींचो रेखा खिच-खिच वे ढहती जायेंगी।
हिमशैलों पर गीत न लिक्खो नश्वर वे बहती जायेंगी।

अमर रहें, युग मस्तक डोलें, तो समझो मेरी कल्याणी,
चट्टानों में फौलादों को तोड़ - मोड़कर लिखो कहानी।

बादल में, गंगा - जमुना में, सागर में, रहने दो पानी;
पर तलवारों के पानी को भूलो नहीं वेद की वाणी !

जिनने रस कस तुझको सौंपा, जिनका कौशल तुझको भाया,
नर्तक, गायक, चित्रक, मूर्तिक, चितक—-यह सब तेरी माया !

जिनने श्रमकण सौंप भारती भारत नन्दन को लहराया,
प्राणों पर दे प्राण कि जिसने सिपहगिरी को धन्य बनाया !

क्यों तेरी रागों में रंगिणि, उनका रक्त नहीं भर आता ?
क्यों तेरी वीणा पर मानिनि, उनके राग न कोई गाता ?

तरलाई की परम देवता जल है मधुर, अश्रु प्यारे हैं,
पर मिठास में रक्त-दान क्यों कहती हो इनसे न्यारे हैं?
चली योजनों डग-डग, पग-पग, पागल भूमि-दान की टोली,
करुणामयी न तूने उन पर अभी तलक वाचा भी खोली।
रथ दौड़े, जल रथ दौड़े ले देख हवा पर भी रथ दौड़े,
वाल्मीकि, तुलसी, मोरेश्वर, सब पुष्पक वर्णन को दौड़े।
निज ढीली चरणावलियों पर मत भूलो चमकीली सूली,
मत कहलाओ सिन्धु चीरते नभ कम्पित करतों को भूली।
प्रणय साँस, प्रलयिनि उसाँस का मिल रहने दो जीवन-जोड़ा,
रस बरसे, श्रम रस बरसे, बरसे लाली का रस भी थोड़ा।
यादों से, फौलादों से प्रतिभा प्रभुता का मेल कराओ,
स्वर छेड़ो कल्याण राग से अन्तिम राग भैरवी गाओ।
तुलसी रँगे राम के रँग से, सूर श्याम से रिस हँस बोले,
खुद अपने ही को दुलराकर हम जैसे कोई कब बोले?
नारी गई कि प्राण चल दिए माना, किन्तु रसों का रामा,
माता-बहिन-बेटियाँ भी तो नारी ही होंगी अभिरामा।
वेणी खोल, एशिया की सब भूमि-भाग-बालायें धायीं
तेरा माखनचोर जगा दे री भारती जसोदा माई!
बलि पर, कृति पर, रस पर, छवि पर, जितनी दूर नजर जायेगी,
चारण-युग, उच्चारण-युग, को सिंहासन दे पछतायेगी।
वंशी को ओंठों रख, स्वर को जी पर से भू पर आने दो,
हे प्रकाश-मुखि छाया पीछे-पीछे ही शोभा पायेगी!
सजग विश्व जन-गण, सुनता है जग के स्वर पर स्वर दो रानी,
छा जाओ भारती जगत पर प्रतिभामयी देश की वाणी!
उठो देवि कल्याण-वंदिता शस्त्र-शास्त्र-पूजिता उठो तुम,
गिरि-वन, निर्जन, प्रभंजन रसवती जूझिता उठो तुम!
चढ़ा 'कुमारी' के तूँबे पर तार खूँटियाँ हिमगिरि पर दे
गावो भैरव राग, सृजन की विश्व-वंद्य कूजिता उठो तुम!

[माननीय मेहताजी का निवास, नागपुर : 8 मार्च 1953, युगचरण]

क्यों आये हो ?

माला ?—फूलों की लाशें हैं,
गायन ?—अधमुँदी उसासें हैं।

मेरे सुहाग के आँगन पर
अँधियारा कर क्यों छाये हो ?

क्यों आये हो ?

मन है ? बोझिल-सा धन है ?
तन है ? छल राशि बना घन है ?

पलकों पर प्रलयंकर आँधी
आँखें ? पानी भर लाये हो,

क्यों आये हो ?

[इटारसी स्टेशन : नवम्बर 1953, युगचरण]

ध्वनि बिखर उठी

हास्य का प्रपात, प्राण - मेरु से गिरा

कि ध्वनि बिखर उठी !
और एक कान पर रखे
करारविन्द,
छबि निखर उठी।

हास्य-तंत्र हो गया जहान, यों कि उग उठा खेत-खेत !
यों प्रवहमान, नेह हो उठा कि भीग बही रेत-रेत !

कनखियाँ मचल उठीं कि चुटकियाँ मरोर दें।
हों उबासियाँ, उदासियाँ कि चुहुल जोर दे।

खीझ, रीझ से हजार
यों बिगड़-बिगड़ उठी।

हास्य का प्रताप, प्राण-मेरु से गिरा—
कि ध्वनि बिखर उठी।

[खण्डवा : 1953, समर्पण]

गीत

बदरिया थम - थम कर झर री !
सागर पर मत भरे अभागन,
सागर को भर री !

बदरिया थम - थम कर झर री !

एक - एक, दो - दो, बूँदों में,
बँधा सिन्धु का मेला,
सहस - सहस बन विहँस उठा है,
यह बूँदों का रेला ।

तू खोने से नहीं बावरी,
पाने से डर री !
बदरिया थम - थम कर झर री !

जग आये घनश्याम देख तो,
देख गगन पर आगी,
तूने बूँद, नींद खितिहर ने,
साथ - साथ ही त्यागी।

रही कजलियों की कोमलता,
झंझा को वर री !
बदरिया थम - थम कर झर री !

[खण्डवा : 1953, समर्पण]

चले समर्पण आगे-आगे

यों मरमर मत करो आम्र - वन गरबीले युग बीत न जाएँ,
रहने दो वसन्त को बन्दी, कोकिल के स्वर रीत न जाएँ ।

उठीं एशिया की गूजरियाँ, मोहन के वृत, मोहन में रत,
दानव का बल बढ़ न जाय, वे इस घर से भयभीत न जाएँ।

लो इस बार सुलग उट्ठी है ज्वाला हिम के वरदानों पर,
सँभल-सँभल सपने लिख गाफिल गलती हिम की चट्टानों पर।

गंगा, जमना, सिन्धु, ब्रह्मपुत्रा का वैभव देने वाला,
वही नगाधिप आज हो रहा, भीख प्राण की लेने वाला।

वे कश्मीरी कस्तूरी के मृग भागे-भागे फिरते हैं,
केसर के सुहाग-खेतों में अरि के अंगारे घिरते हैं।

आज वितस्ता के पानी में लग न उठे आगी लो धाओ,
गर्व न करो उच्च शिखरों का केसरिया बन उन्हें बचाओ।

गंगा के पानी से मीठा हो शिर-दान नगर का पानी,
कथाकली से पहले होवे, शिव के ताण्डव की अगवानी।

मोहन के स्वर, मोहन के वृत, मोहन का वृन्दावन जागे,
सिद्धि दासियाँ पीछे-पीछे चले समर्पण आगे-आगे।

[खण्डवा : 1953, समर्पण]

आने दो

मत रूठो ओ भाव-रगिनी, स्वर पर कुछ निखार आने दो!
सौ उसाँस पर एक साँस की नागन बार-बार आने दो।

गोदी में लो, कान उमेठो,
गले लगाओ, शत शिर डोलें,

पर वीणा में आँसू-सा असहाय न तुम उतार आने दो!
मत रूठो ओ भाव-रगिनी, स्वर पर कुछ निखार आने दो!

वे कहते हैं, मिजराबों की
मारो में उतरो गीर्वाणी,

मैं कहता हूँ लय से ध्वनि तक झंकृति का उभार आने दो।
मत रूठो ओ भाव-रंगिनी, स्वर पर कुछ निखार आने दो!

सूजी से सिर छेद-छेद कर,
गूँथो फूल, हार दो रानी,

तुम इतना दो घना कि धन यह कह न पाय खुमार आने दो।
मत रूठो ओ भाव-रंगिनी, स्वर पर कुछ निखार आने दो!

तेरी उनकी प्रीत पुरातन,
युग-युग, बोल-बोल कर डोले,

घनश्याम उतरे गोकुल में, जमुना में बहार आने दो।
मत रूठो ओ भाव - रंगिनी, स्वर पर कुछ निखार आने दो !

तोड़ चलो 'नवधा' की कारा
शतधा उतर उठो ओ रामा !

गायें, ग्वाल, नंद, नँदरानी सबको एक बार आने दो।
मत रूठो ओ भाव - रंगिनी, स्वर पर कुछ निखार आने दो !

[खण्डवा : 1953, समर्पण]

रोटियों की जय

राम की जय पर खड़ी है रोटियों की जय ?
त्याग कि कहने लग गया लँगोटियों की जय ?
हाथ के तज 'काम' हों आदर्श के बस 'काम'
राम के बस काम क्यों ? हों काम के बस राम।

अन्ध - भाषा अन्ध - भावों से भरा हो देश,
ईश का सिर झुक रहा हो रूढ़ि के आदेश !
प्रेम का वध ही जहाँ हो धर्म, का व्यवसाय,
जब हिमायत ही बनी हो श्रेष्ठता का न्याय,

भूत कुछ पचता न हो, भावी न रुचता हाय !
क्यों न वह युग वर्तमानों में पड़ा मर जाय ?
जब कलम रचने लगी नव - नवल - कुंभीपाक
तीन से अनगिनित पत्ते जन रहा जब ढाक !

जब कि वाणी - कामिनी, नित पहिन घुंघरू यार,
गूंजती मेले लगा कर अन्नदाता - द्वार।
उस दिवस, क्या कह उठे तुम—साधना ? क्या मोह !
माँगने दो आज पीढ़ी को सखे विद्रोह।

आज मीठे कीच में ऊगे प्रलय की बेल,
कलम कर - कर उठ, फूलें, सिर - चढ़ों का खेल !
प्रणय - पथ मिलने लगे अब प्रलय - पथ से दौड़,
सूलियों पर ऊगने में युग लगाये होड़।

ज्वार से ? ना ना किसी तलवार से सिर जाय,
प्यार से सिर आय तो ललकार दो सिर जाय।

[खण्डवा : 1953, समर्पण]

उधार के सपने

बहुत बोल क्या बोलूँ ये सब सपने हैं उधार के राजा।
बहुत भले लगते हैं; गहने अपने हैं उधार के राजा।
तुझे जोश आता है, देखा; तुझे क्रोध आता है, माना।
पर 'हमने' अपने दाता की हरी पुतलियों को पहिचाना ?
तू उनका युग-युग का दुश्मन, तू उनकी है आज जरूरत,
एक साथ रख देख, सलोने, उनकी सूरत और जरूरत।
तब फिर जोड़ लगाओ प्रहरी, क्या खो-खोकर, क्या-क्या पाया,
जीता कौन ? पछाड़ा किसने ! किसका अर्पण, किसकी माया।
तेरी एक-एक बोली पर, सौ-सौ शिर न्यौछावर राजा।
दिल्ली के सिंहासन से टुक, जी के सिंहासन पर आजा।
वह नेपाल प्रलय का प्रहरी, वहाँ क्रांति की स्फूर्ति जगी है ?
जल न उठे एशिया, वहाँ के हिम-खण्डों में आग लगी है।
भारत माँ का वह सिंगार काश्मीर, कि जिस पर जग ललचाया,
धन्य भाल, नव मुण्डमाल दे, जिसे देश ने आज बचाया।
केशर के बागों में क्या, अमरीका अंगारे बोवेगा ?
क्या स्वर्गोपम धराशीश काश्मीर, पीढ़ियों तक रोवेगा ?
फिर क्या होंगे तीस कोटि नरमुण्डों के दुनिया में मानी ?
क्यों कोई मानेगा भारत माँ के कोखों फली जवानी ?
बधिक न जीने देगा क्या काश्मीरी कस्तूरी के वे मृग ?
क्या जंजीरों से जकड़े दीखेंगे देव ! वितस्ता के मग ?
क्या डालर के हाथ बिकेंगे रूप-राग-अस्मत ओ मानी ?
क्या नागासाकी बनने का भय दे अणु छीनेगा पानी ?
डालर, हँसिया और हथौड़ा—दो चक्की के पाटों पिसकर,
क्या एशिया चूर्ण कर देगा, कोटि-कोटि शिर कोटि-कोटि कर ?
री छब्बिस जनवरी ! याद की आजादी की सप्तम सीढ़ी
फलने दे स्वातंत्र्य-देश में सौ-सौ बरसों सौ-सौ पीढ़ी।

वेदों से मंत्रित ओ बहना ! तेरी माँग भरी रहने दे;
बापू के व्रत पर वे शपथें—तेरी, देवि खरी रहने दे।
हिमगिरि की अभिषेक-धार निशि-दिन क्षण-पलक झरी रहने दे।
शस्य श्यामला माँ की गोदें बन्धन-मुक्त हरी रहने दे।
तेरे चरण धुलें सागर से हो तेरा लचाट हेमांचल,
होता हो अभिषेक कल्प तक, झरता रहे अमर गंगाजल !

हाँ मणिपुरी लिये ताण्डव तक प्रणय-प्रलय नर्तन-ध्वनि गूंजे !
रागों में अनुराग बाँध, संगीत—तुम्हारे स्वर-पद पूजे।

वंशी-वीणा वाद्य-मंत्र हों, तलवारें हों भाषा-टीका।
शिर उट्ठें, शिरदान-शपथ लें, अपना रहे लाल ही टीका।
अर्ध-रात्रि में सोरठ गूंजे, उष: 'भैरवी' पर दृग खोलें
प्रात: शस्त्र-शास्त्र-अभिमंत्रित हों तब 'भैरव' के स्वर बोलें।

मीरा के वे गिरिधर नागर धन्य कर दिया विष का प्याला,
सूर श्याम तू धन्य कि आँखें खोकर भी जग किया उजाला !

मिला राम को देश - निकाला सीता सागर पार लुटी जब
तब हमने एशिया-खण्ड में रामराज्य का डेरा डाला !

इधर राम ने दे दी ठोकर, उधर भरत ने भी ठुकराया।
तभी 'अवध' के सिंहासन पर विजयी रामराज्य हरषाया !
इक-इक पद पर सौ-सौ टूटें, 'कहैं कबीर सुनो भाई साधो'
अपनी इस अनमोल अकल पर रामराज्य का स्वाँग न बाँधो।

देख, विनोबा के स्वर में गरबीली माता बोल रही है,
कोटि हृदय मिल-मिल उठते हैं कैसा अमृत घोल रही है ?
भूमिदान की इस वाणी से आज हमारा केन्द्र सुरक्षित;
बापू की यादें, योद्धा की गति, अपना राष्ट्रेन्द्र सुरक्षित;
भारतीय संस्कृति के स्वर को, प्रिय सन्देहों से मत घूरो,
जले 'योजना दीप' सतत, तो उसमें 'स्नेह-भावना' पूरो !

[खण्डवा : 1953, समर्पण]

आ गये ऋतुराज !

कौन-से स्वर पर उठेंगे आज रंगिणि बोल ?
कौन-सा सम साध गाओगी सजनि हिंडोल ?

देवि, केसरिया सुहागन का बने फिर साज,
अश्रु का पानी चढ़े करवाल दल पर आज,
सुमुखि हिमनग पर सुदृढ़ हाथों चढ़े नव साज,
और जैजैवन्तियों से यों सधे अन्दाज,

प्राण पर, प्रण पर, कि जैसे छा गये ऋतुराज ?

आ गये ऋतुराज !

द्वारका का कृष्ण जब बंगाल पर छा जाय !
तब न क्यों कोचीन को काश्मीर की सुधि आय ?
जब कि दिल्ली के इरादों पर मुदित नेपाल,
अब तिलक हो एशिया की गोपियों[1] के भाल,

ओ चरम सुन्दर ! दृगों में भा गये ऋतुराज !

आ गये ऋतुराज !

गेहुँओं के गर्व पर, सरसों उठी है झूम,
प्रकृति के सुकपोल रवि-किरनें रही हैं चूम,
आज ताण्डव पर बजे रस रूप राग धमार,
और उस पर हो गुलाबी रंग की बौछार।

कौन-सी धुन तुम कसक में गा गये ऋतुराज ?

आ गये ऋतुराज !

आज किसके द्वार है शहनाइयों की धूम ?
और किसके खेत में किरनें रही हैं घूम ?
भारती की वेणि में गूँथा हुआ काश्मीर,
कर रहा है विश्व के सन्देह सौ-सौ दूर।

सखि वितस्ता के स्वरों 'बलि' गा गये ऋतुराज।

आ गये ऋतुराज !

फूल से कलियाँ लगाये हैं खिलन की होड़,
हँस रहे हैं प्रकृति-मालिनि के सहस्रों मोड़,
रंग पर मधु-गन्ध की छबि छा रही अनमोल,
तरु लताओं भूल पंछी बोलते हैं बोल।

---

1. एशिया के अन्य देश

ग्राम-वधुओं की ललक मुसुका गये ऋतुराज।

आ गये ऋतुराज!

'रागिनी पर, नृत्य पर, 'छुम' गा उठे ऋतुराज,
प्यार पर, साहित्य पर, इतरा उठे ऋतुराज,
चित्र पर आ मूर्ति को पिघला उठे ऋतुराज,
रूप पर रतनार वे गदरा उठे ऋतुराज,

भ्रमर में, मधु में, परस बरसा गये ऋतुराज।

आ गये ऋतुराज!

[खण्डवा : 1953, युगचरण]

जय, तुम्हारी जय!

शान्ति की रक्षा करेंगे, जार बोला था,
और सदियों तक यही हथियार बोला था,
लाल सेना का सिपहसालार बोला था,
जार बोला था यही परिवार बोला था।

आज हम भी कुचलते-प्राणों, कुटी छानी--
बोलते हैं शान्ति की इमरत-भरी बानी।

शान्ति हो, यह आम कहते, खास कहते थे,
अंग्रेज कहते और उनके दास कहते थे,
शान्ति के भीगे भले अमरीकनों के बोल
शान्ति पर बजने लगे, कैसे सलोने ढोल।

शान्ति पीते हैं वही बलिदान खाते हैं,
इन्सान हर दिन भूनकर इन्सान खाते हैं।

मजदूर से कहने लगे सीखो जरा-सी शान्ति,
औ' शस्त्रहीन किसान को सिखला रहे हो शान्ति,
क्या कहा विद्यार्थियों से ? — शान्ति रक्खो जी!
ज्ञान के विज्ञान के वरदान चक्खो जी! —

भ्रान्ति का पलड़ा बढ़ा या शान्ति का पलड़ा !
शान्ति का उत्तर रहा यह क्रान्ति का पलड़ा !

नाम गांधी का, कि ढब हम जार से सीखे,
मेल की झंकार हम तलवार से सीखे,
मौन रहना हम समुद्री ज्वार से सीखे,
प्राण-पूजा हम कहाँ ?—संहार से सीखे !

'यह-जमाना' 'वह जमना' लग रही है हाट,
तुल रहा ईमान बल पर चढ़ रहे हैं बाट।

और वह चलता गया चलता गया चुपचाप[1],
आज उसकी चरण - रेखा, है हमारा माप,
हम लिये वरदान के पद, सह रहा वह श्राप,
बन गये उपमा स्वयं की, हम स्वयं ही आप,

कर रहा वह 'एकला' भूदान से भूडोल !
किन्तु अपनी चाल पर पृथ्वी हुई है गोल।

फिर उधर तारुण्य[2] तड़पे, रूप बलि-बलि जाय,
मौत से भी जूझने को हाय 'हा-हा खाय' !
पर त्रिभंगी छवि हमारी नित्य दे-दे आश,
देखती है वंचना बन, तरुण जग का नाश।

कर रहे जयघोष, आमिष पर बिके अनुराग,
गा रही हैं हाय तोपें चूड़ियों के राग।

हो गया विश्वास तरुणाई हुई है मौन,
'शक्ति के प्रस्ताव हैं यह' जीभ खोले कौन ?
वीर चरणों पर महावर रंग भरती हाय !
और शोणित-धार पर पायल बजे मुस्काय !

बोल रे तारुण्य ! बलि के मोल, ओ मजबूर !
भारती के भाग का सिन्दूर कितनी दूर ?

देख बाणासुर[3] दिखाता है, अनोखा दर्प,
और उसके हाथ अन्तर्राष्ट्र के सौ सर्प[4],

---

1. विनोबा; 2. कवि, रस, साहित्य; 3. गोआ; 4. गोआ के समर्थक राष्ट्र

किन्तु हम भी मौन कब हैं सुनो घुण्डी खोल,
'चुप रहेंगे, चुप सहेंगे'— ये हमारे बोल !

शत्रु का मरघट, हमारी बलि; उठे बलि-कोष !
नृत्य करने लग गया स्वातंत्र्य का सन्तोष।

डूबतों के पुण्य ओ अक्षय !
जय, तुम्हारी जय, तुम्हारी जय !

[खण्डवा : 1953, युगचरण]

बीन और संगीन

सहज साँस क्यों व्याल-सा जग रहा है ?
सुखी स्वप्न अब बोझ -सा लग रहा है ?
महल उठ रहे, झोंपड़ी खो गयी है,
कि ईमान, ईमान को ठग रहा है !

बहारें थमीं क्यों ? गगन राज खोले,
लहर से कहो दौड़कर देख तो ले !

गगन है, कहाँ है चपल पाँख मेरे ?
कहाँ है सखा सूझ गुस्ताख मेरे ?

कहो किस दिशा में लुटा है सबेरा,
कि संकल्प किसने किये राख मेरे ?

पथिक से कहो सीस गंगा उठाये,
प्रकृति को पिये चाँदनी में नहाये,

उठा लायँ, उट्ठो, गगन से चुराकर,
अँधेरा उजेला बराबर बराबर।

प्रजातंत्र है, प्राण हैं कोटि मेरे,
चलो प्राण प्रतिमा निरख लें सजाकर।
जहाँ आज मीड़ों में संगीन बोले,
वहीं गोद में गूँजती बीन बोले।

[खण्डवा : 1953, युगचरण]

रात नहीं ठहरी

ठहरे पाँव, मजिलें ठहरीं थका काफिला ठहरा,
बहुत मनाया, किन्तु न ठहरी, रात नहीं ठहरी।

वह विश्रामदायिनी, वह अनुपम तारों की थाली,
वह अग-जग में व्याप्त दीप्तिदाता की खाम-खयाली !
वह अपनों के अगणित सपनों की अहरह स्वर-धारा,
वह पलकों की मिलन-मोहनी-गति की मधुरा कारा,

ठहर गयीं मनुहारें, बिगड़ी बात नहीं ठहरी,
क्या लेता विश्राम ? अभागिन रात नहीं ठहरी।

बेजाने देशों से आयी गयी अजाने रथ से,
चाँद सितारे डूब गये वह विचलित हुई न पथ से,
यादों की घिसती-सी रेखा, लेखा पोंछ गगन की,
नीरवता लुट गयी खोल मुख शत-शत पंछी जन की !

काली काचों की सौगातें—गई···; नहीं ठहरी,
आँखों ने कितना चाहा, पर रात नहीं ठहरी।

युग की अमर पहेली गति है, गति की प्रेरक तू है !
वह है दिवस सलोना तो सखि तू नव-प्रकृति-वधू है !
तेरे आने पर विश्राम किया करतीं नन्ही आशाएँ,
तेरे जाने पर रंगीनी लातीं दिशा-दिशाएँ।

निशि-रमणी पा चन्दा की बारात नहीं ठहरी,
खोज रहा हूँ, कहाँ गई वह रात नहीं ठहरी।

मैंने कहा है वृक्ष-वल्लरियाँ न्योछावर हैं तुझ पर,
अग-जग के अनमोल प्राण विश्राम कर रहे तुझ पर,
भावुक प्राणों के नाजुक सपनों का तुझमें डेरा,
वृक्षों, वल्लरियों, कलियों, फूलों पर पहरा तेरा,

कोयल के पंखों की झंझावात नहीं ठहरी,
कितनी बार कहा पर नटखट रात नहीं ठहरी,

ठहरे पाँव, मंजिलें ठहरीं, थका काफिला ठहरा,
बहुत मनाया किन्तु न ठहरी, रात नहीं ठहरी।

[[illegible] 22, जनवरी 1954, युगचरण]

तर्पण का स्वर

ना, ना, ना, रे फूल, वायु के झोकों पर मत डोल सलोने,
सोने सी सूरज-किरनों से, पंखड़ियों से बोल सलोने;
सावन की पुरवैया जैसे भ्रंग—कृषक तेरे पथ जोहें,
तेरे उर की एक चटख पर हो न जाय भू-डोल सलोने!

शिर को और शिराओं को युग, रक्त-वहनकारी रहने दो,
मस्तक की रोली अहिवातिन, लाल-लाल प्यारी रहने दो,
मत्था चढ़े कि मत्था उतरे,
चक्र-सुदर्शन-छबि मुरलीधर, दुनिया से न्यारी रहने दो।

वह नेपाल, प्रलय का प्रहरी, भारत का बल, भारत का शिर!
वह कश्मीर कि जिस पर काले-पीले-उजले मेघ रहे घिर!
आज अचानक अमरनाथ के शिर से उतर रही युग-गंगा,
उठो देश, दे दो परिक्रमा, कहती है भैरवी कि फिर-फिर—

माथे की बिन्दी-हिन्दी को—चलो गोरखाली में बोलें,
वीरों को निर्वीर बनाया—उठो आज वह पातक धो लें,
तेवर, तीर, तलवार, ताज से ऊपर तर्पण का स्वर गूँजे,
भू-मण्डल भूदान-पथी उस जादूगर की थैली खोलें!

[खण्डवा : 1954, समर्पण]

प्राण का शृंगार

वाणि वीणा और वेणी की त्रिवेणी धार बोले,
नृत्य बोले, गीत बोले, मूर्ति बोले, प्यार बोले।

आज हिमगिरि की पुकारों, सिन्धु सौ-सौ बार बोले,
आज गंगा की लहर में, प्रलय का व्यापार बोले!

युग तरुण, तव नेत्र तक, वह नेह का नव-ज्वार आया,
काल की झंकार आयी, प्राण का शृंगार आया।

आज सपनों पर न हो गोरी भुजा, काली भुजा।
आज अपनों पर न हो ढीली भुजा खाली भुजा,

अब नरों में, नारियों में हो कि बलशाली भुजा,
नाग-सी फुंकारती, हों कोटि मतवाली भुजा !

जाह्नवी को धार बहिना, आज यों बड़भागिनी हो,
और यमुना की लहर गोपाल रूप, सुहागिनी हो।

कोटि-शिर ये शिर नहीं, बलि के अनन्त प्रसाद हैं ये,
और काली के चरण के मधुर नूपुर-नाद हैं ये।

तीर्थ ? ये ऊँचे उठायें शिर, गगन से बोल बोलें,
साँस लेती लाश को नीचे गिरा—जिन्दा टटोलें।

'फिर बजे वीणा प्रवीणा, फिर भले रँगरेलियाँ हों,
रक्त लेता हो चुनौती, फिर भले अठखेलियाँ हों।

चुम्बनों पर ओंठ क्या उतरें ? तरुण शिर उतरते हों !
और खतरों पर हमारे आलिंगन उभरते हों !

देश के 'शूच्यग्र' पर कुरबान हो, उठती जवानी,
देश की मुसकान पर बलिदान 'राज़ा' और 'रानी' !

हाँ, कमल डोलें, उठें कलियाँ, झरें थे फूल नीचे,
हाँ, फलें विभु के मधुर सन्देश से फल, आँख मीचे।

हाँ, उठें रस, जग उठें रस-राज, गिरि-वन-काननों में,
किन्तु प्रतिबिम्बित रहे बल, कोटि बल के आननों में।

दंग करती-सी मृदंग बजे, कि वंशी-रंध्र बोलें,
नृत्य-मग्ना एशिया की गोपियाँ, स्वच्छन्द डोलें।

अमित मधु-आकर्षणों का ज्वार हरि, वंशी बजावे,
स्वर भरे कश्मीर उसमें, भैरवी नेपाल गावे।

मोह ले मन को हमारे नेह का गांधार प्रहरी,
और लंका से हमारी सिन्धु-सी हो प्रीत गहरी।

आज ब्रह्मा के स्वरों में, एशिया के द्वार हर्षित,
मित्र के उल्लास हर्षित, शत्रु के संहार हर्षित।

तीन बाजू से घिरा, यह तरल पारावार हर्षित,
आज दिल्ली के स्वरों ईमान का संसार हर्षित।

देख 'जन-गन-मन' कलंकित कर न दे आकाशवाणी,
क्यों सहे विजयी तिरंगा विश्व-शोषण की कहानी।

आज तेरे नेह पर, असहाय का अभिमान ठहरा,
दीन का ईमान ठहरा, पीड़ितों का मान ठहरा।

चरणतल में भूमि ठहरी, शीष पर भगवान् ठहरा,
एक अँगुली के इशारे अखिल हिन्दुस्तान ठहरा।

बेच मत देना जवानी, बेच मत देना इशारे।
बेच मत देना किसी को, ऐ सुधी, सपने हमारे।

विश्व की हाटों हमारे प्राण का नीलाम मत हो,
और 'उनके' स्वार्थ पर जग में कठिन संग्राम मत हो।

रक्त से मीठे सलोने आज श्रम-सीकर, न जाने?
लो उठो, गाओ, घिरो, छाओ, रचो बलि-पथ सुहाने।

[जनतंत्र-दिवस : 1954 युगचरण]

व्यर्थ

हरित वृंतों पर लकीरें खींच, मैंने गान बोये व्यर्थ!

वे लहर में लहलहाये, वायु ने पंखे बनाये,
टूक-टूक हुए, मैंने न लिखे एक निशान पाये,
वे विनष्ट हुए हवा में सब इरादे, सब मसौदे,
वायु ने बरबाद कर डाले हृदय के सब घरौंदे,

हरित जग लख 'अस्थि-पंजर' ने अमित अरमान बोये व्यर्थ!
हरित वृंतों पर लकीरें खींच, मैंने गान बोये व्यर्थ!

[1954, समर्पण]

यह आवाज

और यह आई मधुर आवाज-सी
जब प्रलय ने नेत्र खोला

किन्तु मानव था, न डोला
बादलों ने घुमड़ कर जब
बिजलियों का ज्वार खोला।

कुछ गिरे पाषाण कुछ आये बवण्डर
थर-थर हो कुछ बदन कुछ गिर गये घर,
कुछ अँधेरा बढ़ा दृग छाई अँधेरी
कुछ कलेजा कँपा पथ में लगी देरी,

किन्तु सहसा टूट कर, पानी हुआ अभिमान उनका,
और मस्ती से हरा ऊगा धरा पर आज तिनका।
मैं बड़ों का पतन चित्रित कर उठा,
और यह आई मधुर आवाज-सी।

[1954-55, समर्पण]

समय के पाँव

क्या कहा ? मैं निकट को देखा करूँ ?
दूर को असहाय अनदेखा करूँ।
'निकटता-दूरी'—समझ के पाँव मेरे धीर—
गति के हैं कि वह चलती रही है।

निकट में सुस्पष्टता है, खींच है,
दूर का धोखा यहाँ आता नहीं है,
निकट में हैं रोटियाँ, रव हैं, रगड़ हैं,
यहाँ ठहरन है मगर खलती रही है।

'दूर में' अस्तित्व है, आरोप का बल,
चल रहा हूँ, 'दूर' मेरे साथ चलता,
मैं जहाँ जब मोड़ लेता हूँ सँभलकर,
दूर की विश्वास-निधि ढलती रही है।

तुम निकट आओ, हमारे श्याम हो तो,
दूर पर बैठो, अधिक अभिराम हो तो
निकट बायीं, दूर ही दायीं भुजा है,
पीढ़ियाँ गति पर सदा फलती रही हैं।

[खण्डवा : 1955, युगचरण]

गोधूली है

अन्धकार की अगवानिन हँस कर प्रभात सी फूली है,
यह दासी घनश्याम काल की ले चादर बूटों वाली
उढ़ा नाथ को, यह अनाथ होने के पथ में भूली है!
गोधूली है!

टुन-टुन क्वणित, कदम्ब-लोक से, ले गायें धीमे-धीमे
रज-पथ-भूषित जग-मुख कर, केसर आँखों जब झूली है।
गोधूली है।

नभ चकचौंधों से घबड़ाती, रवि से कुछ रूठी-रूठी;
नभ-नरेश को उढ़ा, स्वयं ही आत्म-घात-पथ भूली है
डाह भरी के कर में दे दी, तम की सूली है।
गोधूली है।

[1955-56, समर्पण]

नीलिमा के घर

यह अँगूठी सखि निरख एकान्त की,
जड़ चलो हीरा उपस्थिति का, सुहागिन जड़ चलो।
दामिनी भुज की—संयम की—अँगुठी छिगुनो,
पहिन कर बैठे जरा नीलम भरे जल - खेत में,

साढ़ साती हो, पहिन लो समय,
नग जड़ी, नीलम लगी है यह अँगूठी!
नील तुम, फिर नील नग, फिर नील नभ,

फिर नील सागर, नीलिमा के घर,
अनोखी नीलिमा की छवि
सलोनी नीलिमा के घर,
पधारे आज
नीलोत्पल सदृश भगवान मेरे !

और पानी हों बरसते गान मेरे !
लुट गये नभ के दिये वरदान मेरे !
अब हंसा तो, बिजलियाँ चमकें,
कि हीरक हार दीखे,
फिर यशोदा को कि माटी भरे मुख में
प्यार दीखे, ज्वार दीखे !
और नव संसार दीखे।

[खण्डवा : फरवरी 1956, समर्पण]

गीत

नयनों पर सुख, नयनों पर दुख; सुख में दुख, दुख में सुख जोड़ा।
खुले अन्ध - नीलम पर तारे, रच - रच तोड़े कौन निगोड़ा ?
संग चलो संग - संग री डोलो, मन की मोट सम्हालो संग - संग,
हरी - हरी होवे वसुन्धरा, इस पर अमृत ढालो संग - संग।
इन कसकों में कितनी सूझें ? इन सूझों में कितना सुख है,
गिर न जाय ओठों तक आकर, दे अनन्त ! तू थोड़ा - थोड़ा।
नयनों पर सुख, नयनों पर दुख; दुख में सुख, सुख में दुख जोड़ा।

[खण्डवा : फरवरी 1956, समर्पण]

तुम न हँसो

तुम न हँसो, हँसने से जालिम धोखा और सबल होता है,
मैं हँसने की जड़ खोजूँ तो वह हँसने का फल होता है,
हँसते हो जाने कैसा - सा,
बिखर - बिखर पारा झरता है।
स्वयं हार जाता हूँ, देखा,
मुँह से अंगारा झरता है।

तुम न हँसो, हँसने से जालिम धोखा और सबल होता है,
मैं हँसने की जड़ खोजूँ तो वह हँसने का फल होता है,

हँसने से मेरे शापित बन्द हरे होते हैं,
ज्यों - ज्यों मैं खाली करता हूँ,
त्यों - त्यों छन्द भरे होते हैं।

हँसो नहीं मुँह कहीं तुम्हारा
क्रूर चाँदनी लूट न लेवे।
जिसे मिलन देने आये हो,
वह बिछड़न की छूट न लेवे।

हँसते हो वर्षा होती है,
हँसते शरद लौट आती है,
हँसते थर - थर शिशिर पनपता,
हँसने पर वसन्त गाती है।

अब न हँसो ग्रीषम दौड़ेगा,
सुनने, ओ वाणी कल्याणी,
युगों - युगों हँसती आयी हो,
हरी - हरी होकर गीर्वाणी।

तुम हँसती हो मेरा गिरि पर चढ़ना ही निष्फल होता है।
तुम न हँसो, हँसने से जालिम धोखा और सबल होता है।

[खण्डवा : फरवरी 1956, समर्पण]

गीत

तुम प्रयास उपहास न होते,
कसकों पर खुलते, आँसू से घुलते, सपनों पर घिर आते
पतझड़ में जी उठते यौवन, यदि बसंत के दास न होते !

शैल शिखरियों को मत देखो धाराओं के साथ न उतरो
तुम सुविधाओं के आशिक थे, कैसे सत्यानास न होते।
तुम प्रयास उपहास न होते !

साँसों के झूले पर मादक दूख रहीं घातक हिलकोरें
कैसी अमर सधी थीं यादें अच्छा था तुम पास न होते
तुम प्रयास उपहास न होते !

क्षण का अणु कहकर न जलाओ ओ रंगीन नगर के वासी !
बल को तभी पूजते हम तो जब बलि पर विश्वास न होते ।
तुम प्रयास उपहास न होते !

फूला युग सूली तक झूला, तुम भूले युग की अगवानी;
ये इतिहास अछूते रहते यदि यश के बकवास न होते ।
तुम प्रयास उपहास न होते !

[फरवरी 1956, धूम्र-वलय]

झंकार कर दो

वह मरा कश्मीर के हिम - शिखर पर जाकर सिपाही,
बिस्तरे की लाश तेरा और उसका साम्य क्या ?

पीढ़ियों पर पीढ़ियाँ उठ आज उसका गान करतीं,
घाटियों पगडंडियों से नित नई पहचान करतीं,
खाइयाँ हैं, खंदकें हैं, जोर है, बल है भुजा में,
पाँव हैं मेरे, नई राहें बनाते जा रहे हैं।

यह पताका है,
उलझती है, सुलझती जा रही है,
जिन्दगी है यह,
कि अपना मार्ग आप बना रही है ।

मौत लेकर मुट्ठियों में, राक्षसों पर टूटता हूँ,
मैं, स्वयं मैं, आज यमुना की सलोनी बाँसुरी हूँ,
पीढ़ियाँ मेरी भुजाओं कर रहीं विश्राम साथी,
कृषक मेरे भुज-बलों पर कर रहे हैं काम साथी,
कारखाने चल रहे हैं रक्षिणी मेरी भुजा है,
कला - संस्कृति-रक्षिता, लड़ती हुई मेरी भुजा है ।

उठो बहिना,
आज राखी बाँध दो शृंगार कर दो,
उठो तलवारो,
कि राखी बँध गई झंकार कर दो ।

[खण्डवा : अप्रैल 1956, समर्पण]

हौले-हौले, धीरे-धीरे

तुम ठहरे, पर समय न ठहरा,

विधि की अँगुलियों की रचना, तोड़ चला यह गूंगा, बहरा ।

घनश्याम के रूप पधारे, हौले - हौले, धीरे - धीरे,
मन में भर आई कालिन्दी झरती बहती गहरे - गहरे ।
तुम बोले, तुम खीझे रीझे, तुम दीखे अनदीखे भाये,
आँखें झपक-झपक अनुरागीं, लगा कि जैसे तुम कब आये ?

स्वर की धारा से लिपटी जब गगन-गामिनी शशि की धारा,
उलझ गया मैं उन बोलों में, मैंने तुझको नहीं सँवारा ।

चन्दन, चरण, आरती, पूजा,
कुछ भी हाय न कर पाया मैं,
तुम किरणों पर बैठ चल दिये,
किरणों ही में भरमाया मैं !

पा कर खो देने का मन पर कितना लिखा विस्मरण गहरा !
विधि की अँगुलियों की रचना, तोड़ चला यह गूंगा, बहरा ।

तम ठहरे पर समय न ठहरा ।

[खण्डवा : अप्रैल 1956, समर्पण]

क्या-क्या बीत रही है

मैंने मारा, हाँ मैंने ही मारा है, मारा है,
पथ से जरा बहकते युग को ललकारा है मैंने ।
तुम क्या जानो, मेरे युग पर क्या - क्या बीत रही है,
सब इलजाम मुझे स्वीकृत हैं,

किन्तु न ठहरूँगा मैं ।

मुझको स्वांग बनाने का अवकाश नहीं है साथी ।
क्या साजूं श्रृंगार कि उसमें अब कुछ स्वाद नहीं है ।

परम सभ्य - सा,
सिर्फ सभ्य - सा,
यह असभ्य-सा जो हूँ,

मैं न खड़ा रह पाऊँगा, पथ जोते आँसू बोते।
मेरा ही युग है, वह कब से मुझे पुकार रहा है;
छनक दुलार रहा है, क्षण में उठ ललकार रहा है।
मेरा युग है, उसकी बातों का भी भला-बुरा क्या,
वह पहरा क्यों न दे, कि जब है मेरी अग्नि-परीक्षा;

जाओ उससे कहो कि मुझ को
जी भर - भर कर कोसे,

उथल - पुथल में किन्तु मौज से बैठे ताली देवे।
मिट्टी में रोटी ऊगी है, मिट्टी में से कपड़ा,
मिट्टी से संकल्प उठे हैं, मिट्टी से मानवता,
मिट्टी है निर्माणक तरणी, मिट्टी है बलशाली,
मिट्टी सीस चढ़ाओ, मिट्टी से बलिदान उठेंगे,
मिट्टी से हरियाते, मिट्टी के ईमान उठेंगे।
मिट्टी के वृत पर प्राणाधिक अगणित गान उठेंगे,
"मैया मैं नहिं माटी खाई" कह भगवान उठेंगे।

[खण्डवा : अप्रैल 1956, समर्पण]

अर्चना के अश्रु

अर्चना के अश्रु बे-पहचान लगते हैं!
लोचनों से झर रहे ये याद के शृंगार
कलह के रव-बीच भी सुनसान लगते हैं!

ओठ पर हिलते हलाहल के सलोने बूंद,
जान ले लें किंतु बस बेजान लगते हैं,
भौंह पर ठहरे हुए रसराज के दो तीर।
वार के पहले बड़े इन्सान लगते हैं।
सूलियों को चूमते तारुण्य ये मासूम,
अमृत की गोदों पले अहसान लगते हैं!
तान कर छोड़े प्रहारक के कँटीले वार
मौत के मेहमान को वरदान लगते हैं!
विष मुझे देंगे, उन्हीं के हाथ में है, अब
तू उन्हें मत छेड़, वे भगवान लगते हैं।

रुदन को मीरा, उमंगों को भले वे सूर,
साँवरे को वे मधुर रसखान लगते हैं!
अर्चना के अश्रु बे-पहचान लगते हैं!

[मई 1956, धूम्र-वलय]

गीत

बिहँसती बल्लरियों पर लोल, काँपते तेरे स्वर अनमोल!

अरुण से निखर ताम्र-सा राग, खींच कलियों से मधुर पराग,
रहा मादक मधु मन पर ढोल!

बिहँसती बल्लरियों पर लोल, काँपते तेरे स्वर अनमोल!

चाँदनी की साड़ी के तार फेंक जब रजनी उठी पुकार,
उठीं सुधियाँ वेणी-सी खोल!

बिहँसती बल्लरियों पर लोल, काँपते तेरे स्वर अनमोल!

[जून 1956, धूम्र-वलय]

गीत

दूख - सा क्या उट्ठा अनजान ?—कि बादल गरज उठे हैं प्रान !

श्याम नभ पर श्यामल घन आज, माज कर इन्द्रधनुष का साज
हवा में उड़े, न जल में बहे, क्षणिक का कितना स्थिर है राज!

चमक आयी चपली चुपचाप, मेघ का घिरना ऐसा पाप
बरस कर कौन खो उठा भान! दूख - सा क्या उट्ठा अनजान ?
—कि बादल गरज उठे हैं प्रान !

[जून 1956, धूम्र-वलय]

तुतलाते वैभव की बानी

तुतलाते वैभव की बानी छवि की आँखों पर बरसातें,
मैंने देखीं, मैंने जानीं, अपने से रूठ न कल्याणी!
तुतलाते वैभव की बानी !

द्युति ने जब धो दी दन्त-पाँत साँवली घटा पर चन्द्र-स्नात
खिल उठी खिलखिलाहट रानी ! तुतलाते वैभव की बानी !

[1956, धूम्र-वलय]

मेरे स्वप्न खोलकर दे दो...

तुमने मुट्ठी में बाँधे हैं मेरे स्वप्न, खोलकर दे दो !
मेरे अपराधों की यादें टुक जी से टटोलकर दे दो !

दिन बीते, मौसमें बितायीं, बरस गये, दृग बरस गये बस,
छोड़े सब वरदान तुम्हारे खेल - खेल में तरस गये बस।
पूरब में क्या लखूं, सुनहली धूलों का अंबार लगा है,
पश्चिम में अणु के अरमानों से मानव - संहार जगा है।
उत्तर के हिमखंडों में जागरण - ज्योति से आग लगी है
जल न उठे एशिया प्रकृति के आँखों कुंकुम ज्योति जगी है
रामेश्वर से विश्वनाथ के टुकड़े कर क्या देख रहे हो
गंगा से कृष्णा रूठेगी ! भू को पागल लेख रहे हो ?
बोली, मजहब, कौम, इबारत, जायदाद क्या - क्या नखरे हैं ?
भाई से भाई कहता है, तुम खोटे हो हमीं खरे हैं।
बद्रीनारायण की यात्रा में हम तुम सदा साथ ही डोले
रामेश्वर पर गंगाजल जब चढ़ा साथ ही अर्चा बोले
तीर्थ - यात्रियों ने समस्त भारत को अपना ही घर जाना
भाषाओं के हेल - मेल को विविध विश्व का वर ही जाना।
हम अपनी मर्कट लीला से माना अग - जग व्याप उठे हैं
पैमायश ऐसी कर डाली माँ का आँचल माप रहे हैं ?
मान जायगा राष्ट्र जरा हम 'अहं - पतित' कंकण तो खोलें
बँधे आत्म - संकीर्तन की माला में युग के क्षण तो तोलें
गंगाजल रामेश्वर पूजे, चढ़, समुद्र - नीर 'बदरी' पर
एक गगन हो, एक पवन हो, एक राष्ट्र स्वर गूँजे घर - घर
मिलने के वरदान, उठो, उन्नति में आज घोलकर दे दो
तुमने मुट्ठी में बाँधे हैं, मेरे स्वप्न खोलकर दे दो !

[जुलाई 1956, धूम्र-वलय]

चार कमल

चार कमल, श्याम, मिल गये !
बिन्दु - बिन्दु तरस बरस खिल गये !
क्या हवा चली कि वे उलझ गये !
यों उठा लिया प्रमत्त झिल गये !

रेख यों खड़ी खिंची कि उभय चन्द्र बोल उठे
झोंपड़ी पुकार उठी, कूल - कूल डोल उठे
दूर नाव दीख पड़ी, लहर लहर साँप हुई
विस्तृत गहराई, पतवार नम्र माप हुई !

डूब गयी चाह, राह डूब गयी
जी अथाह में कि थाह डूब गयी
किरण - जाल फेंक - फेंक स्वर्ग ने
ढूँढ़ - ढूँढ़ फेंक रजत - रश्मियाँ !

छोड़ जो न जा सके, रहे वहीं
चार कमल, श्यामल, धवल मिल गये ?

[जुलाई 1956, धूम्र-वलय]

उन्हीं जैसे

तितलियों के पंखों - से मृदुल
उन्हीं पंखों - जैसे रंगीन
तितलियों - जैसे ही चंचल
उन्हीं - जैसे, कोमल, कटि - खीन !

तुम्हारी मुस्कानों ऋतुराज
तुम्हारे तेजों गहरा ग्रीष्म
तुम्हारी साँसों मलय समीर
तुम्हारी आँखों में बरसात
चले ऋतुओं से मचल - मचल !

दँतुलिया खोलो, बोलो राज !
ओंठ पर स्तन का अनुपम स्वाद

जरा सो जाओ झूले झूल
पुतलियों पर ले माँ की याद
डोर यों कहे कि भूले चल !
तितलियों के पंखों - से मृदुल
उन्हीं पंखों - जैसे रंगीन
तितलियों - जैसे ही चंचल
उन्हीं-जसे कोमल, कटि-खीन !

[जुलाई 1956, धूम्र-वलय]

प्रश्न हँसकर कह उठा

प्रश्न हँसकर कह उठा, सुलझा नहीं हूँ, सुन रहे हो तुम कि मैं उलझा नहीं हूँ !

कातता हूँ सूत, पर झंकार कम है, वह चढ़े सिर, सिर उतारे, ज्वार कम है !
त्याग - युग में स्वाँग भरते रह गए हम, 'शब्द' में बलिदान कहते रह गए हम !
तब कि कारागार से डर, रूप बदले, चाह का शृंगार करते रह गए हम !

जीभ पैनी है, सभी कुछ बोल लेते हैं; भार अपना और के सिर ढोल लेते हैं;
किन्तु बलि - युग में हमें अभिसार भाए, बहक भाई, लचक भाई, यार भाए !
कमर बल खाती कि हम दृग वारते थे, आत्म-बलि के स्वप्न सब झख मारते थे !

खो चुके जन-प्राण-बलि की कोटि की आशा, छा रही है प्राण-धन-प्रबला पिपासा;
झाँकता साहित्य चारों खूंट उठकर, वह उलझकर तड़प उट्ठी आज भाषा !
मैं कि युग हूँ, मत बनो, मुझको बनाओ, गीत का ईमान हूँ, सौ बार गाओ !

आज मैं साम्राज्य का घायल नहीं हूँ, किन्तु तेरी सूझ का कायल नहीं हूँ;
क्या घरौंदे गढ़ रहा हूँ, सामने आ, उठ नगाधिप की शिला ऊँची उठा।

समय में गुमराहिरयाँ क्यों बो रहा है, रे भगीरथ ! प्राण की गंगा बहा।
शस्त्र में भी, शास्त्र में भी, स्वप्न हैं, गढ़ रंग में, संगीत में, संकेत हैं, पढ़।
सुन जरा इसराज को उस गूँज में सुन ! राज का ही राज खोले है, जरा गुन !
कल्पना की मोम के तेरे खिलौने, क्या जने हैं ! व्यक्ति वैसे थे, न होने !
तू स्वयं से इस तरह घबरा गया है, सूझ पर तेरी कुहासा छा गया है !

गा अरे मनहूस, गाना जिन्दगी है, प्राण को प्रभु बनाना जिन्दगी है;
पूछ ले नटराज से जो तू सरस है, देख पायल और घायल एक रस है !
तब कि जब तेरे दृगों में कलम डोले, साधना अन्तःकरण के बोल बोले !
तब सुधी, तू कह सके बापू यहीं हैं, बोलते हैं, हँस रहे हैं, चल रहे हैं;
और उनकी प्राण - प्रतिभा के सहारे, दान में, भू - दान में युग - युग ढल रहे हैं !

प्रण ? उधारी की अमानत, क्या भरोसा? प्राण ? हाँ हाजिर, हमारी साख है यह !
मैं तुम्हारी सूझ का पत्थर नहीं हूँ, मुरझना आता नहीं, मुरझा नहीं हूँ !
तुम खड़ी हो और मैं सुलझा नहीं हूँ !

आज अणु-इंजीनियर बोला—'सुनोजी, विश्वप्रभु मैं हूँ, जरा कविता सुनाओ !
मैं जमाने का जमाना दे रहा हूँ, उठो, नाचो, और मीठे गीत गाओ !'
सूझ का पथ इस तरह है डगमगाया, युग-पतित ! तूने धरा पर यह कमाया ?
जा, जरा अन्तर्हृदय के बोल ला तू, गुत्थियों की उलझ जी से खोल ला तू।
प्रार्थना पुरुषार्थ है, विधवा नहीं है, कल्पना श्रमदान है, धोखा नहीं है !
मैं स्वयं युग की भुजा चेतन चिरंतन, नींव हूँ मैं जागरण की, संचरण की;
मैं स्वयं हूँ सूझ की अँगड़ाइयों में, प्राण-बलि की खाइयों में खेलता हूँ !

मैं विचारों का नियंत्रक सारथी हूँ, मैं न अणु का दास हूँ, स्वामी रहा हूँ;
वज्र से, बलि से, विनय से, बाजुओं से एक स्वर, बस, एक स्वर लिखता रहा हूँ !

मैं अमृत की जय, मरण का भय नहीं हूँ,
नियति हूँ, निर्माण हूँ, बलिदान हूँ मैं; जिन्दगी हूँ, साधना हूँ, ज्ञान हूँ मैं,
सूझ हूँ, श्रम हूँ, प्रखर आदित्य हूँ मैं; मैं जमाना हूँ; स्वयं साहित्य हूँ मैं !
एशिया की आन मैं गढ़ता खड़ा हूँ, विश्व के बलिदान मैं पढ़ता खड़ा हूँ;
बाढ़ में तूफान में इन्सान हूँ मैं, शीश पर हिमगिरि लिए, पहचान हूँ मैं।
उठो, जीवन से न कतराओ, खिलो तुम, उठो, जीवन आ गया, हँसकर मिलो तुम।
शोध, बाँध, प्रहार, प्रलयंकर समस्या, यार, मेरी सूझ के सब खेल हैं ये !
कह रहे हैं उठो, तुम इनको मिलाओ, यों न कह फेंको इन्हें, बेमेल हैं ये।
उठ जमाने के तरुण सन्देश - वाहक, मैं समय हूँ और मैं सुलझा नहीं हूँ !

[जुलाई, 1956]

गीत

मेंहदी से तस्वीर खींच ली किसकी मधुर ! हथेली पर !

प्राणों की लाली-सी है यह, मिट मत जाय
हाथों में रसदान किये यह, छुट मत जाय
यह बिगड़ी पहचान कहीं कुछ बन मत जाय
रूठन फिसलन से मनचाही मन मत जाय

बेच न दो विश्वास-साँस को, उस मुस्कान अधेली पर !
मेंहदी से तस्वीर खींच ली किसकी मधुर ! हथेली पर ?

हाथों पर लिख रक्खा है क्या सौदा आँख-मिचौनी का ?
आँखों में भर लायी हो क्या रस ? आहत अनहोनी का ?
क्या बाजी पर चढ़ा दिये ये विमल गोद के धन आली ?
क्या कहलाने लगा जगत में हर माली ही बनमाली ?

तुम्हें याद कर रहा प्राणधन उस झिड़कन अलबेली पर !
मेंहदी से तस्वीर खींच ली किसकी मधुर ! हथेली पर !

[अगस्त 1956, धूम्र-वलय]

गीत

नयन की बरस के पावन चरण दो, बना लें नेक निज कंठाभरण दो !

तृणों ने तीर के उस पार देखा—गगन लिखता गया जब तरल लेखा।
कुसुम, कुछ कसमसा, बोले शरण दो, नयन की बरस के पावन चरण दो,
बना लें नेक निज कंठाभरण, दो !

कलश की प्यास ने खोजा सहारा, बढ़ी यमुना, मुझे किसने पुकारा।
स्फुरण दो या स्मरण विस्मरण दो। नयन की बरस के पावन चरण दो,
बना लें नेक निज कंठाभरण, दो !

[सितम्बर 1956, धूम्र-वलय]

गीत

बहुत पास हो साँस साँस पर, फिर इतने धीरे क्या गाना ?
मैं तो तुम्हें नहीं सुन पाया, मैंने तुम्हें नहीं पहचाना !
पुरुष पुरातन ही हो ! कैसे नयी-नयी यादें देते हो !
मैं जितना ही क्षमा करूँ तो नित नव फरियादें देते हो।
बैठो कहीं गगन के ऊपर जी के अन्धकार के भीतर।
या दो खम्भों झूला झूलो, इस आकाश और पृथ्वी पर ?
क्या कहते हो, अग-जग भर पर ! यह साँसें फैली होती हैं,
इतना इन्हें न फैलाओ, ये फटती हैं, मैली होती हैं।
भूली भूख अटूट प्यास पर, बहुत पास हो साँस साँस पर !

[सितम्बर 1956, धूम्र-वलय]

बूंद बूंद झर उठे

बूंद बूंद झर उठे, भर उठी वर्षा, बूंद बूंद जल उठे, दीवाली आयी !

मिट मिट कर सहस पतंगे दीपक लौ पर, जलने वालों से जलना सीख रहे हैं,
मानो गदराये खेतों के फल हँस के, जलते दीपों से फलना सीख रहे हैं !

नभ के दीपों से होड़ लगे मेरी भी भारत-भू की दीवाली बोली बोली,
घनघोर तिमिर पर समय कुरेद रहा है मन के सपने, जन-जीवन की दीवाली !

नीली यमुना में सौ - सौ दीप बहाये, नभ बोला, मेरी नकल उतार रहे हो
पर शलभों ने सिर दे दे यों समझाया, तुम भू-रानी की नजर उतार रहे हो ?

गायों के स्तन से टपक रही दीवाली, सेना के हाथों चमक उठी दीवाली
खेतों के पौधों के फूले सिर सौ-सौ, काली जमीन पर दमक रही दीवाली !

बूंद बूंद झर उठे, भर उठी वर्षा, बूंद बूंद जल उठे, दीवाली आयी !

[8 अक्तूबर 1956, धूम्र-वलय]

क्यों चुप हो गये ?

साँझ आयी तो गगन के पंख वाले गीत क्यों चुप हो गये ?
साँझ आयी, वे हृदय के रोष वाले मीत क्यों चुप हो गये ?

सूर्य के प्रभ-नवल-रथ की दौड़ के वे चित्र फीके पड़ चले,
भूमि के अहरह सभी चलते हुए वरदान क्यों चुप हो गये ?

साँस पर पहरा दिये, बैठी समय की नागिनी कुंडल बना
इस समय सब चाह के लड़ते हुए अहसान क्यों चुप हो गये ?

[अक्तूबर 1956, धूम्र-वलय]

तू चलता चल

भूदान पथी तेरे चरणों पर युग-बलि है,
तेरे मस्तक पर तिलक कि तेरे सिर बापू की अंजलि है !
जाने तेरे सिर बोझ कौन है पटक गया
बिन खूंटी के यह जग शूली बन लटक गया,
बापू के जन ढूंढ़ें किसको, तू पंथी है,
युग तो 'पद' पाकर भटक गया, सो भटक गया !

तू मिलता है दिन एक वहाँ कुटिया खाली,
बस उदासीनता करती उसकी रखवाली !
अधनंगे भूखे, लिये समस्या जायँ कहाँ
तूने हिमगिरि-सा उठा लिया, क्या कहें और ?
व्याकुल जन लिये समस्या बापू को ढूंढ़ें
वे रेल टिकट लें तुझसे कहने आयें कहाँ ?
महँगे हो गये पदों से अपने साथी सब,
महँगी रेलें, महँगे जहाज, महँगी दुनिया,
चलती हैं मिल की ठाट-बाट से दूकानें,
रोता है बस माधो कोरी, रहमत धुनिया,
दिल्ली की आँखें नहीं और कानों में है जयघोष भरा,
यह ग्राम-निवासी इधर गिरा, वह जंगल-वासी उधर मरा
बापू की आज जयन्ती है, मेरे उन्नत ! मेरे उदार !
हम देख रहे हैं, तेरी गति, तेरे चरणों को बार-बार,
अब नेता से क्या कहें ?—जरा तू ही बापू को दे पुकार,
तू ही अनबोलों की बोली, तू ही अकुलातों की गुहार,
अब तू ही भाग्य लिख वज्र-भुजा, तू ही वेदों का पुण्यसार,
बापू तक पहुँचा दे पंथी, जन-जन के अगणित नमस्कार !
पुरुषार्थ हमारा बाना है, मरने से खाक नहीं डरते,
मरते हैं कायर लोलुप पशु, पौरुष के दूत नहीं मरते ।
वर्षा में पानी के जैसी, हर बार समस्या रहती है,
कोई अंगुलि निर्देशक है, जिसके रुख पर वह बहती है।
हिम-शैल उठा लेंगे हम, तू ले उठा समस्या आगे आ।
प्राणों की बाजी देश लगा दे, तू बस सच्चा प्यार जगा।
बापू के चरणों में जाकर यह लौट लौट आती वाणी,
तू चलता चल भूदान-पथी, तुझ पर अर्पित निधि कल्याणी ।

[अक्तूबर 1956, धूम्र-वलय]

गीत

लो इच्छाओं को दफना दें !

इस शरीर के कत्लगाह में
'इसकी' 'उसकी' वाह वाह में
अन्तर के गहरे अथाह में

आधी रात प्रभाती गा दें।
लो इच्छाओं को दफना दें!

सिर पर मुकुट कि सिर पर तोहमत ?
बनक त्रिभंगी या कि पतन-रत ?
राधा या कि राग का अभिमत ?

सपनों पर मिट्टी फिर ढा दें!
लो इच्छाओं को दफना दें।

[सितम्बर 1956, धूम्र-वलय]

खिलाड़ी नहीं हो

लेते हो बदले खिलाड़ी नहीं हो!

जिसे झाँकते हो सहम क्यों रहा है,
सजा झूमती है रहम रो रहा है,
मृदुल-सी नजर है, जरा-सी कसर है,
उठो, भाग्य काँटे कहाँ बो रहा है।

द्रवित बिन्दुओं ने निहोरा कि पाया,
भले रक्त हो, किन्तु 'नाड़ी' नहीं हो
लेते हो बदले खिलाड़ी नहीं हो!

तरस की बरस क्या बरस भर चलेगी ?
कसक पर मुसक रोज पंखे झलेगी।
मिलन क्या श्रवण को मनाती रहेगी ?
प्रणय बेलि क्या आज काँटे फलेगी ?

समर्पण तुम्हारे विवश द्वार आया।
बनो मत कन्हैया, अनाड़ी नहीं हो।
लेते हो बदले, खिलाड़ी नहीं हो!

[नवम्बर 1956, धूम्र-वलय]

गीत

समर्पण के मृणाल की डोर बँधे रहने दो दोनों छोर!
ताल पर उतर रहे जलजात, गगन से उतर रहा है प्रात

बिखरता कंचन बनकर ज्वार सिमटता नहीं, सिमटते गात
प्राण व्याकुल छूने को छोर समर्पण के मृणाल की डोर।

कुटी के छिद्रों से छन कर चाँदनी उतर रही बनकर
प्रार्थना की कड़ियों-सा धीर उतरता मलयज मंद समीर !

उतरती बरसातें, रसधार उतरता विधि का मधु व्यापार
उतरती साँझ, उतरती भोर ! समर्पण के मृणाल की डोर !

[नवम्बर 1956, धूम्र-वलय]

लो रंग भर आया

जी काला, आँखें काली हों, काजल भी काला हो रानी !
यह श्यामल घन सौ युग स्वीकृत जो तुम दीख उठो कल्याणी !

नीलम की थाली में रजनी अपना रूप बिखेर उठी है
सायँ-सायँ के सन्नाटे में जाने किसको टेर उठी है

तुम घन-गर्जन में छुप-छुप कर चमक सको तो चमको आली !
युग बीते इस नवप्रकाश में मैंने अपनी तरी सँभाली !

ध्येयदान हो, सामगान हो उठो जरा गाओ गीर्वाणी
पलकों से पलकें मिलने दो आँखों में भरने दो वाणी

शान्ति और विग्रह की होड़ाहोड़ी में, लो रंग भर आया !
अब उतरो, उतरो, द्युति-कामा जीवन में आओ कल्याणी !
साँस-साँस जागृत हो जावे, प्राण-प्राण भर उठे जवानी !

[4 दिसम्बर 1956, धूम्र-वलय]

गीत

आज और कल के बंधन में बँधो आज साँसों में साजन !

इसी अदा पर सपने अपने सधे रहो, मेरे 'बंधन-मुक्त' इसी विध बँधे रहो,
कितना मीठा रूप कि बातें तक हो उठीं प्रशंसा-भाजन !
आज और कल के बंधन में बँधो आज साँसों में साजन !

यहाँ कहाँ तुम, यहाँ कहाँ मैं—पूछ उठे, अकुलाये, सकुचाये, सहमे, रूठ उठे,
बंध्या और वियोगिन रातें—यों हो उठी निहाल सुहागन !
आज और कल के बंधन में बँधो आज साँसों में साजन !

आज विराट् ! तुम्हारा धर लूँ, मैं भी खिलूँ, रूठना वर लूँ,
भूलो वे गुनाह अन्तर के—आज झर उठो इस घर आँगन !
आज और कल के बंधन में बँधो आज साँसों में साजन !

[10 दिसम्बर 1956, धूम्र-वलय]

अनजाना पन्थी

झलक से क्या कह उट्ठीं देवि नयन के दो फाटक हैं पलक
कि मुख पर दो किवाड़ हैं ओंठ वचन पर यों न बिखेरो ललक !

देखना दूषित हो रह गया बोलना साँसों में बह गया
सुनता हूँ, सुनते-सुनते फिर सुनता हूँ सहने की ऊँबें, प्राणों में बुनता हूँ।

मैं आत्म-समर्पण का अनजाना पन्थी पथ में तुम कैसे दीखे, कितने भाये
सहने के सब संकेत उठा लूँगा मैं कानों पर क्यों दरवाजे नहीं लगाये।

[1956, धूम्र-वलय]

आँखें आज निहाल हो गयीं

कुबड़े पुल पर उखड़े तट पर उस बीते-से वंशीवट पर
यमुना की ताजी हिलोर पर मलयज के मुँहजोर शोर पर
बानिक छवि बेहाल हो गयीं ! आँखें आज निहाल हो गयीं !

संशय सन्तों-सा घर आया, मन-मथनी-सा, भर-भर आया,
टेढ़े मग, बे-बँधी धार पर इस चढ़ाव पर उस उतार पर
सुधियाँ मालामाल हो गयीं ! आँखें आज निहाल हो गयीं !

मन पर, उस एकान्त गगन पर महाशून्य के उजड़ेपन पर
खोने से पाये बन्धन पर आने से बिछुड़े जीवन पर
अभिशापिनी ! कमाल हो गयीं ! आँखें आज निहाल हो गयीं !

[1956, धूम्र-वलय]

राग-पथ पर

राग - पथ पर पैर रागारुणि धरो तुम !

बौरते ये आम्रवन अमृत - भरे से झर रहे अति सौरभित, करुणा झरे - से
विश्व - कविता पंख लेकर अधमरे - से बोलती है बोल वैरागिनि वरे से
कुसुम की कसकों, उठो रसनिधि भरो तुम ! राग पथ पर पैर रागरुणि धरो तुम !

किरन - जालों ने तुम्हें न्यौता सबेरे, तुम उड़ी पंखिनि तजे अपने बसेरे
स्वप्न बनकर सत्य - मद झर रहे घेरे, कोण उलझे यों तुम्हारे और मेरे !

नेह के नभ - अतिथि की पीड़ा वरो तुम !
राग - पथ पर पैर रागारुणि धरो तुम !

[1956, धूम्र-वलय]

चित्र बन गया !

मधुर ! तुम्हारा चित्र बन गया !
कुछ नीले कुछ श्वेत गगन पर हरे - हरे घनश्यामल वन पर
द्रुत असीम उद्दंड पवन पर
चुम्बन आज पवित्र बन गया ! मधुर ! तुम्हारा चित्र बन गया !
तुम आये, बोले, तुम खेले, दिवस रात्रि बाँहों पर झेले
साँसों में तूफान सकेले
जो ऊगा वह मित्र बन गया । मधुर ! तुम्हारा चित्र बन गया !
ये टिम - टिम पंथी, ये तारे पहरन मोती - जड़े तुम्हारे
विस्तृत तुम जीते, हम हारे !
चाँद, साथ सौमित्र बन गया ! मधुर ! तुम्हारा चित्र बन गया !

[1956, धूम्र-वलय]

उलाहना

तुम्हीं जब याद की टीसें भुलाते हो भला फिर प्यार का अभिमान क्यों जीवे ?
तुम्हीं बलिदान के मन्दिर गिराते हो भला मधुदान का महमान क्यों जीवे ?

भुला दी सूलियाँ ? जैसे सभी कुछ जमाने में तालियों से पा लिया तुमने
न तुम बहले, न युग बहला, भले साथी बताओ तो किसे बहला लिया तुमने !

बड़े रस्ते, बड़े पुल, बाँध, क्या कहने ! बड़े हीं कारखाने हैं, इमारत हैं,
जरा पोंछूं इन्हें आँसू उभर आये बड़ापन यहं न छोटों की इबादत है।

सदा सहना, सदा श्रमसाधना भर-भर वही हैं जो लिये छोटों का मत-मृत हैं
तनिक छोटों से घुल-मिलकर रहो जीवन बड़े सब मिट गये, छोटे सलामत हैं !

तुम्हारी चरण रेखा देखते हैं वे, उन्हें भी देखने का तुम समय पाओ
तुम्हारी आन पर कुर्बान जाते हैं, अमीरी से जरा नीचे उतर आओ !

तुम्हारी बाँह में बल है जमाने का, तुम्हारे बोल में जादू जगत का है
'कभी कुटिया निवासी बन जरा देखो, कि दलिया न्यौतता रमलू भगत का है !

गयी सदियाँ कि यह बहती रही गंगा, गमीमत है कि तुमने मोड़ दी धारा
बड़ी बाढ़ोंमयी उद्दंड नदियों की, बना दी पत्थरों वाली नयी कारा।

उठो कारा बनाओ इस गरीबी की, रहो मत दूर अपनों के निकट आओ
बड़े गहरे लगे हैं घाव सदियों के, मसीहा इनको ममता भर के सहलाओ

[1956, धूम्र-वलय]

रावी का तट : यमुना का तट

उसकी यादों के तरु - तृण - पल्लव लो अब तो हम छोड़ चले,
शपथें रावी के तट खायीं; यमुना के तट पर तोड़ चले !

अब न दुखी जन लिये समस्या दौड़ा आता,
अब न दुखी का द्वार प्यार पहचाना जाता
घर हो गये महल, पगडंडी राजमार्ग
बहुत बोलते हैं, बोली की दूकानें हैं,
पर तप का अभिषेक, न हमसे ठाना जाता।

अब तो बापू के जीवन के इन बोझों को—
ढोये सिर्फ विनोबा; हम मुख मोड़ चले !
उसकी यादों के तरु - तृण - पल्लव लो अब तो हम छोड़ चले !
शपथें रावी के तट पर खायीं; यमुना के तट पर तोड़ चले !

क्या कहा कि सूत कतेगा अंबर चरखे पर ?
पूनी की सूनी हो जायेगी लाचारी !
सम्मिलित स्वार्थ परमार्थ कहाने लगा आज,
रो भले, प्रार्थना ! हमसे तो दुनिया हारी।

अधनंगे अब भी कुछ हैं, सेवाग्रामों में,
पर देशभक्त सब 'पद ले' कीर्ति निचोड़ चले।
शपथें रावी के तट पर खायीं; यमुना के तट पर तोड़ चले!

अब दुःख की सौहें खाते हैं वे भीड़ों में
'भीड़ों' को सो संपर्क सिखाये जाते हैं;
बस सिर्फ रेडियो पर, तिथि पर यों बार-बार
गांधी के गुण तबले पर गाये जाते हैं!

वे कहाँ गयीं तप के त्यागों की बातें सब
वे कहाँ गये, जो बापू पर बलि जाते थे!
अधनंगे बापू को भंगी कालोनी में
खादीधारी पैदल चलते आते थे?

'जय मेरी' 'जय तेरी' साथी, जय स्वराज्य की जय जय जय।
अब देशवासियों के क्या दुःख? अब देशवासियों का क्या भय।
अब तो जग-गौरव पाने को पद के भैरव की होड़ चले!
शपथें रावी के तट खायीं; यमुना के तट पर तोड़ चले!

[1956, धूम्र-वलय]

यों अवतार हुआ

समय के क्षण नयन के कण स्थान के तृण, प्राण के वृण
नव-शृंगार हुआ। यों अवतार हुआ!

फूल-फूल, लता-झूल सरित कूल, सजी धूल
वंशी-रव ज्वार हुआ! यों अवतार हुआ!

चिह्न, चिहुक, चीत्कार विगत रूप, विकृत-सार
तेरे द्वार हुआ! यों अवतार हुआ!

अर्घ्यदान, अश्रुदान जागृत कर दीप दान
स्वर साकार हुआ! यों अवतार हुआ!

[1956, धूम्र-वलय]

गीत

कलिका ने कहा कि फूल फूलकर गिर जाते हैं !

ऊपर उठना, उठते जाना, वृक्षों के मस्तक पर छाना
अनहोने ! अपनी पर आना, अँगुली लगते शरमा जाना
पँखुड़ी के ये पंख परस बिन फिर जाते हैं !
कलिका ने कहा कि फूल फूलकर गिर जाते हैं।

गलियाँ सुगंध से भरीं फूल की लाशों ने
कितने संकट भोगे गिरते उल्लासों ने
काँटों के पहरे रोक नहीं पाये लेकिन
उलटा, पुलटा, खोजा कितने विश्वासों ने ?

बादल से बागों पर गिरने घिर जाते हैं !
कलिका ने कहा कि फूल फूलकर गिर जाते हैं ?

[1956, धूम्र-वलय]

मधु-कमल

क्या सूखे क्या हरे, मुझे मधु-कमल चाहिए !

आँसू से ढुलते हों सीकर सीकर उठे ललक जी-जी कर
स्वर किंकिणी बजे अवनी पर छबि के अश्रु पिये उठ अम्बर

नीले, हरे गुलाबी, बस यशधवल चाहिए !
क्या सूखे क्या हरे, मुझे मधु-कमल चाहिए !

वे शृंगार करें दिनमणि से तिलक करें शंकर के फणि से
हर से हार सजे फसलों से कृषक वधू लद जाय फलों से

माटी के ऊगे बलि-पंथि प्रबल चाहिए !
क्या सूखे क्या हरे, मुझे मधु-कमल चाहिए !

[1956, धूम्र-वलय]

सब व्यर्थ किया

मानो तो कहूँ कि तुमने यह सब व्यर्थ किया,
कुछ दिया कि जैसे सरबस जैसा लूट लिया !

तुमने दो चार सुनहली-सी, अन्तिम की साँसें पहिली सी,
गुँथ डालीं और कहा यह लो—मेरा प्रहार थोड़ा सह लो !
स्वीकार मुझे था सब प्रहार, आदर का पारावार नहीं,
बाणों में पैनी धार नहीं, प्राणों में रस की धार नहीं,

अब तो यह भ्रम चुड़ियों-सा छन में फूट लिया !
कुछ दिया कि जैसे सरबस जैसा लूट लिया !

तुम बरस-बरस कर दूख गये, रस-घट होकर भी सूख गये
आँचल-जल बो-बोकर मैंने—चाहा, तुम थोड़ा-सा बह लो।
जाने में यद्यपि देर लगी, पीड़ित ममताएँ ढेर लगीं
अब मैं न सता पाऊँ तुमको, अपना अधिकार छोड़ती हूँ
तुम पूजा के मन्दिर उदार, दर्शन का द्वार छोड़ती हूँ

ऐसा ही होता आया है, सब छूट लिया !
कुछ दिया कि जैसे सरबस जैसा लूट लिया !

[1956, धूम्र-वलय]

चादर

वह भी क्या जीवन की चादर ?

जो न अभागिन श्रम-सीकर से भीज-भीज गीली हो पायी,
जो न आँसुओं के रंगों से श्यामल गरबीली हो पायी,
जिस पर रक्त चढ़ाने वाले के बूँदों के, दाग नहीं हैं
जिसे प्रलय पर प्रणय चढ़ाने का घायल अनुराग नहीं है,
खतरों पर जो खेल न पायी, सुन्दर, वह भी कैसी सुन्दर ?

यह भी क्या जीवन की चादर !

[1956, धूम्र-वलय]

कोई नहीं है !

रूप के कर की सुनहली बाँसुरी
—सोयी नहीं है।

बिन्दु लखकर, रन्ध्र ही से फूटते
—तरु-बेलि हँसकर,
यह फसल बोई नहीं है।

रूप ? यौवन की कठिनता का पता
क्यों कर उसे हो ?
जिन्दगी ढोई नहीं है।

यह उबासी और ये अँगड़ाइयाँ दो,
कौन है ?
कौन है ?
कोई नहीं है !

[1956, धूम्र-वलय]

गीत

संध्या आयी, कि रात फैल गयी दिनमणि के साथ बात फैल गयी !

प्रगति-पंख लाद, वायु-पंछी ने फैला दी बात आज अग-जग में
कैसे दर्पण का रुख साध सकूँ पीड़ा मुँह खोल उठी रग-रग में।

लज्जा बटमारन किस गैल गयी, संध्या आयी, कि रात फैल गयी,
दिनमणि के साथ बात फैल गयी !

तुम बोले, तुम आये, क्यों आये ! जी में इतने भाये, क्यों भाये ?
कितने बे-बँधे ज्वार तोड़ दिये सिहरन की साड़ी के तार-तार तोड़ दिये !

कैसा दुःशासन है प्यार का लेकर गलफंदा मनुहार का,
वृंदावन-वासिनी खुल खेल गयी मोहन की जहाँ जहाँ बेल गयी !
संध्या आयी, कि रात फैल गयी, दिनमणि के साथ बात फैल गयी !

[1959, धूम्र-वलय]

तुम्हें क्यों भा रहा है !

तुम्हें क्यों भा रहा है दूख उठना !

प्रणय ने जब प्रलय से गाँठ जोड़ी, उठी, सुधियाँ बहुत, बदनाम थोड़ी
कि तुमने क्यों न जाने क्या झँझोड़ी उसाँसें रह गयीं उनकी निगोड़ी
कुसुम-निधि में, कुहुक कर सूख उठना।
तुम्हें क्यों भा रहा है दूख उठना !

त्रिवेणी ने तुम्हें कितना सँभाला, समर्पण ने जमाना देख डाला
विगति से ढूंढ़कर चिरनिधि, निकाला, प्रकृति ने गोरपर अमरत्व ढाला।
अदा से, आननों पर, रश्मि-मयूख उठना।
तुम्हें क्यों भा रहा है, दूख उठना।

[1956, धूम्र-वलय]

ये दृग-द्वार उदार

ये दृग-द्वार, उदार तुम्हारे आधे खुले न छोड़ो !

श्यामल बंदी बंद तुम्हारे, बरसा दे द्रव छंद तुम्हारे
भूलो ये फरफंद तुम्हारे
नयन उठाकर, सखे गगन को साधे, खुले न छोड़ो !
ये दृग-द्वार, उदार तुम्हारे आधे खुले न चोड़ो !

स्वप्निल बगिया की मधुमाली, तुम कर पाओगे रखवाली
कोकिल और बकुल की डाली ?
वृन्दावन के बंदी को यों राधे खुले न छोड़ो !
ये दृग-द्वार, उदार तुम्हारे आधे खुले न छोड़ो !

मंजरियाँ खेलें डालों पर, लटें खेल उट्ठीं गालों पर
अंगुली मत रक्खो छालों पर !
अपने संकल्पों को यों ले काँधे, खुले न छोड़ो !
ये दृग-द्वार, उदार तुम्हारे आधे खुले न छोड़ो !

[1956, धूम्र-वलय]

आने की बात

मीठी-मीठी बात तुम्हारे आने की

बन न अहल्या उठें डगर की सीढ़ियाँ, पागल मत हो जायँ अभागन पीढ़ियाँ !
तुम आओगे ? निर्मल चरण धरे आओ, पथ हो जाय निहाल कि गूँज भरे आओ
छप्पर, सेहन, कुटी, द्वार, दीवार कि आँगन तुम्हें देख लें, झंझा-पुष्पक पर आओ !

दूबें हँसीं, महावर हँस दी हँसी क्यारियाँ, कलियाँ चटकीं
रे जग-दर्पण, मधुर समर्पण याद भुला दे घूँघट-पट की।

तुम ऊगे, तुम चढ़े, उठे, पापी समुद्र में ज्वार आ गये
तुम भी कैसे हो, लहरों में उतर बिना पतवार आ गये ?

उतर पड़ा आकाश, चरण-ध्वनि पर झूमे, जब हो उठो उदार, तुम्हारे पद चूमे।
भूल गया हूँ हरी साँस बरसाने की, मीठी-मीठी बात तुम्हारे आने की।

[1956, धूम्र-वलय]

तू कहाँ…?

राधा तू कहाँ कुंजवन में ? पगली बैठी वृन्दावन में
अपना बलिहार ढूँढ़ती है, किसकी अनुहार ढूँढ़ती है ?

राजनी के तारों से सपनों की होड़ लगा, रूठा-सा अपने अवगुंठन का त्वेष जगा,
किस कुंजबिहारी पर बेचारी ठगी गयी, मूर्छित सुधि दौड़ी, बेबस सहसा जगी, गयी,
यमुना की लहरों ने खोया, उन प्रात सुनहरों ने खोया,
जा पूछ यशोदा से, कैसे रेती में सार ढूँढ़ती है
अपना बलिहार ढूँढ़ती है, किसकी अनुहार ढूँढ़ती है
राधा तू कहाँ कुंजवन में ?…

[1956, धूम्र-वलय]

बापू का बरस-दिन

बापू को कर नित दूर-दूर
हर बरस, बरस-दिन आता है !

वे उजड़ गयीं कुंजें, सेवाग्रामों की सूखी पहचानें
हम जा आते हैं कुटिया तक अब भी कुछ जाने बेजाने।

अब तो मरने की यादों का तीरथ है केवल राजघाट;
तकली, चरखा, हरिजन, हिन्दी, छूटा भ्रम, झूठा ठाट-बाट;
हम राजा हैं, हम रानी हैं, दुखियों के मरने की खबरें—
पाते, वक्तव्य छपाते हैं, व्याकुल होता है राजघाट!

अब तो पद के स्वामी भर के जी में उठ पाती है मसोस,
हर अवसर पर दुख जाहिर हो, गढ़ लिये जापते पाल-पोस।
दुख भोगी, पीड़ित, पतित, जरूरतमंदन न दिखता तो क्या है,
पालतू, प्रतिष्ठित, पूर्णकाम घिरते हैं प्रतिक्षण रोज-रोज।
अमरीकन, इंग्लिश, रूसी, चीनी सब वैभव है व्याप्त यहाँ
क्या हुआ देशभक्तों की यदि होती न पुकारें प्राप्त यहाँ।

अब तप के लिए विनोबा है;
अपने तो पद हैं, सेवा है।
तो भी पथ के भयभीतों-सा, बापू को कर नित दूर-दूर,
अपना सम्मान बढ़ाता है।
हर बरस, बरस-दिन आता है।

[1956, धूम्र-वलय]

इस वन में

इस वन में भर आये सावन!

ये हरे-हरे कोमल-कोमल उमड़े-उमड़े विद्रोही दल
उठ पड़े, गुरुत्वाकर्षण से देकर मनचाही की ठोकर

भूपाल-भूमि, बढ़ चली पवन बीहड़ बन गया, मृदुल नन्दन
इस वन में भर आये सावन!

पतझड़ है अथवा पानी है कर जाना नयी जवानी है
हम झूल उठेंगे संग-संग हम फूल उठेंगे सहस रंग
फल उठी आज नादानी है यह गीतों भरी कहानी है

[1956, धूम्र-वलय]

अंधड़ और मानव

अंधड़ था, अंधा, नहीं, उसे था दीख रहा,
वह तोड़-फोड़ मनमाना हँस-हँस सीख रहा,
पीपल की डाल हिली, फटी, चिंघाड़ उठी,
आँधी के स्वर में वह अपना मुँह फाड़ उठी।

उड़ गये परिन्दे कहीं,
साँप कोटर तज भागा,
लो, दलक उठा संसार,
नाश का दानव जागा।

कोयल बोल रही भय से जल्दी-जल्दी,
पत्तों की खड़-खड़ से शान्ति वनों से चल दी,

युगों-युगों बूढ़े, इस अन्धड़ में देखो तो,
कितनी दौड़, लगन कितनी, कितना साहस है,
इसे रोक ले, कहो कि किस साहस का वश है?
तिसपर भी मानव जीवित है,
हँसता है मनचाहा,
भाषा ने धिक्कारा हो,
पर गति ने उसे सराहा!

बन्दर-सा करने में रत है, वह लो हाई जम्प!
यह निर्माता हँसा और वह निकल गया भूकम्प!

[खण्डवा : 1956, समर्पण]

आग नहीं बरसाओ

चिर अमंद मकरंद विश्व-शिशु बहुत सुन चुका झंझा-विष-रव
कलह कूल पर, ओढ़ शांति का नवदुकूल क्षण भर सोने दो!

यह सुकुमार, उदार प्राण तक यह अति विवश, कलश मधुशीतल!
इसका गेह-सनेह-सघन-जी। सहस्राब्दियों नन्हे पग-तल!

इस पर आग नहीं बरसाओ इस पर चढ़े शांति-गंगाजल!
मुरली सुनो, मारना भूलो, झूलो बाँहों पर कर नर्तन,

यह अमरण व्रत का बलि पंथी सूझों का नन्हा सा वैभव,
चिर अमंद मकरंद विश्व-शिशु बहुत सुन चुका झंझा विष-रव !

[दिसम्बर 1956, धूम्र-वलय]

कहानी क्यों हो ?

जनम-जनम की बात पुरानी क्यों हो ?
खिले अधर-जलजात कहानी क्यों हो ?

शत-सहस्र निधियाँ अपनी लाचारी की
उन पर शोभित छवियाँ कुंज-बिहारी की
ताल-ताल पर नर्तन, मन की रानी का
आराधन उस छवि का, बेपहिचानी का

अब दृग-जल का मोल कि पानी क्यों हो ?
खिले अधर-जलजात कहानी क्यों हो ?

[दिसम्बर 1956, धूम्र-वलय]

पथ भूले कोई

चहचहा कि पथ भूले कोई,
सुधियों की रेशम डोरों पर पेंगें ले-ले झूले कोई !

मेरे मन्दिर के द्वार बंद प्राणों में एक दुलार बंद
उस दिन विंध्या ने कहा, अरे कर बहते कारागार बंद
श्वासों की जिसे न याद रहे ऐसा भी क्यों फूले कोई ?
चहचहा कि पथ भूले कोई ?

तेरे छौनों को किरन-दान करने आया जब वह महान्
तू काँख उठी अनलिपटी-सी वह रहा अधूरा वेद-गान
ऐसे बेहोशी की छुरियाँ प्राणों में क्यों हूले कोई ?
चहचहा कि पथ भूले कोई !

[22 दिसम्बर 1956, धूम्र-वलय]

ख़ुद विधाता ने

तुझे कुछ भी पता है जन्म का अहसान तुझ पर है !
कृषक श्रमजीवियों की साँस लेती जान तुझ पर है !
समूचा विश्व मत हो किंतु हिंदुस्तान तुझ पर है !

तेरे हाथों मुकुट पहिना हमारी देश माता ने
तुझे अवसर दिये हैं खूब लूट कर खुद विधाता ने !

पदों का गर्व मत कर, पीड़ितों की आह का स्वर सुन,
तेरी हर बात पर रीझे न तू उस वाह का स्वर सुन,
तड़पते, हार खाते, सिर चढ़े गुमराह का स्वर सुन,

वतन आजाद कर डाला भला किस वीर त्राता ने ?
तुझे अवसर दिये हैं खूब लुटकर खुद विधाता ने !

[22 दिसम्बर 1956, धूम्र-वलय]

लौट गया कोई !

घर आकर लौट गया कोई !
अंजलियों की अंगुलियाँ [illegible] अपने पर पुष्पों का वर ले
तम पर प्रकोष्ठ का प[illegible] [illegible]निशि-निशि निज बहता-सा घर ले
मधुवंती की बेलें उ[illegible] पु[illegible] [illegible]नक बढ़ आयीं अपार
अर्चना अधूरी र[illegible] और—घर आकर लौट गया कोई !

वह कोटि चरण, उन्माद-रमण ले भटका - भूला वशीकरण
हिमगिरि-सी लिये भावना दो सपनों पर साधे चीर-हरण
जब दर्शन में पुरुषार्थ फला वह शोभा में भय लगा भला
वह केसरिया बटमार कि···कुछ घर आकर लौट गया कोई !

निशि-दिवस दूर हैं सिमट-सिमट क्षण की कालिन्दी के दो तट
प्राणों के पंखों को फैला तू इनमें बहकर खेला कर
कलियों की गलियों-सी नाज़ुक उनकी साँसों में छन-छिप-लुक
शत-शत रंगों की मधुरंगिनि—समझी बेसमझी-सी बोकर···
घर आकर लौट गया कोई !

[22 दिसम्बर 1956, धूम्र-वलय]

गीत

कौन जिंदगी बहार से उधार ले
एक बार छा गई लहर की याद से कौन सूझ का दुलार बार-बार ले ?

त्यौरियाँ हजार अश्रु एक भी नहीं, रूप से कहो, रहस्य को सँवार ले।
कौन जिंदगी बहार से उधार ले

बाँधा उन्हें पलक में, बिछुड़ते नहीं हैं पल, कौन जीत ले उदार, कौन हार ले ?
कौन जिन्दगी बहार से उधार ले ?

रूठें, मनायें और रिझायें हजार बार, प्राणों में राम हो, तो नरक में पुकार ले।
कौन जिन्दगी बहार से उधार ले

[1956]

मैंने-तुमने

मैंने दो तारे माँगे थे पथ-दर्शन के
तुमने सूरज चाँद उठा धर दिये कहाँ ?
मैंने माँगा, दो आँखों का भर आना भर
तुमने ये पारावार कहो भर दिये कहाँ ?

मैं मधुर उपेक्षा की मादक मनुहार लिये
नीरव कदम्ब के नीचे अलख जगा अपना
चाहों में अनचाहें तेरी अनगिन अपार
कितने बेजाने बुनता रहा एक सपना।

हँसकर, बिन देखे, तुम चुप-चुप इस तरह गये
मानो मेरी प्रार्थना विवश बेकार गयी !
तुम हार गये, तुम दीख गये भोलेपन में
अभिमानी तड़पन अपने पर युग वार गयी।

तुम बने रहे साथी अपने वृन्दावन के
मैंने दो तारे माँगे थे पथ-दर्शन के ?

[1956-57, धूम्र-वलय]

यह समर्पण है

यह समर्पण है न इसका बोझ उठता
कल्पनाएँ हो उठीं आवरणहीना,
चिर पुरातन, चिर अखंडित, चिर प्रवासिनि
खेलती हैं खूब खुल-खुल चिर नवीना !

आज कुछ मेहमान ही ऐसे पधारे
मान से अपमान बोला चिर विलासी
प्रणय दो, पाषाण दो, परियाचना से
हो गयीं सब योजनाएँ आज बासी।

अब न आँसू भर तपन की याद आती
किस तरह कैसे मिलें राजीव-लोचन !
भूमि से आकाश तक के शून्य में फिर
भर उठे हैं, झर उठे हैं, प्राण के क्षण !

नेह-दधिकाँदों जहाँ वैराग्य लुटता !
यह समर्पण है, न इसका बोझ उठता !

[1956-57, धूम्र-वलय]

गले से लिपटे बछड़े से अभिभूत

तुम्हारे मधुर अबोले बोल गूंज उठते प्राणों के पास
इन्हीं में राधा की अँगुलियाँ, इन्हीं में कान्हा के रस-रास

तुम्हारी निर्मल चितवन देख हजारों चितवन बलि-बलि जायँ
तुम्हारी फुदक तुम्हारी उछल रम्भाना लेकर माँ का नाँव

तुम्हारे निकट निकुंज निवास, राधिका-कृष्ण तुम्हारी प्यास
तुम्हारे मधुर अबोले बोल, गूंज उठते प्राणों के पास।।

[1956-57, धूम्र-वलय]

●●●